★ 国家出版基金资助项目
★ 湖北省学术著作出版专项资金资助项目

高等教育与社会发展论丛
董泽芳◇主编

失调与重构：
高等教育功能的历史省思

张国强　著

华中师范大学出版社

新出图证（鄂）字 10 号

图书在版编目（CIP）数据

失调与重构：高等教育功能的历史省思/张国强著.
—武汉：华中师范大学出版社，2017.12（2019.11 重印）
（高等教育与社会发展论丛/董泽芳主编）
ISBN 978-7-5622-8035-4

Ⅰ. ①失…　Ⅱ. ①张…　Ⅲ. ①高等教育—研究—中国　Ⅳ. ①G649.2

中国版本图书馆 CIP 数据核字（2017）第 286214 号

失调与重构：高等教育功能的历史省思
© 张国强　著

责任编辑：张红梅　　责任校对：刘　峥
装帧设计：罗明波
编辑室：学术出版中心　　电话：027—67863220/7792
出版发行：华中师范大学出版社　　社址：湖北省武汉市洪山区珞喻路 152 号
电话：027—67863426（发行部）　　027—67861321（邮购）
传真：027—67863291　　邮编：430079
网址：http://press.ccnu.edu.cn　　电子信箱：press@mail.ccnu.edu.cn
印刷：湖北恒泰印务有限公司　　督印：王兴平
开本：710mm×1000mm　1/16　　字数：240 千字
版次：2018 年 1 月第 1 版　　印次：2019 年 11 月第 2 次印刷
印张：15.75　　定价：48.00 元

欢迎上网查询、购书

总　序

高等教育是社会大系统中的一个极其重要的子系统，它与经济、政治、文化等子系统之间有着相互依存的关系。高等教育作为培养高层次专门人才的社会活动，与人的发展更有着极为密切的联系。同时，高等教育自身又是一个多层次、多类型、多主体的系统，不仅大学之间，大学内部各组织之间，领导、教师与学生之间关系错综复杂，而且与社会的方方面面都有着千丝万缕的联系。随着时代的发展，多层次的高等教育与多元化的社会之间形成了越来越密切的互动关系。现代社会，高等教育的存在和发展越来越离不开政府和社会在人力、物力、财力，以及政策、环境等方面的支持与促进；社会的发展也越来越离不开高等教育及其研究的引领与推动。美国经济学家弗里德曼用经济学“核心—边缘”理论研究二战后的经济社会现象与教育特别是与高等教育的关系时，发现在知识成为经济社会赖以存在和发展的基本资源与生产要素后，高等教育逐渐从游离于社会之外的“象牙塔”进入社会的边缘区，并渐次成为推动经济社会发展的“中心”要素，从而提出了著名的高等教育“从边缘走向中心”的发展趋势理论。从二战后高等教育对许多国家发展的实际影响来看，高等教育已成为促进国家科技振兴、经济发展、政治民主、文化繁荣的必要条件；从高等教育对社会个体的影响来看，高等教育不仅是提高个人素质、开发个人潜能的重要基础，更是促进社会流动、实现人生价值的主要途径。的确，高等教育对社会及个人的影响力从来没有像今天这样巨大，社会变革对高等教育的影响也从来没有像今天这样深刻。

然而，随着现代科技的发展和工业化进程的加速，科学文化及其内含的经济价值和工具价值得以彰显，高等教育发展中理性主义与功利主义的冲突日趋激烈。同时，高等教育大众化的进程加快及其与政府、市场、大学三者关系日益复杂，加之财政困难，高等教育商业化、官僚化、技术至上和教育质量下降等问题凸显，高等教育发展的现状和社会的期望之间的鸿沟逐渐加深，高等教育与社会发展之间的冲突也不断加剧。著名的高等教育学家约翰·S. 布鲁贝克在其《高等教育哲学》一书中，专门从冲突论的视角，论述了高等教育发展中认知论与政治论、自治与控制、学术自由与社会责任、精英教育与大众教育、普通教育与专才教育五方面的冲突，还就传统的高等教育与现代的高等教育、学术研究与社会现实道德、大学与教会等方面的冲突展开了论述。联合国教科文组织前总干事费德里克·马约尔在1995年发布的联合国教科文组织关于“高等教育的变革与发展的政策性文件”中更明确指出，“全世界几乎所有国家的高等教育都处于危机之中”。

在我国，随着社会现代化进程的加快，人们已愈来愈清楚地认识到，高等教育与社会的良性互动和协调发展不仅是政治稳定、科技振兴、经济发展、文化繁荣、人民幸福的必要前提，而且是保障高等教育健康发展、高效运行的基本条件。然而，现实的高等教育与社会互动机制仍不够健全，高等教育与社会发展不协调的现象也普遍存在。尤其是在社会大转型的今天，新旧体制、新旧观念与新旧因素的对立与摩擦，以及由此产生的社会失序、混乱与震荡，不仅使高等教育与社会的互动日趋复杂，也使高等教育与社会的协调发展严重受阻。有关高等教育与社会发展的关系的研究也面临着一系列值得研究的新问题。

从宏观的层次讲：一是社会结构转型与高等教育制度的调适问题。社会转型主要包括政治结构、经济结构、文化结构等在内的社会结构的整体性变迁过程。社会转型必然引起与原有社会结构相配套的规则与程序不同程度的失效，而新社会结构要素的生长亟待制度创新来促进和保障。高等教育制度如何调适与创新，如何形成与各种新的社会结构要素协调发展的关系，如何实现高等教育自身健康发展与着眼于学科发展、促进社会全面协调发展的双重目标等问题，必须通过高等教育社会学的研究才能作出科学的回答。二是高等教育与社会关系的变化及高等教育的社会功能重构。社会结构的全面转型必然对高等教育产生巨大的影响，并使高等教育与社会的关系出现一系列新变化。如市场经济的发展打破了高等教育自我封闭的格局，加强了高等教育对市场的关注；民主政治的推进提升了高等教育的自主地位，弱化了高等教育对政府的依赖；对外开放格局的形成拓展了教育者的视野，加强了高等教育同世界的联系，等等。在这种情况下，如何重新认识高等教育的社会价值，如何重构高等教育的各种社会功能，如教育对市场经济的适应、支持与矫正功能，对政治的维护、监督与批评功能，对国外文化的选择、吸收与融合功能，等等，也是高等教育社会学研究的重要任务。三是高等教育与社会冲突的加剧及高等教育的整合机制。社会全方位的变革使高等教育赖以生存的基础发生了变化，高等教育本身也进入了一个剧变时期，旧的运行机制正在被打破，新的运行机制尚未被建立，高等教育与社会的冲突大量存在。如社会经济发展对高等教育的人才需求结构与高等教育的人才培养、输出结构的冲突，高等教育发展对投入的需求与社会经济承受力的冲突，高等教育对理性精神的追求与社会现实的功利取向的冲突，高等教育的价值观念取向与社会文化观念更新的冲突，等等。诚然，高等教育社会冲突的出现并不必然产生消极的后果。如果通过高等教育社会学的研究能够形成比较健全的教育与社会的整合机制，高等教育与社会之间的冲突就会向积极的方面转化。

从中观的层次讲，主要是社会转型带来的各种社会分化引发了一系列新的高等教育社会问题。如区域分化与高等教育发展的失衡问题，阶层分化与弱势群体子女的高等教育问题。急剧的社会转型使原有社会阶层结构产生了前所未有的大分化，进而导致利益的大分化，这必然会在不同利益主体间产生广泛的矛盾和冲突。由此引发了地区之间高等教育差距扩大、高等教育资源配置不合理、高等教育机会不均等等新的高等教育社会问题。

从微观的层次看，主要有社会行为无序与大学行为失范问题，高等教育时空拓展与高校师生关系变化问题，大学校内、校外环境变化与大学教师角色冲突问题，商业的价值原则渗透与大学生的功利行为问题，等等。这些现实的问题，都是令人感到困惑的新的教育问题、社会问题，迫切需要高等教育社会学的探讨与解决。

在这种情况下，高等教育社会学理应顺应时代的要求，调整研究的视角，真正树立起高等教育与社会一体化协调发展的观念，加强对高等教育与社会互动机制的研究，努力探寻高等教育与社会协调发展的规律，促进我国高等教育的健康发展和社会的全面进步。本丛书的出版目的正在于促进这一研究。

本丛书在编写上突出了下列特点：一是研究立场的本土性与研究内容的时代性。从中国近代高等教育的发展过程看，过去高等教育学的研究在一定程度上存在着过于依赖西方教育理论和教育观念的问题，相关研究缺乏本土意识。本丛书强调立足中国国情来解决中国高等教育实践中的问题。在研究内容上，牢牢把握当下中国社会大转型这一时代背景，直面因新旧体制、新旧观念及新旧因素的对立与冲突所产生的社会失序、混乱及震荡给高等教育发展带来的冲击与挑战，紧紧围绕“高等教育与社会和谐发展”这一核心主题，提出了摆脱困境、战胜危机所要解决的一系列重要问题，并通过实实在在的研究，给出了明确回答。本丛书提出的这些问题，都是“高等教育与社会和谐发展的中国问题”，或者说是“中国的高等教育与社会和谐发展问题”。而从书作者通过研究作出的回答，可视为有助于解决问题的一些“中国答案”。

二是研究视域的广泛性与研究视角的多层性。高等教育与社会发展都是多层次、多类型、多主体的系统，探讨二者的关系应该有广阔的视域和多层的视角。在研究的视域上，本丛书既着力审视整个社会的结构与文化、体制与机制同整个高等教育之间的关系，也努力探明区域分化、地方传统文化同地方高等教育之间的关系，并用力探究具体高校中的职业性别政治、权力关系及角色冲突等问题。在研究的视角上，本丛书立足于高等教育学，比较倚重于社会学，但并不局限于社会学，而是根据研究的具体问题及主要目的，将研究的视角延展至经济学、文化学、人类学、教育学等学科。开阔的学术视野与多样的研究视角，使得丛书内容格外丰富多彩。

三是研究方法的多元性与研究手段的实证性。本丛书遵循了理论研究与实证研究相结合、立足国情与合理借鉴相结合、问题分析与对策探讨相结合等原则，注重多种方法的综合运用。尤为强调运用实证分析的手段，将研究结论建立在翔实的资料基础之上，力图更多地用客观事实说话，用实际材料说话。如制度政策的文本分析、形式多样的问卷调查、扎根实地的田野研究、已有统计数据的二次分析等，在本丛书中都有合理运用，从而为发现高等教育与社会协调发展中存在的问题、揭示成因、寻觅对策提供了必要依据。通过开展实证研究，本丛书改变和克服了老套社会科学研究“从概念到概念”、“从理论到理论”、“从问题到问题”的不良倾向，增强了理论研究的“问题导向”与策略研究的“有的放矢”。

本丛书得以出版，既要感谢华中师范大学出版社新老领导的精心策划与大力支持，也要感谢编辑部主任和各位编辑的认真审读与细致编校，更要感谢顾明远先生与吴康宁先生的充分肯定与郑重推荐。

本丛书的作者主要是高等教育与社会发展研究方向的博士和博士后，丛书多是在他们的博士学位论文的基础上修改而成，虽然研究宗旨与写作要求一致，但每本书的主题思想与写作风格各异。作为丛书主编，我希望本丛书的出版能够为促进我国高等教育与社会协调发展起到一定的作用，也希望高等教育与社会发展的议题能受到学界更多的关注。由于作者的水平以及对高等教育与社会协调发展规律的认识有限，本丛书必有诸多不足之处，诚望诸位学者、读者不吝赐教。

董泽芳

2017 年 6 月 6 日

目　　录

第一章　导　论

第一节　研究缘起与研究意义

这是一个高等教育备受关注的时代，从招生到就业，从内容到形式，无论是“圈内学者”还是“圈外公民”，都表达了很多的感悟和见解。这是高等教育之幸，更含高等教育之忧。幸的是，高等教育作为关系国计民生的重要社会活动受到社会各界应有的关注；忧的是，这种“招惹”过来的议论，往往较少出于对高等教育发展的赞同，那些议论鼎沸的见解更多是来自对高等教育问题的不满和对高等教育危机的深深忧虑。

一、研究缘起

（一）高等教育有问题

关于教育的问题和危机，早在 20 世纪 60 年代，时任国际教育计划研究所所长的美国教育家菲利普·库姆斯（P. H. Coombs）就在《世界教育危机：系统分析》一书中指出，1968 年人类历史上首次出现了世界性教育危机。17 年后，他更加明确地重申了这一观点。他说，1968 年提到的教育危机这些年来不是在减缓，而是在不断加剧。“由于教育系统与迅速变化的周围世界之间日益加剧的不协调，旧的危机更加严重，而且在 70 年代和 80 年代初又产生了新的危机。其中最主要的是现在对教育自身产生了信念危机。”①

---

① 库姆斯. 世界教育危机：系统分析 [M]. 赵宝恒，李环，等译. 北京：人民教育出版社，2001：7.

对高等教育而言，“信念危机”也几乎在同时出现。1995年秋，美国《教育理论》杂志上有文章指出，“高等教育出现了信任性危机，这种危机伴随我们至少一代人之久了”①。事实上，高等教育危机逐渐成为世界教育面临的一个普遍性问题。在我国，自1999年以来，高等教育事业进入了一个快速发展的时期，不足20年时间，高等教育毛入学率从10.5%②提高到2015年的40%，全国各类高等教育总规模达到3 647万人③，成为世界高等教育第一大国。这种短时期内急剧膨大的外延式扩张，除了使大学生身上“天之骄子”的色彩快速隐退外，还伴随着许多新鲜项目引人注目，如MPA、EMBA、独立学院、中外合作举办大学等，更制造了不少“教育事件”惹人议论，如屡遭曝光的自主招生丑闻、大学的升格与更名风潮、2016年的跨省生源调控舆情事件等。这是一个媒体与视觉的时代，高等教育作为与个人、家庭和社会发展息息相关的领域，自然吸引了众多的眼球。但是，如同“眼球经济”如果不注意内涵建设，很容易转眼就成为泡沫经济一样，“眼球教育”同样也孕育着危机④。

实际上，人们对我国高等教育的反思和批判一直没有停息，对高等教育中潜藏或显现的问题时有诟病。2003年，钱理群、葛剑雄、陈平原、孔宪铎、丁学良等学者奋笔言说，就《北京大学教师聘任和职务晋升制度改革方案》引起的论争，转而深入思考“大学是什么？大学为什么？”等高等教育本质问题，以及“中国大学的问题和如何改革大学”等我国高教领域的现实问题⑤。2004年—2005年，青年学者熊丙奇在其

① TREVOR MADDOCK. The nature and limits of critical theory in education [J]. Educational Philosophy and Theory, 1999, 31 (1): 43-61.

② 教育部. 1999年全国教育事业发展统计公报 [R/OL]. [2016-11-06]. http://www.edu.cn/gong_bao_803/20060323/t20060323_110470.shtml.

③ 教育部. 2015年全国教育事业发展统计公报 [R/OL]. [2016-11-06]. http://www.moe.edu.cn/srcsite/A03/s180/moe_633/201607/t20160706_270976.html.

④ 吴敬琏. 从精英教育到大众教育 [M] //熊丙奇. 大学有问题. 成都：天地出版社，2004：1.

⑤ 钱理群，高远东. 中国大学的问题与改革 [M]. 天津：天津人民出版社，2003：1-4.

专著《大学有问题》、《体制迷墙：大学问题高端访问》中更是直指中国当代高等教育的软肋，系统剖析了中国大学所存在的问题，全面揭示了中国大学招生、教学、科研、学生就业等方面存在的种种病症①。2015年，北大学者陈平原在《大学何为》（修订版）一书中，以学术史的视野，从文化、精神、价值层面上思考大学作为人类社会极为重要的组织形式，它是什么，有什么，还能做什么，指出中国大学仍"在路上"，既非十全十美，也不是朽木不可雕②。

于是，我们禁不住要问：为什么会产生如此众多的问题，这些问题的本质是什么？诚然，民众受教育的愿望越来越迫切，资源严重不足，社会本身的惰性（包括传统态度、习俗以及结构体制）等因素，都是产生教育危机和问题的原因③。同时我们知道，问题来自事物实然与应然状态的差距，差距越大，问题越多；危机产生于问题积累的数量和程度，数量愈多，程度愈深，危机愈严重。于是，高等教育的危机和问题就转化为高等教育的实然状态和应然状态之间的差距问题，即"高等教育是什么？为了什么？"与"高等教育实际是什么？事实上实现了什么？"之间的矛盾。正如《学会生存：教育世界的今天和明天》在论及教育问题的原因时所言，"社会需要教育人们能够适应变化，乃至促进变化"，而"教育常常是同经济动向和社会广大部门的需要不协调的。因此，在许多情况下，尽管教育经费不断增加，而事实上却在培育着越来越多不合用的人"④。超越上述观点中表现出的社会本位来讲，高等教育的问题和危机实际上是因为高等教育没有充分而合理地实现对个体和社会的功能，高等教育功能出现了偏离、遮蔽和萎缩等失调现象。我国高等教育实践中的诸多问题事实上都是功能失调的外在表现。

① 熊丙奇．大学有问题［M］．成都：天地出版社，2004；熊丙奇．体制迷墙：大学问题高端访问［M］．成都：天地出版社，2005．

② 陈平原．大学何为［M］．北京：北京大学出版社，2015．

③ 陆有铨．躁动的百年：20世纪的教育历程［M］．济南：山东教育出版社，1997：468．

④ 联合国教科文组织国际教育发展委员会．学会生存：教育世界的今天和明天［M］．华东师范大学比较教育研究所，译．北京：教育科学出版社，1996：54-55．

下述事例，管中窥豹，引人忧思。

忧思一：高等教育培养什么样的“人”?

2013年4月，“复旦研究生遭投毒”事件引起社会强烈关注，复旦大学林森浩因生活琐事与黄洋不和，心存不满。经事先预谋，3月31日，林森浩将做实验后剩余并存放在实验室内的剧毒化合物带到寝室，注入饮水机槽。4月1日，黄洋饮用饮水机中的水后出现中毒症状，送医救治无效，于4月16日死亡。

复旦大学医学院一位教授得知这一事件后，在校园某一实验室的橱窗内，愤而写下“本是同根生，相煎何太急”，追问究竟是什么造就了犯罪嫌疑人对他人生命的漠视，而这何尝不是社会的一个普遍追问？当我们痛恨于这些残酷的行为、震惊于这些扭曲的心灵时，我们是否想过，在他们的小学、中学、大学教育过程中，家庭、学校、社会是否像重视他们学习成绩、关注他们考上什么名校那样，重视他们的心理健康，做他们心灵的“牧羊人”?

虽然，类似极端事件属于个案，并不代表今天所有的大学生。但是，中国心理卫生协会大学生心理咨询专委会曾经做过一项调查表明，近40%的大学新生和50%以上的毕业生存有不同的心理问题，其中“人际交往、学习压力、就业压力、情感困境”是最为突出的四大“心病”。如今，各种竞争压力更大，如果不能及时关心、疏导排解这些心病，任由其恶性生长，就可能出现一个又一个“林森浩”。

要成才，先成人。一个心智健全、人格高尚的人，其对社会的作用，恐怕是大于那些学富五车、却不惜为了自己而损害他人利益的人。从这个角度而言，我们恐怕不能因为高校投毒案的极端性，而忽视了对社会、对教育应有的反思。①

忧思二：高等教育能否促进社会流动和社会公平?

北京大学教育经济研究所于2003年、2005年、2007年、2009年和2011年共五次对全国高校毕业生就业状况进行抽样调查，

① 人民网．拿什么拯救漠视生命的心［EB/OL］．［2017-06-02］．http://opinion.people.com.cn/n/2013/0417/c1003-21162673.html.

结果显示：2003—2011年间，大学毕业生就职于国家机关、学校、科研单位、国有企业、三资企业和乡镇企业的比例均呈下降趋势，其中就职于国家机关的比例由2003年的12.4%下降到2011年的4.8%，年均负增长率为11.2%；就职于学校的比例降幅最大，为15.6%（由23.1%下降到7.5%），以平均每年13.1%的速度降低；就职于科研单位的比例年均负增长率最高为16.1%；就职于国有企业的比例以年均0.06%的下降率在减少；就职于三资企业和乡镇企业的比例变化不大，不同年份比例略有波动，总体呈下降趋势。大学毕业生求职比例按就业单位性质划分唯一呈上升趋势的就是民营企业，并且增幅非常大，2003—2011年间五次调查数据分别为10.7%，16.3%，34.2%，31%和45.8%，年均增长率为19.9%，到2011年有45.8%的大学毕业生就职于民营企业，可以说民营企业逐步成为吸纳大学生就业的最主要单位。这表明在2003—2011年间，能够就职于国家机关、学校、科研单位和国有企业等高职业声望单位，从而获得较高职业地位的大学生越来越少，相反职业声望较低的民营企业逐渐成为吸纳大学生就业的主力军，越来越多的大学毕业生只能在民营企业中获得较低的职业地位。①

李春玲对2013届大学毕业生的调查结果还显示，农村家庭出身的大学毕业生就业状况要明显差于城市家庭出身者。在就业率方面，农村家庭出身的大学毕业生的就业率（81.2%）明显低于城市家庭出身者（87.2%）。其中，普通本科院校毕业生就业率的城乡差距最大，农村家庭出身的毕业生就业率（69.5%）与城市家庭出身的毕业生就业率（87.7%）相差18.2个百分点。在工作单位性质方面，城市家庭出身的大学毕业生更易进入职业地位高的工作单位，其中，城市家庭出身的大学毕业生进入公有部门（党政机关、事业单位和国有企业）的比例（47.8%）远高于农村家庭出身的大学毕业生（31.1%），城市家庭出身者进入外资企业的比例（10.4%）

① 岳昌君．高校毕业生就业状况分析：2003—2011［J］．北京大学教育评论，2012（1）：32-47．

也高于农村家庭出身者（2.5%）。[①]

忧思三：高等教育是否正沦为市场的“婢女”?

2017 年 5 月 26 日，有微信公众号发文称，大理大学根据第一志愿报考率、录取率、报到率、调剂率、就业率、毕业生就业专业相关度等指标的综合考评情况，暂停了公共关系学等 7 个专业的招生，引起全国公关学子的反对。

据介绍，目前，全国 2 000 多所高校中，仅 22 所有公共关系学专业。大理大学经济与管理学院公共关系学专业成立于 2005 年，每年招收 50 名新生。近年来，该专业的第一志愿报考率、专业就业率均不理想。被誉为公共关系学“黄埔军校”的中山大学，去年也停止了公共关系学专业招生。

业内人士：就业率低的专业就该被叫停。“高校拥有自主招生权，按照国务院、教育部精神，根据社会发展的需要调整专业结构，势在必行。”大理大学相关部门领导介绍，今年暂停公共关系专业招生后，招生指标追加给财务管理等社会需求量高的专业。但公共关系专业的建制并没有被撤销，将来如果社会需求量大，依然可以恢复招生。[②]

一般而言，高等教育功能结果表现在两个层面，在个体层面高等教育应培养追求真、善、美的人，在社会层面高等教育应促进政治稳定、经济发展、科技进步、社会公平、社会整合等。前述事例仅列举了高等教育的个体功能在“求善”上的缺陷，社会整体功能在促进社会公平上的弱化，以及社会部分功能上偏重经济功能的不足。实际上，在我国高等教育实践中，还存在着许多功能失调现象。这些现象如同“皇帝的新装”一样，在高等教育跨越式发展的一路凯歌中，更多的人是“视而不见”或“习以为常”。然而，这又是我国高等教育发展过程中不能回避、

---

① 李春玲．“最难就业年”的大学毕业生就业状况——基于 12 所高校毕业生追踪调查［M］//李培林，陈光金，张翼，等．2014 年中国社会形势分析与预测．北京：社会科学文献出版社，2013：197-214.

② 云南网．网友：大理大学取消“正在上升”的公共关系专业令人费解　校方回应这个专业就业率低暂停招生［EB/OL］．［2017-06-05］．http://dali.yunnan.cn/html/2017-06/02/content_4842971.htm.

亟待解决的问题。那么，随之而来的是一系列问题：高等教育功能失调具体表现在哪些方面？是什么原因造成了这种失调？高等教育的本质功能是什么？如何实现高等教育功能的调适与理性回归？布迪厄说："社会学的目标就是揭示构成社会宇宙的各种不同的社会世界中那些掩藏最深的结构，同时揭示那些确保这些结构得以再生产或转化的'机制'。"①高等教育的现实危机要求我们必须全面分析、深刻认识高等教育中的功能失调现象，并在遵循高等教育功能发展的历史规律和发展趋势的基础上，为功能的调适与优化寻求合理路径，唯此才能避免重走历史弯路，实现高等教育与个体、社会及自身的协调发展。

（二）理论有需求

功能问题既是高等教育的基本理论问题，更是意义重大的实践问题。在每一个重大改革时期或历史转型时期，都会引起新的争论和审视。从西欧中世纪大学的建立，到工业革命后现代大学观在德国的发轫，从一个世纪前中国近代高等教育的滥觞，到市场经济体制转轨初期高等教育功能的论争，高等教育体制或观念变换的背后，蕴含着功能变迁的需求推动。而功能理论研究对指导高等教育的功能实践意义重大，因为理论支配行为，理论指导改革，但凡实践中的问题大都是因为理论上存在偏差。

我国高教理论界对于高等教育功能的集中研究，始于20世纪90年代初期，并与教育功能的探讨有着理论上的渊源。教育功能的探讨缘于1978年开始的教育本质与属性的争论，从20世纪70年代末到90年代初，教育功能的数量在讨论过程中逐步增加，从两功能到三功能，再到四功能、五功能，一直到十一功能，等等。高等教育研究最初关心的并不是思辨和理论色彩较浓的教育功能问题，而是较为现实的高等学校社会职能问题②。或者可以说，由于核心概念的理解偏差，许多论者将高等学校社会职能与高等教育功能混为一谈。这一时期，不少高教工作者纷纷发表著述，阐明自己对高等教育功能或高等学校职能的看法，至

① BOURDIEU P. The state nobility: elite schools in the field of power [M]. Cambridge: Polity Press, 1996: 1.

② 高耀明. 高等教育功能与高等学校职能探新 [J]. 高等师范教育研究，1996(4): 10-14.

90 年代中期，围绕着徐辉和邓耀彩相关文章的论争形成了一个高潮①。

随后，关于高等教育功能的研究渐趋平淡，但亦间或有相关著述发表。这种研究热点的转移容易给人一种高等教育功能问题已经被彻底研究的假象。但研究中一时的繁荣并不昭示着我们对高等教育功能的学术研究已臻成熟，热点论题的转换也并不意味着高等教育功能问题研究的重要性消减。事实上，已有的高等教育功能研究尚存如下缺陷：其一，各种高等教育功能研究大都借用普教原理，重视理论推导，甚少顾及高等教育的基本特性，即高等教育与基础教育的区别在于其社会直接相关性。相比较而言，高等教育与社会的联系更为直接而紧密。历史与现实表明，作为高等教育与社会需求的结合点，高等教育功能观的确立左右着人们对高等教育性质的把握，甚至会决定高等教育的走向②。其二，形成了一种把高等教育功能简单化、扁平化的思维定势。无论是高等教育功能分析还是高等学校职能讨论，只关注结果，忽视了过程，遗忘了取向。其三，达成共识少，许多关键问题并未厘清。对有关概念如功能、职能、作用、活动的辨析，高等教育功能与高等学校职能的分析重视不够③，由此产生了研究对象的不确定性和研究范围的随意性，以至于相关讨论中"关公战秦琼"的事例时有发生，从而影响了研究工作的

① 徐辉．试析现代高等学校的六项基本职能［J］．高等教育研究，1993（4）：18-20；邓耀彩．个人与文化：高校社会职能的两个出发点——兼与徐辉同志商榷［J］．高等教育研究，1995（1）：27-31；徐辉．再谈现代高等学校的基本职能——答邓耀彩同志［J］．高等教育研究，1995（1）：32-35；邬大光，赵婷婷．也谈高等教育的功能和高等学校的职能：兼与徐辉、邓耀彩商榷［J］．高等教育研究，1995（3）：57-61.

② 高耀明．高等教育功能与高等学校职能探新［J］．高等师范教育研究，1996（4）：10-14.

③ 潘懋元和陈桂生等先生对功能与职能的含义及相互关系做过明确界定，但未能引起学界相应重视和应用，迄今为止，各类文献中对功能与职能的混用、误解屡见不鲜。潘懋元．在"建设有中国特色社会主义高等教育理论研究"研讨会上的发言［M］//建设有中国特色社会主义高等教育理论研究课题组．建设有中国特色社会主义高等教育理论研究．北京：高等教育出版社，1996：8-12；陈桂生．教育原理［M］．上海：华东师范大学出版社，1993；邬大光，赵婷婷．也谈高等教育的功能和高等学校的职能：兼与徐辉、邓耀彩商榷［J］．高等教育研究，1995（3）：57-61.

全面展开。在访谈中，我们也发现许多访谈对象就把高等教育功能与高等学校职能混为一谈。其四，在研究方法和视角上，更多采用教育学视角和理论思辨的方法，忽视了多学科视角的全景关照，忽视了调查、访谈等实证研究方法的应用，缺少对高等教育功能实践特征的全面分析和准确把握①。

所有这些都意味着，我们对高等教育功能的学术研究远未达到成熟，而理论研究的薄弱必将导致实践活动的茫然。随着知识经济和信息社会时代的迫近，中国高等教育正面临由社会转型而引发的巨大变革，高等教育的功能和角色定位必将面临一次新的选择。这是一个世纪性、世界性的命题，虽然宏大，却又急迫而具体。正如刘道玉先生所言“中国高校功能定位刻不容缓”，时任教育部长周济也发出了“现代大学要延伸功能”的呼吁②。因此，对高等教育功能问题做进一步的研究，不仅是繁荣高等教育学的学科需要，更是来自高教改革实践的理论诉求。

二、研究意义

（一）理论意义

从前文的论述中，可以粗略看出当前高等教育功能研究在概念、方法、视野等方面尚存不足。从高等教育肩负的时代使命来看，对高等教育功能的研究还需要不断深化。本书尝试借鉴社会学的视角和方法对高等教育功能问题进行分析，依据相关社会学、教育学理论建立高等教育功能分析的立体框架，在探询功能发展的历史轨迹与特征的基础上，深

---

① 侯定凯、张德祥及周润智三位学者在其同名著作《高等教育社会学》中，运用社会学的视角和研究方法观察、分析高等教育的各个要素和活动，包括高等教育的功能。其中，侯定凯分析了高等教育的社会流动、社会分层等功能；张德祥、周润智系统阐述了高等教育的个体发展功能和社会发展功能的理论框架，初步分析了高等教育功能与作用的动态联结，以及高等教育与社会分层和社会流动的关系，提供了一个新的高等教育功能分析视角。张德祥，周润智．高等教育社会学［M］．北京：高等教育出版社，2002；侯定凯．高等教育社会学［M］．桂林：广西师范大学出版社，2004.

② 刘道玉．中国高校功能定位刻不容缓［J］．高教探索，2007（1）：5-7；周济．现代大学要延伸功能［J］．高等工程教育研究，2003（6）：1-2．实际上，在这两篇文章中同样存在着“功能”与“职能”的交叉混用问题。

入剖析功能失调的表象，并分析原因，提出对策。期望在以下几个方面对高等教育理论发展有所助益：一是厘清相关概念。对功能研究的相关概念，如功能、职能、作用，高等教育、高等学校，高等教育功能、高等学校职能等深入辨析，希望能澄明核心概念，框定研究对象与研究范围。二是不仅分析高等教育的正向功能，而且分析高等教育的“功能偏差”、“功能弱化”、“功能障碍”等失调现象；不仅强调高等教育的政治、经济、文化功能，而且关注高等教育的人口、生态功能；不只停留在高等教育功能结果的研究上，而是形成从功能取向、功能行动到功能结果的过程分析，希望能避免吴康宁教授所担忧的问题，即“教育的社会功能究竟是如何形成的。这一问题在迄今的教育功能研究中多半处于‘黑箱’状态，很少受到关注”①，以此深化与拓展对高等教育功能的认识。三是尝试从社会学、教育学等多学科的角度，采用规范性研究与验证性研究、宏观研究和微观研究、动态研究和静态研究相结合的方法，研究高等教育功能的失调与调适，从而在研究对象、研究范围、研究方法等方面加以拓展，构成立体的、多元的、全方位的认识框架，丰富高等教育基本理论，深化高等教育社会学的相关研究。

（二）实践意义

马克思主义告诉我们，在理论与实践的关系上，实践是理论的基础，是理论的出发点和归宿，实践对理论起决定作用，而理论又可以指导实践，为实践服务。高等教育的功能既是高等教育的基本理论问题，也是高等教育实践中的现实问题。这一伴随着高等教育理论和实践发展的永恒主题，在社会变革和高等教育发展的转折时刻，总是被置于理论和实践的前沿。高等教育功能的这一双重属性意味着：功能的理论研究不能脱离功能实践的现实进行书斋式的思辨，同时也表明高等教育功能的理论研究对功能实践的重要影响。尤其是面对当前我国高等教育活动中的种种功能失调现象，进一步研究的意义绝不仅限于高等教育学科建设的需要。

正如伯顿·克拉克（Burton R. Clark）在论及20世纪60—70年代

① 吴康宁．教育社会学［M］．北京：人民教育出版社，1998：391．

德国高等教育的大发展时所讲的那样，大学试图坚持旧时的结构和古典的传统，但是发现道路艰难，高等教育的大众化使大学发现自己处在一片尴尬的混乱之中。所以，高等教育系统的功能分化成为改革的必然选择①。当前，“全球化”、“知识经济”、“高等教育大众化”等诸多时空特征标志着我国高等教育所置身的社会环境已发生了根本性的变化，从而引发了高等教育系统内部的一系列矛盾和问题，产生了功能危机。矛盾的解决既需要实践改革，同样也需要理论反思。在此意义上，加强高等教育功能研究，有助于我们认识高等教育功能实践中的失调现象与危害，有助于我们科学规划和调整高等教育活动，有助于我们针对失调现状探寻高等教育功能调适的实践策略，因此具有重要的现实指导意义。

第二节 研究问题与研究视角

一、研究问题

本书所研究的问题隶属于“高等教育功能”这一问题域，而“高等教育功能”范围宽泛，内容庞多，本研究不局限于功能研究中的概念争论、类型划分、流派溯源等“理论偏好”，而是紧紧围绕高等教育功能的“失调”与“调适”两个核心命题，集中讨论以下相关理论问题或实践问题：

（1）高等教育有何功能？制约高等教育功能实现的因素有哪些？

（2）什么是高等教育功能的失调与调适？它们的内涵与特征是什么？形成机理是什么？

（3）高等教育功能的演变有何规律？

（4）当前我国高等教育功能失调的表现、危害与原因有哪些？

（5）高等教育功能调适的主要思路与实施策略是什么？

二、研究视角

（一）结构—过程的视角

结构与过程是社会学的传统视角。结构是对构成一个整体事物的诸

① 克拉克．探究的场所：现代大学的科研和研究生教育［M］．王承绪，译．杭州：浙江教育出版社，2001：9-10.

多组成部分及它们之间关系的统称。社会学的结构研究是对社会做横剖面的共时态的考察，看它由哪些部分构成以及它们的位置和关系如何。根据结构的研究视角，一切教育活动都是结构性的，它们既包含了各种构成性的要素或部分，体现了它们之间的相互联系；同时又是某一个更大结构的一部分，为满足更大结构的稳定和存在提供必要的功能。过程是指事物运动和变迁的次序、经过。社会学的过程研究主要是对社会的运行、发展和变迁做历时态的考察，以研究社会运行和发展及其动力的一般性问题。根据这种视角，任何教育活动都处在一定的发展过程、一定的发展阶段中。依据结构视角，在研究高等教育功能时，要看到高等教育的构成性因素对功能实现的影响，即高等教育的观念、人员、活动、机构、结构、条件等结构要素对功能实现的影响，同时作为一项社会活动的功能研究，也应该把高等教育功能放置到一定的社会结构中进行分析。依据过程视角，在研究高等教育功能时，既应该把握功能实现的逻辑环节与过程，还应该探讨高等教育功能演变的历史过程，因为我们不断需要一种时间观点来获取我们关于某个特定问题的认识。正如美国学者哈罗德·珀金（Harold J. Perkin）所言："一个人如果不理解过去不同时代和地点存在过的不同的大学概念，他就不能真正理解现代的大学……虽然研究高等教育的历史学家手中没有水晶球可作预言，没有魔镜可供占卜，但他在这一领域也能为他人提供有益的东西：如果你想要知道你要去哪儿，它帮助你了解你曾去过哪儿。"① 历史不仅告诉我们高等教育发展历程中成功的经验，而且也给我们客观呈现了高等教育功能危机与消退的跌宕起伏，而这些都是我们进行高等教育功能研究中宝贵的经验和前进的基础。

（二）冲突—均衡的视角

冲突的视角，实际上是按照一种冲突或矛盾的假设去看待各种教育现象与活动，认为各种教育活动及其各要素间的关系从本质上看都是冲突的、矛盾的。社会冲突理论"强调社会动态的、不断变化的性质，认

---

① 克拉克．高等教育新论：多学科的研究［M］．王承绪，徐辉，郑继伟，等译．杭州：浙江教育出版社，2001：49.

为人们行动中的冲突是一种客观存在的社会共相，因此，社会永远处于一种脆弱的、不均衡的关系之中”。据此出发，高等教育的功能失调实属常态。而功能理论认为：“社会学的研究目的在于从功能着眼找出社会内部失衡的原因，以求得保持社会有秩序的均衡发展。”① 因此，均衡的视角是遵循一种均衡或协调的假设来看待和审视各种教育现象与活动，认为各种教育活动及其各要素间的关系从本质上看都应该是均衡的、协调的。因此，问题不是常态，呈现问题不能仅仅满足于引起人们的警醒与关注，探询的过程不能止步于此。研究的目的在于，在引起对高等教育功能失调问题重视的同时，还要认清高等教育功能的本质要求和现实状况之间的差距，进而明确高等教育功能发展的方向与策略。因此，研究中要秉持冲突—均衡的视角，不仅要关注冲突视角下凸显的高等教育功能失调问题，而且要从均衡发展的角度考虑功能调适与优化的路径。

在具体研究方法上，力求广泛应用多学科知识与多种研究手段，做到理论研究与应用研究相结合、定性研究与定量研究相结合、宏观研究与微观研究相结合。

第三节　研究思路与框架结构

一、研究思路

本书紧紧围绕“高等教育功能失调与调适”这一主题，沿着“理论探讨—历史回顾—发展趋势—失调考察—优化调适”这一思路展开。首先，在澄明高等教育功能研究相关概念的基础上，对高等教育功能的有关理论进行分析，讨论高等教育功能研究的方法论基础，对高等教育功能进行静态与动态的分析，探讨高等教育有何功能及其实现过程，进而提出高等教育功能实现的影响因素及其与高等教育功能之间的相互调适关系，并分析高等教育功能失调与调适的基本原理。其次，回顾我国高等教育功能的演变过程及其历史特征；根据中外高教史上若干高等教育

① 张德祥，周润智．高等教育社会学［M］．北京：高等教育出版社，2002：12.

危机时期的分析，揭示出高等教育功能失调在高等教育发展中的性质与影响；根据社会及高等教育自身的发展要求，探讨我国高等教育功能演变的趋势。再次，反观我国高等教育功能的实然状态，揭示当前我国高等教育功能的种种失调现象，分析我国当前高等教育功能失调的后果及其产生原因，并进一步提出高等教育功能调适的实践策略。

二、框架结构

在确定研究基本理路的基础上，将问题逐步聚焦、深化，明确分析单位和研究层次，逐步形成如下研究框架：

1．高等教育功能分析的理论探讨

首先，对研究涉及的一些重要概念，如“高等教育”与“高等学校”、“功能”与“职能”、“高等教育功能”与“高等学校职能”等进行辨析和阐释。其次，概述系统理论、结构功能主义理论、教育病理学及其对高等教育功能研究的启示。再次，探讨高等教育功能研究的逻辑起点及实现的动态过程，提炼出由功能取向、功能行动、功能结果组成的高等教育功能形成的三个主要环节，确定高等教育功能分析的具体指标；进而分析个人的需求意向、知识进化与演变、社会发展与需求、政府责任与意识、高教基础与资源等影响功能实现的因素及其与高等教育功能之间的相互调适关系。最后，对高等教育功能失调与调适的性质、分类及相互关系进行初步分析。

2．高等教育功能变迁的历史脉络

首先，依据高等教育时间演变的“自然次序”和中心转换的“历史次序”，将我国高等教育功能变迁分为不同阶段，并从功能取向、功能行动和功能结果等方面进行分析，揭示高等教育功能变迁的阶段变化与历史特征。其次，根据中外高教史上若干高等教育危机时期的分析，揭示出功能失调与调适在高等教育发展中的性质与影响。最后，对社会转型以及高等教育发展的自身形势进行分析，阐明高等教育功能发展与变革的时代要求及其发展趋势。

3．高等教育功能失调的现状分析

首先，依据高等教育功能实现过程图，从功能取向、功能行动和功能结果等方面对高等教育功能失调现状展开全景扫描，揭示其深刻而广泛的失调现象。其次，对高等教育功能失调可能产生的不良后果，从高等教育自身、学术界和社会几方面进行反思。最后，从政府、社会、高等教育自身等方面剖析高等教育功能失调的根源。

4. 高等教育功能调适的实践方略

在前述研究的基础上，针对高等教育功能失调的成因，强调应从社会、政府、高等教育三方面着手进行功能调适。首先，要调节社会需求，扩大社会参与。其次，要协调政府与高等学校的关系，进行合理分权、健全宏观调控、优化资源配置。最后，要从观念、行动、资源、结构、体制、机制等方面加大高教系统自身建设，从而实现高等教育功能的优化与调适。

第二章　高等教育功能分析的理论探讨

韦伯曾经说过："对概念的入门性讨论尽管难免会显得抽象，并因而给人以远离现实之感，但却几乎是不能省略的。"[①] 澄清核心概念、框定研究对象与研究范围是对高等教育功能进行深入研究的前提和基础。任何科学研究都是建立在一定的理论基础之上的。高等教育作为人类社会生活中一项高度组织化的社会活动，其实践状况可由系统理论的相关论点加以解释；探讨功能问题，又必然绕不开结构功能主义理论；而分析功能失调现象，教育病理学可以为我们提供一定借鉴。因此，对三种理论的解读是高等教育功能分析的理论基础。同时，高等教育功能分析不仅涉及功能结果，还要考察其功能过程；不仅需要分析功能"是什么"，还要分析功能"为什么"，理清功能分析的主要指标和框架是进一步研究的前提。此外，对高等教育功能失调与调适的内涵及原理分析也是进行后续研究的基础。概言之，本章的主要任务是在进行相关概念辨析和理论梳理的基础上，明确研究对象和范围，并为后续研究提供一个系统的高等教育功能分析框架。

第一节　高等教育功能研究的概念厘清

人们常常陷入这样的困境："问题恰恰不是我们不知道，我们无知，而是由于我们用已经知道的模糊——或是忽视了我们所不知道的。或者

① 韦伯. 社会科学方法论［M］. 杨富斌，译. 北京：华夏出版社，1999：34.

说，我们知道的越多，就越有可能陷入被我们的知识所蒙蔽的危险。”①对于“高等教育”、“高等学校”、“功能”、“职能”等方面的认识就存在这样的困境，不是因为无知而不知，而是因为自认所知过多而忽视了对相关概念的应有辨析，从而导致在高等教育“功能”与“职能”等相关讨论中存在大量混淆现象，因此，对相关核心概念的辨析与界定，是高等教育功能分析的语义起点。

一、“高等教育”与“高等学校”

“高等教育”与“高等学校”词义相关而含义不同，最易相混。什么是高等教育？在不同的历史时期、不同的国家，它具有不同的含义。在古代社会，把初等教育以上的教育称为高等教育或者把中等教育就作为高等教育。在美国和日本，把中学以后的教育都称为高等教育。而英国在 1963 年以前，高等教育仅指大学而言，中学毕业后学习某项专业技术被称为进一步教育，而不能算作高等教育②。按照各自所倚重的内涵不同，我们可将“高等教育”的相关概念做如下分类：

一是重视形式的正规性，强调实施高等教育的机构的正规与正式。例如，美国学者奈勒（Naylor）认为，“高等教育”这一名词的含义更为严格，习惯上是指正规招生的学院和大学。自 18 世纪以来，高等教育就专指完成中学准备课程后所进行的大专院校正规学习③。1962 年联合国教科文组织在非洲举行的关于高等教育的国际会议上也曾经提出：高等教育是由大学、文理学院、理工学院、师范学院等机构实施的各种类型的教育。这些机构有如下共同点：（1）基本的入学条件是受完中等教育（普通、职业、技术中等教育或中等师范的教育）；（2）通常入学年龄为 18 岁；（3）修完课程即授予相应的学位、文凭或高等学习证书④。

---

① KOLAK D. Lovers of wisdom：an introduction to philosophy with integrated readings [M]. Beijing：Peking University Press，2002：xix-xx.

② 杨平. 论高等教育的功能效应与服务特性 [J]. 国家教育行政学院学报，2005 (3)：45-50.

③ 奈勒. 世界教育概览 [M]. 吕千飞，张曼真，等译. 北京：知识出版社，1980：101.

④ 汪永铨. 教育大辞典：第 3 卷 [M]. 上海：上海教育出版社，1991：60.

二是突出体系的层次性，强调“高等教育”在教育体系中处于“高等”地位。如约翰·S. 布鲁贝克（John S. Brubacher）认为，高等教育是社会文化中高层次的教育，是高层次的学习阶段，据此他认为古希腊已存在高等教育①。联合国教科文组织在1995年的《高等教育变革与发展的政策性文件》中也指出：“高等教育应当被看作是教育系统中互相关联的各个重要组成部分之一。它通常包括以高层次的学习与培训、教学、研究（即使不同学校之间研究的深度、资金、范围和学术地位可能不一样）和社会服务为其主要任务和活动的各类教育机构。”②

三是重在内容的专业性，强调所传授知识的“高等”和“专门化”。如《中国大百科全书·教育卷》指出，“高等教育”从广义上说是指一切建立在普通教育基础上的专业教育。它包括专修科、本科和研究院，全日制的和业余的，面授的和非面授的，学校形式的和非学校形式的等等层次和形式③。英国学者朗特里（Derek Rowntree）也认为，“高等教育”具体地说是指那种能授予毕业文凭（diploma）和学位（degree）或其他高等资格的教育，通常要求入学学生具备比进入继续教育所需的更为严格的教育。

四是体现内涵的发展性，强调高等教育概念的时代发展性。如用“中学后教育”（Post Secondary Education）和“第三级教育”（Tertiary Education）来代替高等教育。“中学后教育”是指中等教育以上程度的各级各类教育。20世纪50年代以后，其涵义不断扩大，曾一度作为高等教育的同义词。“第三级教育”是指中等教育以上程度的各级各类教育，一般认为与高等教育同义，它包括由大学、各级各类独立学院、高等专科学校、各种成人教育机构及其他有关机构实施的各级正规和非正规教育④。

上述关于高等教育的阐释中，第一类概念强调高等教育机构的正

---

① 潘懋元. 多学科观点的高等教育研究［M］. 上海：上海教育出版社，2001：26.

② 赵中建. 全球教育发展的研究热点：90年代来自联合国教科文组织的报告［M］. 北京：教育科学出版社，1999：132.

③ 中国大百科全书编委会. 中国大百科全书·教育卷［M］. 北京：中国大百科全书出版社，1985：94.

④ 汪永铨. 教育大辞典：第3卷［M］. 上海：上海教育出版社，1991：45.

规性和入学条件的正规性，忽视了这些机构以外的其他教育机构所进行的高等教育活动，排除了现实中占很大比例的接受继续教育的成人学生，显然是狭隘的；第二类概念若过于突出层次上“高级”的外显特性，则很容易忽视高等教育在内容上“高深”和功能上“高等”的内在本质；第三类概念则需考虑在高等教育日益大众化、普及化的今天，如何将专业教育与普通教育更好地结合；第四类概念体现了高等教育概念扩大化的演变趋势，但更多的是从外延上加以框定，缺乏内涵的描述。

我们认为，“高等教育”是指在完成中等教育的基础上，由各级各类高等学校或高等教育机构所进行的各种层次、各种形式的专业教育。在类别上，既包括学历教育，也包括非学历教育；在层次上，既包括专科教育、本科教育，也包括研究生教育；在办学形式上，既包括全日制的正规教育，也包括高等教育自学考试等非正规教育。

高等学校是实施高等教育的机构，既包括那些综合性的、多学科的、正规的、主要实施本科及以上层次的全日制高等学校，也包括高等职业学校、高等专科学校、独立学院、成人高校和网络教育机构等。

由上述分析可以看出，“高等学校”与“高等教育”是既互相联系又有区别的两个概念。“高等教育”是一种教育教学活动，是培养人的社会实践活动或社会现象，主要由高等学校实施，但其他具有高等教育资质的社会组织、企业、团体也可开展高等教育活动。“高等学校”是实施高等教育的机构，但其所从事的活动并不都是高等教育活动，也有一些为高等教育提供支持、保障及服务的其他活动①。

---

①　需要加以申明的是，正如一切概念类型在外延和内涵上都不是对其所“指称”的现象完整无遗、绝对排他的描述和概括一样，“高等学校”与“高等教育”在内涵和外延上也有着分化、聚合和交叉现象。因为高等教育活动必须依赖一定的机构载体——高等学校，所以上述两个概念会在文中不同的情景下交替出现。同时，长期以来人们在实践中对上述概念的一些笼统用法，也使得本书中在“高等学校”、“高等教育”等概念的使用上时有跳跃，这点在文献应用上表现更为明显。但这对本书的论述并不会有太大影响，因为我们对上述概念的使用和选择采取一个基本的视角，即强调的是各概念主体共同的核心——围绕一种教育活动所表现出来的“功能”。

二、“功能”与“职能”

所谓“功能”，《现代汉语词典》的解释为“事物或方法所发挥的有利的作用；效能”①。《辞海》对“功能”的定义是：“事功和能力；功效、作用，多指器官和机件而言。”②功能最初是物理学中的概念，原指某种物体做的“功”或产生的某种“能量”。后来，人们将其引入社会科学的研究之中，20世纪初，人类学家A. R. 拉德克里夫-布朗（A. R. Radcliffe-Brown）等人首先把功能以及结构功能主义引进人类学研究。此后，一些著名社会学家如帕森斯（Taicott Parsons）、默顿（Robert King Merton）等人进一步拓展了功能概念的内涵，使之成为社会科学中的一个重要范畴。在社会学中，功能是指“一种社会现象对于一个它所属的更为广大的体系来说具有的被断定的客观结果”③。功能的概念是与结构的概念相对应的。所谓社会结构，是指“社会系统的构成要素间相对稳定的关系”④。系统内部要素与结构间的相互作用及系统本身与外部系统的相互作用所表现出来的能量、意义或作用就是功能，所以，功能是系统或事物本身所固有的，是客观的，是按事物本身的逻辑来发生发展的。

“职能”是“人、事物、机构应有的作用；功能”⑤。从构词法上看，职能是由“职”和“能”两个词构成的合成词：“职”为职责、职务、职位，即为社会所分配的应该扮演的角色；“能”为能力、能量、作用，故“职能”可理解为某一社会单位（人、组织、机构等）被赋予的社会角色及应起的社会作用。在“职能”这一词中，“能”被“职”所制约和限定，因此，“职能”是被特定社会所赋予、剪裁、指令的，在某些

---

① 中国社会科学院语言研究所词典编辑室．现代汉语词典［M］．北京：商务印书馆，2001：438.

② 辞海编辑委员会．辞海：缩印本［M］．上海：上海辞书出版社，1980：508.

③ 鲁洁．教育社会学［M］．北京：人民教育出版社，1990：611.

④ 富永健一．社会学原理［M］．严立贤，陈婴婴，杨栋梁，等译．北京：社会科学文献出版社，1992：155.

⑤ 中国社会科学院语言研究所词典编辑室．现代汉语词典［M］．北京：商务印书馆，2001：1616.

特定社会环境下甚至是被强加的。

从性质上看，“功能”是客观上所具有的作用，决定功能的是该系统的结构和系统要素存在的状态。而“职能”是主观上要达到的功效，带有预期目的性和“人为赋予”的意义，尤其是含有责任与权力行使的意义，它意味着做出某种行为的能力和权力。如在论及中世纪大学科学研究的性质时，有人认为，中世纪大学具有一定的研究功能，但没有研究的职能，职能只有教学。因为那时人们尚未将科研作为大学的一项有组织、有目的、有义务的活动①。

从哲学范畴来考察，职能为“应该”，功能为“是”。在一定条件下，“应该”与“是”既可以统一，也可以相互背离。这取决于人们对该系统性质、结构、特点的认识程度和把握、占有的方式以及社会发展的需要。

从方向上来说，“功能”是双向互动的，既指向系统内部又指向系统外部。如董泽芳教授在论及高等教育功能问题时就将其分为外适功能、个适功能和自适功能②。从本质上讲，“职能”也应是双向的，向外指向社会，向内指向自身。由于“职能”的外赋性，使得在现实中职能是单向的，指向于外的，即某一社会机构的职能指向它所属的社会系统，对这一社会系统负责，职能是一个被政府和社会的认识、需要、政策等确定了的功能。

从发生顺序看，先有“功能”，再有“职能”，“功能”决定“职能”。表面上看，一般社会组织属于客观外生性的，它可以从无到有，借政府的任命与社会认可承担一定职能从而发挥一定功能。如公、检、法等机构，首先是政府赋予其侦查、监察、审判等职能，然后才具有维护社会公正等功能。但是这些组织是在一定的功能期待下设立的，正是这些主观上的功能期待决定了这些机构客观上的职能行使。

由此可见，功能和职能两个概念是交叉的，事物具有的功能如果包

① 朱国仁. 高等学校发展知识职能的产生与演变 [J]. 清华大学教育研究, 1998 (3): 9-15.

② 董泽芳, 张国强. 科学发展观与高等教育和谐发展 [J]. 高等教育研究, 2006 (1): 1-6.

含了社会认可的价值并以某种方式加以确认，它的功能就演化为相应的职能。社会职能的发挥可以实现功能的最大化，也可以使某些不明显的功能得以凸显或得到强化，其交叉重叠部分是职能体现了功能，功能中未职能化的部分可以成为潜在的职能，其职能中游离于功能之外的部分则是对功能认识的谬误，是一种功能的异化。故功能是事物的本质特征，职能是事物的现实表现，职能的发展方向是尽可能地与功能重叠或接近，但这只能是一个无限逼近而永远不可能重叠的过程。

事实上，人们通常用“作用”来解释“功能”和“职能”。这三个词意义接近，在很多情况下是同义的。“作用”是指一事物与其他事物之间或事物内部各要素之间发生关联时所产生的影响。当“作用”表示某事物的内在属性时，其含义与“功能”基本相同。当“作用”表示事物之间的相互关系，即一事物对他事物的影响时，其“应有”的“作用”可与“职能”同义。此外，“作用”这一概念本身是中性的，它既可以是事物表现出来的某种力量，也可以包含社会对它的价值认同，所以它的实际表现可以是正的，也可以是负的。事物的功能或职能都往往要通过它的实际作用来表现，作用往往充当了前二者的外在表征。换言之，功能的表现或职能的履行往往都以其实际发挥的作用来评价。

从上述分析中可以发现，功能通常指具有一定结构的系统所具有的作用，既包括一系统对另一系统的作用，也包括某个系统中部分对整体的作用；而职能则指机构的职责和能力。因此，如果把某事物看作一个系统，在谈到它的作用时往往使用“功能”一词；而在谈到机构的作用时，大多使用“职能”一词。

三、“高等教育功能”与“高等学校职能”

目前，关于“高等教育”、“高等学校”的“功能”和“职能”问题，学界主要有以下观点：

一是“高教功能、高校职能说”。即认为高等教育只有功能，高等学校只有职能。如潘懋元先生指出：“功能是指作用，职能是有职务、职权、职守、职责之意。高等学校是一个具有一定职责的实体……高等教育是一种社会活动，无‘职’可言。”所以，高等学校才有职能，高等教育就只有功能[①]。

二是“高教双能、高校职能说”。即认为高等学校职能与高等教育功能在概念上既有联系又有差异。高等学校有教育的职能，正是在行使这项职能时，才能把高等教育的内容传授给人。“高等教育”若作为一个名词，那么高等学校就是行为的主体并承担了行为，而高等教育只是内容；如果把“高等教育”作为一个动词，那么它的含义将与高等学校施行职责的意义等同，但仍保留着内容。总之，高等学校有行为特征，高等教育却具有内容特征。而对于所培养的人来说，一旦离开学校走入社会，学校的行为将不再作用于他，学到的内容却伴随着他，对他来说，高等学校的职能消失，高等教育的功能仍然保存。因此，高等教育既有功能又有职能，高等学校只有职能[②]。

三是“高教功能、高校双能说”。即认为高等教育是培养高级专门人才的活动，高等学校是实施高等教育的机构，同时也从事其他活动，所以，高等教育只有功能，高等学校既有功能又有职能[③]。

四是“混能说”。即对“功能”与“职能”没有严格区分，加以混用。高等教育既是一种活动，也是一个系统、一种事业，高等学校只是它的构成要素，高等教育的内涵包含了高等学校的内涵，高等学校的所有活动、目标、任务等都属于高等教育活动、目标或任务的范畴。因此，高等教育既有功能也有职能，而且在一定程度上与高等学校的功能和职能是一致的。如钟启泉教授即把“教学”和“科研”称为高等教育的功能[④]。

五是“转化说”。即认为高等学校职能和高等教育功能是可以转化

---

① 潘懋元．在“建设有中国特色社会主义高等教育理论研究”研讨会上的发言［M］//建设有中国特色社会主义高等教育理论研究课题组．建设有中国特色社会主义高等教育理论研究．北京：高等教育出版社，1996：8-12.

② 周倩．孕育还是新生：大学职能发展的审视［J］．宁波大学学报（教育科学版），2005（4）：10-14.

③ 李文长，朱国仁．高等教育科学发展研究［M］．北京：光明日报出版社，2000：55.

④ 钟启泉．教学与研究的关系：高等教育功能的教育学考察［J］．上海高教研究，1998（6）：23-26.

的。事物具有的功能如果包含了社会认可的价值方面的内容，它的功能就演化为相应的职能。此外，随着高等教育社会地位的中心化，高等教育不仅仅是服务于社会，而且主导社会的前进。因此，在此意义上讲，高等教育的服务职能在知识社会已经内化为高等教育的本质功能之一，区别于教学和研究职能①。

从前文关于“功能”和“职能”的辨析中可知，如果把某事物看作一个系统，在谈到它的作用时往往使用“功能”一词，而谈到机构的作用时大多使用“职能”一词。从社会学的视角出发，高等教育无疑是社会或教育的一个子系统，而高等学校则是高等教育的实施机构。相应地，高等教育的作用应该表述为“高等教育功能”，高等学校的作用应表述为“高等学校职能”。“高等教育功能”和“高等学校职能”之间存在着一定的区别和联系。

其区别在于，“高等教育功能”具有自致性和客观性，其拓展是人们认识水平不断深化的结果，而“高等学校职能”具有外赋性和主观性，其拓展是人们认同和赋权扩大的结果。“高等教育功能”是指高等教育系统内部各要素之间以及系统与社会之间以一定的方式相互作用时表现出来的客观能力和产生的效果。真正意义的大学是自发成立的，属于主观内生性组织，同时高等教育的高度专门化和复杂性使得其活动不断自主衍生或扩展，因而使得高等教育先天具有某种不言自明的或自身并未意识到的某些功能，如育人功能、社会选拔功能、文化传播功能等，其功能是客观的、不以人们意志为转移的，只是由于人们认识水平的限制，存在逐步认识、逐步开发的问题。随着高等教育系统的确立和完善，人们对于其功能的认识也是逐步深入的。“高等学校职能”是指社会赋予高等学校的职责，具有主观性。从历史发展看，高校职能以“同心圆的形式不断发展着”②。最初，中世纪大学只有培养人才的职能，提供宗教、医生等社会人才。19 世纪初，随着科学技术进入生产领域，以

① 王晓华，任胜洪．知识社会：高等教育职能的超越与整合［J］．北京科技大学学报（社会科学版），1999（3）：87-91.

② 科尔．大学的功用［M］．陈学飞，译．南昌：江西教育出版社，1993：107.

及普鲁士战败后希望通过教育中兴国家的美好愿望，一定程度上促使洪堡在创办柏林大学时提出了“通过研究进行教学”和“教学与研究统一”等办学原则，从而逐步确立了高等学校发展科研的职能。而19世纪后期，美国落后的地方工农业水平促使赠地学院迅速兴起，由此衍生的“威斯康星理念”赋予高等学校直接为工农业生产服务的职能。由上述可见，高等学校的职能是人们根据社会需要逐步赋予的。

其联系在于，功能的发挥需要一定的条件，要借助一定的方式。高等学校作为高等教育实施的机构或场所，是社会和高等教育沟通、整合的实现场。可以说，高等学校是高等教育功能实现的有形载体，高等学校职能是高等教育功能的现实表现。而只有具备一定功能，机构才有存在意义。高等教育功能正是高等学校存在的内在依据，是高等学校职能的逻辑起点及基础。正是因为高等教育具有育人功能、文化功能和社会功能，才能经过政府、社会的认可明确为培养人才、科学研究、直接为社会服务等职能。功能决定职能，只有具备了一定的高等教育功能，才能实现或履行高等学校职能。二者是一体两面、互为表里的关系。

还需要指出的是，“高等教育活动”与“高等教育功能”以及“高等学校职能”也是有所区别和联系的。“职能”应指某类机构通过其活动所发挥的作用，而不应该理解为该机构的活动本身。因此，把高等学校的职能表述为“教学、科研和社会服务”不够科学，此三者是高等学校所从事的活动，它不是或不等同于高等学校的职能。高等学校的职能是高等学校通过教学、科研、开发等活动所发挥的作用，而非活动本身。因此，高等学校职能应该表述为“培养人才、发展科学、为社会服务”。“教学、科研和社会服务”作为高等教育活动，既是行使高等学校职能的载体，也是实现高等教育功能的途径。当然，随着社会对高等学校需求的不断增加，高等学校职能会不断扩大，其他高等教育活动也会成为新职能的载体，如有人提出高等学校职能还应拓展为文化传承创新、国际交流合作等，就需要高校的国际交往活动和文化交流活动来承载。而高等教育功能的实现途径，除了前述三者外，招生、就业等活动也是不可或缺的重要途径。

第二节 高等教育功能研究的理论依据

理论基础是构建高等教育功能分析框架和进行具体功能分析的前提和依据。具体而言，系统理论、功能主义理论、教育病理学理论分别在不同方面给本研究以启示，构成了本研究的理论基础。

一、系统论及其启示

系统科学一般包括“一般系统论”、“信息论”、“控制论”老三论，以及“突变论”、“协同学”和“耗散结构理论”新三论。社会科学所应用的“系统论”主要是指“一般系统论”、“信息论”和“控制论”老三论的某些方法，其中，“一般系统论”是“源”，其余诸理论是“流”。故在此主要介绍“一般系统论”的主要观点和思想。系统思想源远流长，但作为一门科学的系统论，人们公认是美籍奥地利人、理论生物学家 L. V. 贝塔朗菲（L. Von. Bertalanffy）创立的。他出于对传统生物学研究方法的不满，强调要把有机体当作一个整体或系统来考察。虽然一般系统论几乎是与控制论、信息论同时出现的，但直到20世纪60—70年代才受到人们的重视。确立这门科学学术地位的是1968年贝塔朗菲发表的专著《一般系统理论：基础、发展和应用》（*General System Theory: Foundations, Development, Applications*），该书被公认为这门学科的代表作。

“系统”一词，来源于古希腊语，是由部分构成整体的意思。今天人们从各种角度上研究系统，对系统下的定义不下几十种，如“系统是有组织的和被组织化的全体”，“系统是有联系的物质和过程的集合”，“系统是许多要素保持有机的秩序，向同一目的行动的东西”，等等。一般系统论则试图给一个能描述各种系统共同特征的一般的系统定义，通常把系统定义为：由若干要素以一定结构形式联结构成的具有某种功能的有机整体。在这个定义中包括系统、要素、结构、功能四个概念，表明了要素与要素、要素与系统、系统与环境、结构与功能等方面的关系。一般系统论以系统、要素、联系、功能、结构、环境等概念为核心，以整体性、关联性、层次性、统一性、动态性、开放性等为基本原则，其基本思想方法就是把所研究和处理的对象当作一个系统，分析系统的结构和功能，研究系统、要素、环境三者的相互关系和变动的规律性，并以优化系统的观点看问题，主要原理可概括为：一是整体原理。整体功能不等于各部分功能之和。任何系统虽由若干部分组成，但各部分的功能之和并不等于整体的功能。系统作为一个整体具有其各组成部分所不具备的功能，即“整体大于各孤立部分的总和”。任何系统的整体功能 $E_{整}$，等于各部分功能的总和 $\sum E_{部分}$，加上各部分相互联系形成的结构产生的功能 $E_{联}$，即：$E_{整} = \sum E_{部分} + E_{联}$①。二是结构决定功能原理。系统的结构决定系统的功能。结构是功能的基础，功能是结构的表现，不同的结构可以产生不同的功能，结构与功能密不可分。三是动态发展原理。系统总是处于特定的环境之中，与外界进行能量、物质和信息的交换。系统具有开放性，随环境变化而发生变化；系统具有运动性，因此要以动态的观点去分析系统的发展变化。四是反馈原理。任何系统，只有通过反馈信息，才能实现控制。在系统的边界内存在着反馈回路，它是系统的基本结构单元，决定了系统的动态行为。五是最优化原理。人们对系统的关注、研究、控制和改进，其最终目的是实现系统功能的最优化。

系统论不仅为现代科学的发展提供了理论和方法，也为解决现代社会中的政治、经济、军事、科学、文化等方面的各种复杂问题提供了方法论基础。正如《学会生存：教育世界的今天和明天》中指出的那样：“系统分析是一个理智的工具，可以用来对现有教育体系进行全面的、批评性的研究，并且还有可能提出一些用科学计算得出来的新的教育模式。”② 自系统论产生以来，一些教育研究者或直接运用、或间接吸收系统论思想用于教育研究，也取得了一系列成果。如心理学家加涅（R. M. Gagne）运用信息加工理论研究教学；布鲁纳（Jerome Seymour

① 安文铸．现代教育管理学引论［M］．北京：北京师范大学出版社，1995：90-108．

② 联合国教科文组织国际教育发展委员会．学会生存：教育世界的今天和明天［M］．华东师范大学比较教育研究所，译．北京：教育科学出版社，1996：164．

Bruner）与布鲁姆（B. S. Bloom）强调反馈调节在学习中的应用；巴班斯基（Ю. К. Бабанский）则在教学研究中全面完整地运用系统观点，提出了“最优化”概念。在我国，20世纪70年代末到80年代初，学术界开始广泛介绍、讨论、研究和应用系统科学，80年代中后期达到高潮，进入90年代后则渐趋平缓。如刘佛年教授在1980年就提出：“教育是一个复杂的系统工程……一定要有综合的整体的研究。”① 这方面的代表性专项成果有查有梁教授的《系统科学与教育》，包国庆和安文铸教授在教育系统科学方面也有专门研究。在高等教育领域，国外以伯顿·克拉克的《高等教育系统——学术组织的跨国研究》影响最大，该书用比较的方法，以工作、信念和权力为高等教育要素展开论述；迈克尔·夏托克（Michael Shattock）主编的《高等教育结构和管理》有专章讨论高等教育系统；日本学者喜多村和之在《高等教育的比较考察——大学制度和中等后教育的体系化》中也用比较方法对高等教育系统进行了研究。我国学者邓晓春的《系统科学与高等教育管理》、廖泉文的《高等教育系统工程》对高等教育中系统工程的应用着墨较多，对高等教育系统范畴的分析较少。青年学者赵文华的《高等教育系统论》是近年来用系统论思想研究高等教育的一本力作，该书“从系统观点出发把高等教育放在它所隶属的系统中进行考察，并着重于通过对其结构的透视来揭示高等教育的系统质”②。

但也有人对高等教育研究中系统论范式的合理性进行了质疑③，认为系统论试图把经验的事实上升到“系统”的高度来认识，而系统、要素和环境等层次的划分实际上又以实证主义原则为基础。人们对于系统科学的崇拜，与先前对物理学实验方法的崇拜并无二致，在本质上都属于科学主义独断论的范畴。因此，社会科学中对系统论范式的应用需要加以限制。如菲利普（H. Philip）就指出：社会科学中的系统论方法是与分析方法截然分离的，例如，自然科学的系统方法是与某些传统科学

---

① 杨小微．教育研究方法［M］．北京：人民教育出版社，2005：126-127.

② 赵文华．高等教育系统论［M］．桂林：广西师范大学出版社，2001：15.

③ 展立新．科学主义与人文主义的对立统一及其对高等教育理论与实践的影响［J］．北京大学教育评论，2004（4）：66-74.

概念和分析技巧联系在一起的，而社会科学的系统论则看不到这种联系；在社会科学中，关于“系统”、“要素”、“环境”等系统论概念的定义几乎全是人为的和含糊不清的；社会科学中的系统观实质上只涉及贝塔朗菲的一般系统论，与其他一系列系统科学并无实质上的相关性；一般系统论也未能成为科学，因为它始终缺乏科学预见的功能①。系统论范式最大的缺陷在于缺乏科学应有的理论预测能力。

尽管高等教育研究的系统论范式受人诟病，但并不意味着系统论失去了应有的理论张力和生存价值。系统思维具有的清晰性和开放性，有助于打破中国传统思想中整体性、笼统性、类比性的思维局限。而自夸美纽斯（J. A. Comenius）《大教学论》诞生以来教育研究中形成的局部化、孤立化路径，割断了教育活动诸方面的内在联系，系统思想有助于研究者对教育研究的领域及其问题、整体性结构及其关系进行合理关照②。就本研究而言，系统论具有如下启示意义：其一，系统论的基本思想方法就是把所研究和处理的对象，看作由若干要素以一定结构形式联结构成的具有某种功能的有机整体，进而分析系统的结构和功能，研究系统、要素、环境三者的相互关系和变动规律性，并优化系统的整体功能。因此，对高等教育功能的研究也应该打破单纯的、静态的功能结果分析模式，将高等教育的功能发生看作一个过程性的系统工程，提炼影响高等教育功能发生的系统要素，研究高等教育系统与环境的关系及自身运行的规律，进而探讨高等教育功能实现的运行机理，以全面认识高等教育功能调适与失调的运动过程。其二，系统的结构决定功能。任何结构都具有促进或阻碍事物发展的双重可能，合理的结构具有促进事物发展的正功能，而失衡的结构则会导致功能的失调。高等教育系统是具有多元、复杂结构的系统，高等教育的结构和谐对功能协调具有重要作用，因此，进行高等教育功能研究必须注重高等教育的结构分析。其三，注意克服系统论范式在理论预测能力方面的缺陷，从系统的发展

① 菲利普．社会科学中的整体论思想［M］．吴忠，陈昕，刘源，译．银川：宁夏人民出版社，1988：67-68.

② 叶澜．教育研究方法论初探［M］．上海：上海教育出版社，1999：195-196.

性、开放性出发，在遵循高等教育系统发展的历史规律和学理逻辑基础上，对高等教育功能的拓展与调适加以探询，以增强研究的历史性和现实指导意义。

二、功能主义理论及其启示

功能主义（又称结构功能主义）是现代西方社会学中的一个理论流派。作为一般方法论的系统理论进入社会学后，为功能主义理论的创立提供了一定的理论依据。功能主义认为社会是具有一定结构或组织化手段的系统，社会的各组成部分以有序的方式相互关联，并对社会整体发挥着必要的功能。整体是以平衡的状态存在着，任何部分的变化都会趋于新的平衡。

社会科学中的功能主义有着长期的历史。孔德（A. Kongde）把社会与有机体做模拟分析，提出社会有机体的结构、组织、器官等概念，提倡用科学的方法研究社会；斯宾塞（Herbert Spencer）在其著作中论述了功能主义的基本概念，如结构与功能、分化与整合、整体与系统、系统的权力与符号管理等；迪尔凯姆注重社会的系统性，关注社会团结和社会整合问题，系统提出功能主义的分析方法；拉德克利夫-布朗和马林诺夫斯基（Malinowski Bronislaw Kaspar）分别提出了功能普遍性假设、功能不可缺少性假设和功能统一性假设，成为以后结构功能主义三大假设的基础①。正是在早期功能主义理论观点的继承和研究方法创新的基础上，美国社会学家帕森斯成为功能主义理论的集大成者，并将功能主义发展成为现代社会学中的结构功能主义。

帕森斯在20世纪40年代提出了“结构功能主义”这一名称，他在以后的许多论著中，为形成结构功能主义的系统性理论做出了很大努力，并成为结构功能分析学派的领袖人物。帕森斯有两个基本的理论主张，即社会行动观点和结构功能观点。他认为，“单位行动”是社会学的基本单位，人应该有能力和最低限度的自由来选择自己的行动，但事实上这种选择受到了各种因素的制约，比如生理、情境、价值规范、体

① 特纳．社会学理论的结构［M］．邱泽奇，张茂元，译．北京：华夏出版社，2001：8-19.

制，等等①。社会系统是行动系统的四个子系统（有机体系统、人格系统、文化系统和社会系统）之一。在社会体系中，不仅行动者的单位行动，而且社会关系、个人和群体都能作为社会体系的单位②。为充分揭示社会体系中的结构功能关系，帕森斯提出了著名的“AGIL”对称分析模式：（1）适应（A：Adaptation）。代表社会中最与物质世界接近的力量，确保系统从环境中获得所需资源，并在系统内加以分配，经济是最与适应接近的领域。（2）达到目标（G：Goal attainment）。代表深受物质适应关系影响，更受制于思想控制的力量，制定系统的目标和确定各目标的主次关系，并能调动资源和引导社会成员去实现目标，政治和政府是与此相联系的社会领域。（3）整合（I：Integration）。代表由导向团结的内推力形成的力量，使系统各部分协调为一个起作用的整体，它受规范而不是更广泛的价值观所支配。（4）维持模式（L：Latence）。代表社会中最纯粹的主观力量，维持社会共同价值观的基本模式，并使其在系统内保持制度化③。帕森斯的 AGIL 图式见表 2-1。

表 2-1　帕森斯的 AGIL 图式④

	手段性功能	目的性功能
对外功能	A 适应 经济资源	G 达到目标 政治目标
对内功能	L 维持模式 价值观	I 整合 规范

帕森斯认为，社会系统是趋于均衡的，四种必要功能条件的满足可

① 帕森斯．社会行动的结构［M］．张明德，夏遇南，彭刚，译．南京：译林出版社，2003：48-56.

② 帕森斯．社会行动的结构［M］．张明德，夏遇南，彭刚，译．南京：译林出版社，2003：843.

③ 亚历山大．社会学二十讲：二战以来的理论发展［M］．贾春增，董天明，等译．北京：华夏出版社，2000：67-79.

④ 根据吴康宁和亚历山大相关论述绘制。亚历山大．社会学二十讲：二战以来的理论发展［M］．贾春增，董天明，等译．北京：华夏出版社，2000：68；吴康宁．教育社会学［M］．北京：人民教育出版社，1998：32.

使系统保持稳定性。该模式可适合于任何形式、内容的社会体系，具有普遍意义。按此模式分析，任何社会体系都具有对外和对内、手段和目的两组功能。一个体系只有与其外部的其他体系相适应、相协调，才能使其既定的目标实现，而与外部环境相适应就是其运用的手段；一个体系也只有通过对内模式的维持这一手段，才能达到体系内部各要素的整合，才能最后表现出其对内的功能。

作为帕森斯的学生和继承者，美国社会学家默顿进一步发展了结构功能主义。默顿拓展了结构功能分析的范畴，提出了“正功能”、“负功能”、“显功能”、“隐功能”等概念。他提出，一个体系中的各部分之间存在着互动，其产生的影响及其对整体的统合未必都是“正功能”，有时可能发生“负功能”；同样，某些功能是有意识安排的，可能明显易见，而另一些功能未经事先筹划，在无意识中发生，出乎人们的预计，于是便有了“显功能”与“隐功能”之分①。另外，他还认为，社会价值观确定了社会追求的目标，而社会规范界定了为达到目标可采用的手段。如果文化结构（目标）与社会结构（制度化手段）之间发生脱节，就会出现社会失范状态，导致越轨行为②。最为重要的是，他对功能普遍性假设、功能不可缺少性假设和功能统一性假设的结构功能主义三大假设进行了重新检讨，认为功能普遍性假设可能使分析者忽略既存文化形式中的负功能、反功能以及非功能后果，功能不可缺少性假设则会使人忽略功能转换及替代，将功能分析导致荒谬的结论，功能统一性假设忽视了功能对不同“功能之受益单位”的差异后果。因此他提出了由“功能归属事项、主观意向、客观后果、功能所助益之单位、功能需求、履行功能机制、功能选择、结构脉络、功能与变迁、功能分析的效度问题以及功能分析的意识形态蕴含问题”十一个分析事项组成的“社会学功能分析范式”③，对后来的功能研究产生了重大影响。

结构功能主义在 20 世纪 50 年代美国的社会学中曾占主导地位，其

---

① 默顿．论理论社会学［M］．何凡兴，译．北京：华夏出版社，1990：138-139.

② 默顿．社会研究与社会政策［M］．林聚任，等译．北京：生活·读书·新知三联书店，2001：80-90.

③ 默顿．论理论社会学［M］．何凡兴，译．北京：华夏出版社，1990：137-143.

延续的传统还产生了亚历山大（Jeffery C. Alexander）的新功能主义和卢曼（Niklas Luhmann）的系统功能主义。结构功能主义的研究涉及人类学与政治学等社会科学领域，其学术观点对教育社会学影响很大，谢维和教授甚至直接指出："现代教育社会学正式起源于迪尔凯姆的著作，他是第一个系统考察教育和社会的关系的社会学家。"① 迪尔凯姆主要探讨了教育与社会、国家的关系，道德教育以及教育与冲突的关系。他认为，每一个社会的教育都与社会价值和目标一致，教育的功能在于对年青一代进行系统的社会化。所有的教育都是道德教育，教育的使命和功能是在日益分化和异质化的社会中创造和维持团结与一致。与此同时，他也看到了教育作为一种职业，其中必然包含自我利益的冲突以及教育和国家之间的冲突②。其他功能主义理论学家也对教育有过精深研究，帕森斯在《作为社会体系的学校班级》一文中对学校班级体系的研究，即为结构功能分析的典范。他提出，班级是学校大系统中的一个单位，教育活动实际上大部分是在班级中展开的，因此分析学校功能必须从班级开始。他认为，学校教育的一大功能就是培养个人承担未来角色的基本能力和技能以及发展个人的社会责任感和未来角色表现的责任感，也就是迪尔凯姆所谓的社会化功能，但这只是学校主要功能之一，另一个主要功能是选择功能。这是他对迪尔凯姆教育功能思想的发展。因为随着现代社会的演进，分工日趋细密化，为社会选择合格的人才便历史地落在了学校教育的肩上，学校在塑造未来职业角色的同时，还必须对学生依其性格、成就进行分化、筛选，为社会输送各类人才，社会化属于学校的内功能，选择是其对外的功能，二者都是现代社会所不可缺的③。

在高等教育理论领域，结构功能主义也得到了广泛的应用，成为一种最为普遍的理论范式。如帕森斯和普拉特（Platt）对美国大学性质和

① 谢维和．教育活动的社会学分析：一种教育社会学的研究［M］．北京：教育科学出版社，2000：35．

② 涂尔干．教育及其性质与作用［M］//张人杰．国外教育社会学基本文选．上海：华东师范大学出版社，1989：1-23．

③ 帕森斯．教育及其性质与作用［M］//张人杰．国外教育社会学基本文选．上海：华东师范大学出版社，1989：506-529．

功能的分析，他们应用一般的行动理论分析美国大学的性质，并由此确立了美国大学系统的总体功能，即通过大学对“认知理性”价值观念的影响，而对“受托的”亚系统产生影响。他们认为美国高等教育是由四个不同部分组成的“完整的大学”，分别对应于帕森斯的四个功能系统：本科生教育、研究与研究生训练、专业化学校和更大的社会联系。其中每一个部分都具有一种特定的交换媒介，如影响和智力，由此可以产生对认知理性价值观念的承诺。反之，这样的承诺又能促进其他制度性机构的运行，如经济、政治和法律等的运行①。在我国高等教育研究领域，功能主义思想也有很大影响。如研究者对高等教育功能进行的个体功能、政治功能、经济功能、文化功能，抑或是社会化功能、社会选拔功能、社会分配功能等惯常划分，其实都带有明显的功能论色彩；许多冠以“社会学分析”的高等教育研究中更多应用和体现的是功能论思想；还有的研究者直接将功能理论作为分析高等教育具体问题的理论武器②；张德祥、周润智合著的《高等教育社会学》将结构、过程、均衡作为研究视角的组成部分。侯定凯在其专著《高等教育社会学》中更是直接指出，“从学科建构角度看，结构功能主义似乎更能为我们分析高等教育活动提供便捷途径”③，并借用帕森斯的一般行动系统建立了高等教育系统的 AGIL 框架。此外，在潘懋元先生主编的《多学科观点的高等教育研究》，徐小洲等著的《高等教育论——跨学科的观点》，以及钱民辉著的《教育社会学》第十章“高等教育系统的社会学研究”中也体现了许多功能主义理论思想。

近来有研究者对高等教育研究中的结构功能主义范式提出了质疑④，指出：一些信奉结构功能主义的高等教育学者仅将高等教育系统看作社

---

① 谢维和．教育活动的社会学分析：一种教育社会学的研究［M］．北京：教育科学出版社，2000：47.

② 王树生．大学的功能与价值关怀的剥离——一种结构功能主义的视角［J］．哈尔滨工业大学学报（社会科学版），2004（2）：121-126.

③ 侯定凯．高等教育社会学［M］．桂林：广西师范大学出版社，2004：8.

④ 展立新．科学主义与人文主义的对立统一及其对高等教育理论与实践的影响［J］．北京大学教育评论，2004（4）：66-74.

会系统的一个缩影，为维护社会系统稳定而提供功能性服务，高等教育的分支系统同样也不过是为高等教育系统的稳定提供功能性服务，这种观点过于狭隘。同时，由于结构性与功能性的解释实质上包含了对社会系统某种目的论的预设，所以，结构功能主义理论必然具有保守主义的性质。因此，我们在借鉴结构功能主义范式时不应该忘记，该范式也至多只能起到一个理论参照的作用——正如韦伯所说："这样建立起来的规律的确能够发挥某种类似词典的作用，但也仅此而已。"①

功能主义理论毕竟是20世纪影响最大的社会学理论，其后的冲突理论、交换理论、解释理论等无一不是在对功能理论的批判和借鉴中得以发展，因此，作为一种理论依据，它依然有其生命力。考虑到结构功能主义在唯意志论和目的论的解释方式、只强调社会整合而忽视社会冲突的理论视角等方面受到的批评，我们在借鉴功能主义理论进行高等教育功能研究时可以更加全面地加以探寻。具体而言，其研究启示如下：

其一，功能主义为我们理解社会现实提供了一种分析的理论框架，但是它并不是去具体地描述经验现实本身。因此，不少学者批判帕森斯所建立的概念体系过于抽象、空洞，与社会现实并不相符，至多不过是一个具有一定的启发性、华美壮观但不结果实的哲学体系而已。"因为社会学理论，应该是可验证的、合乎逻辑的，并且必须尽可能合乎实际社会现况；但细读帕森斯的理论，却发现他常用词定义不明确、理论混淆不清、命题可验证性小，且脱离现实社会状况。"② 因此，我们对高等教育功能的研究，除了进行必要的理论阐释外，还应该格外关注高等教育功能的实际问题，除了进行宏观研究，还要进行微观探索。

其二，正如默顿指出的那样："应避免功能分析集中于正面功能，应提醒研究者同时注意其他后果。"③ 我们对高等教育功能的分析，除了看到其正向功能、显在功能外，还应该注意到它可能存在的负向功能、潜

① 韦伯．社会科学方法论［M］．韩水法，译．北京：中央编译出版社，1999：6．

② 谭光鼎，王丽云．教育社会学：人物与思想［M］．台北：台湾高等教育出版公司，2006：128．

③ 默顿．论理论社会学［M］．何凡兴，译．北京：华夏出版社，1990：115．

在功能；既研究功能的和谐稳定，又重视功能的可能冲突及其后果。这也是本研究立足于“功能失调”的现实问题探讨高等教育功能的初衷。

其三，功能主义理论对于教育功能的分析具有其独特的社会学视角和深刻性，其对教育的社会化功能、社会选择功能、社会整合功能、社会稳定功能等方面的研究，对本研究的方法选择和分析维度具有极大启发。

其四，功能主义理论具有整体性和均衡性特点，将人类社会视为一个整体，该整体是由在结构上各不相同、在功能上相互依赖的各部分组成，同时又是一个自动平衡的系统，各部门、各系统之间相互联系、相互协调，始终维持着整个社会趋向和谐与均衡。高等教育系统作为社会大系统的一个组成部分，其功能的实现与社会其他系统密切相关，其功能的失调必然危及社会其他系统的正常运行，其调适必须有赖社会其他系统的支持配合。

其五，正像日本社会学会会长青井和夫指出的那样：由于结构要件以及功能要件满足程度的不确定性，结构—功能分析方法尚未达到供人实际应用的程度。与其实际应用，不如作为“思维方法”来使用更合适①。实际上，我们对功能分析范式的借鉴最主要之处不在于具体步骤，而在于宏观的方法论。

三、教育病理学及其启示

社会学界和教育学界常将社会或教育领域出现的异常现象称为“病理现象”。“病理”原为医学概念，是指疾病发生和发展的机理。在早期社会学家的有关理论中，我们可以看到他们对病理或社会病理的相关论述，尽管有时他们并没有明确提出上述概念。例如，迪尔凯姆在《社会学研究方法论》中曾指出：“人们容易把两种不同的现象混淆在一起，一种是应该怎么样就怎样的现象，另一种是应该这样，但它偏偏不是这样的现象，可以称为病态的或者不规则的现象。”“无论对社会或个人而言，健康是好的，合乎愿望的，相反，疾病是坏的，应该避免的。一个种类从整体看是规则的、健康的，但很难说它不包括有病态的现象，健

① 青井和夫．社会学原理［M］．刘振英，译．北京：华夏出版社，2002：94．

康只是此疾病普遍并且受欢迎而已。"[①] 他提出的"社会失范"更是标准的社会病理现象。社会病理学作为一种较为系统的理论形成于19世纪和20世纪之交的前后20年，一些社会工作者以斯宾塞的有机体类比法为理论基础，对社会发展过程中存在的反向状态进行深入研究，形成了具有群体性的对此种状态进行"诊断"和"治疗"的社会观点，即社会病理学观点。而后，其理论架构和方法体系不断内化到其他学科领域的研究中，萌生出包括教育病理学在内的一些新兴学科。

病理是社会发展过程中普遍存在的客观现象，此点不言自明，因而作为社会子系统的教育自然无法幸免。教育病理就是指由教育系统内外的异常因素引起的教育功能障碍，使教育偏离正常发展模式的一种失调状态。教育病理学就是研究偏离教育良性运转和正常发展的各种病态行为、影响因素、内在机理及其防治措施，从而促进教育健康、和谐、良性发展的一种理论。"教育病理学"一词最早是德国学者司托里音伯耳在1890年提出的，20世纪中期在日本得到快速发展，其中代表学者为新崛通也和大桥薰。

新崛通也认为，教育病理是教育中表现出来的客观存在的社会病理，但教育病理与其他社会病理是有区别的，其划分标准是看病理是否同教育存在着某种意义上的联系。据此他将教育病理分为两类：一是源于教育的病理，即由教育的结果引发的病理；二是与教育有关的病理，即导致教育病理产生的外部条件。前者是结果形态的教育病理，后者是原因形态的教育病理，他分别称它们为教育性病理和病理性教育[②]。他确立了判别教育病理的两个标准：当教育现象偏离一定的规范、理念与理想而被判定为病理现象时，这些规范、理念与理想便被称为价值性标准；把偏离同层次、同类别现象的平均水平和一般状况的教育现象判定为病理现象时，这些平均水平和一般状况便被称为统计性标准。他还借鉴帕森斯的结构—功能理论，从职能和结构两个方面对包括教育系统在内的

① 迪尔凯姆．社会学研究方法论［M］．胡伟，译．北京：华夏出版社，1988：48．

② 新崛通也．现代教育的病理——教育病理学结构［M］//瞿葆奎．教育学文集——教育与社会发展．北京：人民教育出版社，1989：555-556．

社会系统进行了分析。职能可分为目标实现职能与自我维持职能，结构分为对外关系和内部结构。依此理论对教育系统进行分析，把各个方面的顺机能和逆机能交织在一起可分为四类，即效率—浪费、统合—冲突、顺应—滞后、均衡—差异。浪费、冲突、滞后、差异则为教育病理，教育浪费是指教育目标未能充分实现的状态；教育冲突是指教育系统中不同层次的系统相互之间以及各系统内部之中失去有序、协力、统一与和谐的状态而在意识上或行动上出现对立与冲突的状态；教育滞后是指教育的发展落后于社会发展；教育差异则是指教育系统内部出现的不平衡、不平等或不均衡的状态。教育浪费、教育冲突、教育滞后和教育差异构成了一个相互关联、互为因果的病理群（见表 2-2）[①]。

表 2-2　教育病理的向度

职能方面	（目标实现） 效率—浪费	（自我维持） 统合—冲突
结构方面	（对外关系） 顺应—滞后	（内部结构） 均衡—差异

大桥薰认为，教育病理是在教育过程中出现的偏移和失调状态，原因是教育内部和外部的异常条件使教育功能的实现受到严重阻碍，导致教育功能的弱化或丧失，由此产生进一步的脱逸（失范）行为[②]。它们之间的关系如图 2-1 所示。

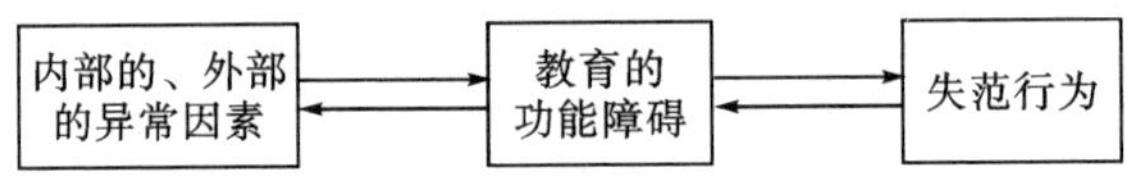

图 2-1　教育病理的逻辑结构[③]

内部和外部的异常因素是指家庭、学校、工作场所以及其他社会场所存在的异常因素给教育功能带来的影响。教育功能障碍是指教育者和

---

① 新崛通也．现代教育的病理——教育病理学结构［M］//瞿葆奎．教育学文集——教育与社会发展．北京：人民教育出版社，1989：562.

② 原文中为“脱逸”行为，出于语言习惯，国内学者张德祥、周润智等将其转译为“失范”。

③ 大桥薰．现代教育的病理［M］//张人杰．国外教育社会学基本文选．上海：华东师范大学出版社，1989：486.

受教育者的活动受阻而使教育目标和教育目的难以实现。失范行为是指一种偏离社会规范和社会期待的行为，如犯罪、自杀、攻击性行为等退却行为。对教育病理的研究必须以教育的功能障碍为中心，并把异常因素和失范行为紧密联系起来加以考虑。根据研究目的的不同，可以把重点放在其中的一个领域。因为教育功能障碍实际上是在教育现场发生的，因此，大桥薰以教育现场为中心来建立教育病理的家庭场所、学校场所和社会场所三大分析框架。此外，他还从教育当事者、教育目标和教育内容、教育的时空结构、教育方法与教育程度、教育条件及环境五个方面对教育现场的结构问题做了进一步的分析。

教育病理学自 20 世纪 80 年代后期开始在我国得到快速传播与发展，许多学者尝试着探讨教育科学研究借鉴病理学方法的可能性，对我国教育过程中出现的偏移和失调状态进行病理学研究，探寻原因，提出对策，以求消除或缓解教育疾病，促使我国教育健康发展，甚至有学者尝试建立教育病理学的分支学科——教学病理学①。在高等教育领域，也有研究者运用教育病理理论进行研究。如陶学文、王昌善、石鸥等依照教育病理学的理论框架，对高校的教学病理进行了深入而具体的分析。陶学文研究了高校教学及管理的主要病理性症状，即教学失衡与教学管理失当。石欧、王昌善认为高校教学及管理病症主要是教学失衡和教学滞后，并归纳出如下成因：教学系统对致病因素的感受性问题、教学系统的性质与类别的问题、教学系统的资源性因素、教学规范的困境、教学制度②。

张德祥和周润智在其合著的《高等教育社会学》中，对高等教育病理的性质、诊断标准以及研究的架构进行了深入分析。他们认为，高等教育病理是指在高等教育的发展过程中，受环境和内在结构及其要素的影响而引发的高等教育功能的失调、弱化或失用。高等教育中必然地存

① 石鸥．教学病理学［M］．长沙：湖南教育出版社，1999.

② 陶学文．试析我国高校教学及管理疾病的致病因素——我国传统教育对高校教学及管理的负面影响［J］．武汉科技大学学报（社会科学版），2002（3）：80-82；石鸥，王昌善．高校教学及其管理的病症探查与成因解读——大学教学病理研究之一［J］．湖南师范大学社会科学学报，2005（1）：87-91.

在着病理现象，病理研究对高等教育的发展不但在方法论方面具有特殊的意义，而且在认识论方面也具有较高的理论价值。高等教育病理具有与其他教育层次不同的特殊性，高等教育的功能状态是判断高等教育病理的核心内容。他们还确立了以高等教育的功能为中轴，从物质流通、信息流通和能量流通三个方面对高等教育外层结构（教育子系统与社会元系统）、中层结构（教育活动、保障活动和管理活动）和微层结构（教育主体即教师和学生，教育客体即教育内容、教育媒介）进行病理分析的基本架构，进而提出了各层结构下的详细指标，为我们全面认识高等教育及其功能提供了全新视角①。

教育病理学对我们进行高等教育功能失调研究的启示如下：其一，要正确认识高等教育功能失调的性质。新崛通也说："从某种理想性的标准来衡量，所有社会现象都在某种程度上带有病理性质。反过来，也可以说在一定范围内存在病理现象，并允许病理现象在一定范围内存在倒是正常的。"正如人的机体会出现功能失调一样，作为一种社会活动的教育出现教育病是正常的，高等教育功能的失调也是教育病的一种，是高等教育系统与个人发展和社会系统协调互动过程中存在的正常现象。高等教育功能失调是客观的、不可避免的，但却可以人为控制其发生的程度和概率。其二，长期以来，我国教育学的研究大多从理想的状态出发，从"应该怎样"出发去论述一个"健康"的教育系统该如何运行，对教育中的病理现象及病态教育系统的运行关注不够。教育病理学的研究主要不是规划美好教育的思路，而是对现实教育病理的理性思考和科学诊断，而功能障碍是理解教育病理的关键。当前高等教育发展过程中出现的诸多问题，事实上都与高等教育的功能未能有效实现与发挥有关，因此，高等教育功能失调这一病变事实必须得到重视。其三，教育病理的形成一定是有原因的，有时某种原因隐藏得很深，不易被我们发现。在考察教育病理的病因时，既要从教育系统内部找，也要从外部，即从整个社会系统中找，既要考虑教育性病理，又要考虑病理性教

① 张德祥，周润智．高等教育社会学［M］．北京：高等教育出版社，2002：202-210．

育，因为教育自身自成系统，并构成社会的一个子系统，是整个社会系统的一个组成部分。教育病理原因的多重分析启发我们应该打破单一的静态考察，从“过程—内外部影响因素”的角度去分析高等教育功能失调现象。

第三节　高等教育功能分析的基本框架

任何一项研究要成为科学，必须形成自己特有的严密的逻辑结构，而每一种结构都有自身的逻辑起点。不同的逻辑起点的规律性延伸，构成了不同研究的特定理论体系，展现出这一研究与其他研究的科学分界，并为进一步的深入研究提供具体的分析框架。

一、逻辑起点：人、文化、社会的三重主体

逻辑起点是指理论研究的出发点，把握逻辑起点是构建理论体系的前提。对高等教育功能的通俗理解是指作为客体的高等教育对教育主体的作用，这种作用体现的是主体对客体的需要及客体对主体需要的满足。从哲学意义来看，“客体对主体需要的满足”即价值。而“价值取决于客体，但又不单纯指的是客体，是客体的主体效益，是主体对客体需要所产生的一种关系”①。因此，高等教育的价值所包含的内容应由其主体及其需要所决定。人们对主体的看法决定了高等教育的价值取向，即高等教育价值观。不同的高等教育价值观又外现为不同的高等教育功能。因此我们说，高等教育功能主体是高等教育功能研究的逻辑起点。故而，确定高等教育功能主体成为我们进行高等教育功能研究的前提和基础。

历史地看，人、知识、社会都可能也曾经成为高等教育功能的主体。人们对人、知识、社会这三个主体的看法和选择，形成了三种不同的高等教育价值观，即一维、二维、三维价值选择模式观。一维的价值选择模式认为高等教育只具有对社会或对人或对知识的功能；二维的价值选择模式认为高等教育具有对社会、人或对社会、知识等的功能；三维的

① 黄济．教育哲学通论［M］．太原：山西教育出版社，1998：416．

价值选择模式认为高等教育同时具有对人、社会、知识的功能①。其中，一维模式曾经在历史的不同时期出现过，但随着高等教育的发展已越来越显示出它的不全面。二维模式与传统的社会学分析高等教育具有育人功能和社会功能的角度相一致，因为教育是一种培养人的社会活动，既为人的发展服务，又为社会发展服务，因此人和社会成为教育的两个功能主体毫无疑问。而是否可以在人和社会中插入知识这一变量，构成高等教育功能的三重主体，学界尚存争论。我们认为，无论是从逻辑分析、自身特征还是从历史使命来看，知识都是理解高等教育及其功能必不可少的起点和视角。

从逻辑上讲，黑格尔（G. W. F. Hegel）曾对逻辑起点提出三条规定性：第一，逻辑起点应该是一个最简单、最抽象的规定，它“不以任何东西为前提”、“不以任何东西为中介”②。第二，逻辑起点应该揭示对象的最本质规定，以此作为整个体系赖以建立起来的根据、基础，而科学理论体系的“全部发展都包括在这个萌芽中”③。第三，逻辑起点与对象历史上最初的东西相符合。“那在科学上最初的东西，必定会表明在历史上也是最初的东西。”薛天祥、谢安邦和唐玉光等教授据此提出，作为事物知识系统逻辑起点的抽象概念，应是那种无论在起源上还是在结构上、功能上都反映着被研究之整体系统的基础和核心的抽象概念，它应有三个基本特征：（1）逻辑起点必须是研究对象最基本、最普遍的现象；（2）逻辑起点必须蕴涵着整个体系发展过程中一切矛盾的“胚芽”；（3）逻辑起点必须与历史的起点相一致④。而高等教育中的知识，恰恰具备上述三个特征。首先，知识是高等教育最基本的要素。高等教育机构的各种活动都是围绕知识的教与学活动展开的。“知识是包含在

① 邬大光，赵婷婷．也谈高等教育的功能和高等学校的职能：兼与徐辉、邓耀彩商榷［J］．高等教育研究，1995（3）：57-61.

② 列宁．黑格尔《逻辑学》一书摘要［M］//列宁全集：第55卷．北京：人民出版社，1990：85-86.

③ 黑格尔．逻辑学：上卷［M］．杨一芝，译．北京：商务印书馆，1977：20.

④ 薛天祥，谢安邦，唐玉光．建立高等教育学理论体系的思考［J］．上海高教研究，1994（1）：1-5.

高等教育系统的各种活动之中的共同要素：科研创造它，学术工作保存、提炼和完善它，教学和服务传播它。”① 围绕着知识而进行的教学、科研和社会服务等活动是高等教育最普遍的现象。正像美国教育家布鲁贝克所指出的那样：“无论学院还是大学，都不是一个政治团体，它的职责不是行政管理，而是发现、发表和讲授高深学问，它的管理不是根据人数或少数服从多数的原则，而是以知识为基础。”其次，知识中蕴涵着高等教育一切矛盾的“胚芽”。高等教育中存在着知识传授与人才培养、社会需求的矛盾，知识传授与知识开发、知识转化的矛盾，这些矛盾是推动高等教育发展的内在动力。19 世纪初始于德国柏林大学的知识传授与开发之矛盾的解决，推动了高等学校科学研究的发展，强化了高等教育的文化创造功能，“大学从一个单纯传授知识的机构发展成为发展科学、创造知识的机构”②。19 世纪中叶，美国威斯康星理念的提出化解了科学研究与知识应用的矛盾，提高了高等学校的社会适应性，增强了高等教育的社会功能。由是可以看出，尽管知识是高等教育活动中最基本、最简单的要素，却构成了一切矛盾的“胚芽”。最后，知识又是高等教育中最古老的要素，与高等教育的生发共始终。从高等教育产生的那一刻起，知识的探索与追求就成为其根本使命。夏商大学“教孝、习射、习礼、习乐”的学习内容包含了丰富的生产、生活知识③，而两千多年前两河流域的高等教育除了数学和文学方面的教育外，可能还有法律、医学和神学等方面的教学内容④。时至今日，知识更是成为高等教育的“目的和实质的核心”⑤。

从知识特征看，高等教育领域的知识具有与基础教育不同的特征。

---

① 克拉克．高等教育新论：多学科的研究［M］．王承绪，徐辉，郑继伟，等译．杭州：浙江教育出版社，2001：107.

② 符娟明．比较高等教育［M］．北京：北京师范大学出版社，1988：66.

③ 曲士培．中国大学教育发展史［M］．北京：北京大学出版社，2006：3-4.

④ GAMAGE D T. Evaluation of universities and changing patterns of governance and administration［M］. Colombo：Karunaratne and Sons Ltd.，1996：13.

⑤ 克拉克．高等教育系统：学术组织的跨国研究［M］．王承绪，徐辉，顾企平，等译．杭州：杭州大学出版社，1994：12.

一是知识的专门化。高等教育领域的知识是以专门化的形态存在的，表现为不同学科和专业，并且其相互间壁垒日渐森严，以至于“隔行如隔山”。这种专门化的知识甚至使高等教育与社会分工和职业间建立了某种直接联系，出现了“专业对口与否”的问题，从而使高等教育在制度、结构、课程、教学等方面都表现出不同于基础教育的特性。二是知识的自主性。知识的自主性与知识的专门化发展息息相关。知识的专门化导致知识分化，而知识的分化使得不同知识领域在内容、方法等方面专属与独有，从而使知识形成了一定的自主性，并且“知识的这种自主性程度越来越高，专业与专业之间、专业与中小学所传授的普通知识之间的距离正在不断扩大”①。三是知识的生产性。知识的自主性决定了只有本专业领域内的成员，才有能力也有责任发展这一领域的知识。高等教育自产生以来就具有知识生产的属性。中国古代书院既是当时的一方教育中心，也是著名学者探讨学术的集中地。书院的主持人既从事培养人才的教育教学工作，又从事学术理论的研究和传播工作。自洪堡于19世纪初在柏林大学提出“教学与研究相统一”、“通过科学而达致修养”等大学理念后，通过科学研究而发展知识更是明确成为高等教育的重要使命。四是知识的直接应用性。高等教育中的知识与基础教育中的知识还有一个重要区别，即在于高等教育中的知识具有直接应用的特征。一则通过高等教育培养的学生作为教育系统的“终端产品”进入社会，直接将其所学知识转化为现实生产力；二则知识形态的科研成果可以通过技术转让等形式进入社会生产实践中，形成新技术、开发新产品，直接推动社会生产的发展②。

从历史使命看，随着信息时代的来临，知识经济深入发展，知识越来越凸显其主体地位。“科学技术是第一生产力”，知识也是生产力，它在人类生产、生活中发挥着越来越重要的作用。首先，知识成为社会的基本资源，知识社会是以智力资源为主要依托，以无形资产投入为主的

---

① 克拉克．高等教育系统：学术组织的跨国研究［M］．王承绪，徐辉，顾企平，等译．杭州：杭州大学出版社，1994：14.

② 赵婷婷．高等教育与普通教育社会功能形成之比较——兼与吴康宁教授商榷［J］．高等教育研究，1997（1）：46-50.

社会形式，知识将成为比土地、能源、资金等资本更重要的无形资本。其次，知识将成为一个独立的生产要素，成为决定经济和社会发展的主导力量。最后，知识的生产和更新速度急剧加快，高等教育成为知识增量再生的主要载体，而且知识生产的数量和质量也愈加成为衡量高等教育的重要指标。

基于上述分析，我们认为，知识作为高等教育活动中的根本要素，完全可以成为深入分析高等教育理论问题的出发点和探讨高等教育功能的逻辑起点，构成高等教育功能分析的三维价值选择模式。但进一步考察上述价值选择模式，我们会发现，以知识作为个人与社会之间的中介物，尚有不够全面的地方。因为从哲学的高度而言，知识指人类的科学认识成果，即"真"，但同时还应该有对"善"与"美"的追求，而对"真"、"善"、"美"的总括即指人类文化①。因此，人、文化、社会作为高等教育功能的主体构成三元价值选择模式。有人认为，高等教育中的文化因素可以包含在社会因素之中，将文化单列似无必要。对此，潘懋元先生通过分析教育与文化的双重关系和双重作用，为我们揭示了文化之于教育不同于社会系统中政治、经济等子系统之处，从而说明了高等教育中文化的独特性。所谓双重作用，指的是一方面教育要受社会文化的制约并促进文化的发展；另一方面，一定社会的经济、政治对教育的制约和教育对经济、政治的作用一般要通过文化的折射，文化成为教育与经济、政治等关系的中介。所谓双重关系，指的是教育与文化的关系既是外部关系，又是内部关系。教育与经济、政治、文化都是社会这个大系统中的子系统，从这个角度看，教育与文化之间的关系是两个社会子系统之间的关系；但文化又是以知识的形态作为教育的内部因素，从这个角度看，它与教育者、受教育者组成教育系统的内部关系。当然，从文化系统看，也可以说教育是以传承文化的功能作为文化的内部因素②。而政治、经济等元素与教育之间均不具有这种多元线性关系，这

① 邓耀彩．个人与文化：高校社会职能的两个出发点——兼与徐辉同志商榷[J]．高等教育研究，1995 (1)：27-31.

② 潘懋元．全面深入地认识教育的文化功能 [J]．教育研究，1996 (11)：17-18.

一特性因高等教育中作为文化具体形态的知识的特殊性而使得高等教育的文化元素表现得更为突出，因而将高等教育中文化的元素从一般社会因素中抽离出来似无不妥。

综上所述，我们认为，人、文化（知识）、社会可以作为高等教育功能并列的三主体，共同成为高等教育功能研究的逻辑起点。人们对主体的看法决定了对高等教育的价值取向，即高等教育价值观。三主体的确立，必然形成人、文化（知识）、社会三维高等教育价值观。不同的高等教育价值观又外现为不同的高等教育功能，因此从人、文化（知识）和社会三主体出发，我们认为高等教育功能应该是育人功能、文化功能和社会功能。然而，从社会学的视角看，这种划分并未能全面反映出高等教育的实际功能（此点将在后文论述“功能结果”时再进行展开）。同时，这种划分只是对高等教育功能的静态、横断式的分析，明确了高等教育功能有哪些，要想进一步明确这些功能是“怎样形成”和“怎样释放”的，还必须对高等教育功能的实现过程进行动态的、纵剖式的分析，吴康宁教授关于教育功能的研究对此具有极大的启发意义。

二、动态分析：理解高等教育功能的新视角

吴康宁教授在关于教育功能的研究中，不仅精辟地概括了国内外学者关于教育功能的诸多见解，而且提出了自己关于教育功能的分析框架。他认为，从动态的观点来看，教育社会功能的形成是一个漫长的过程。若按照时间顺序，教育从承受社会期待到最终对社会系统产生作用，至少经历四个分段过程，即功能取向的确立、功能行动的发生、初级功能结果的产生及次级功能结果的衍生。(1) 功能取向的确立，即教育系统在对社会所赋予功能期待进行理解、分析、比较与判断的基础上决定是否及怎样回应这些期待，从而确立自身功能取向的过程，其主体部分是对统治阶层所赋予的功能期待加以选择。对功能取向转化为功能行动的过程起制约作用的社会因素主要是社会对于教育的实际投入，尤其是物质投入。(2) 从功能取向的确立到功能行动的发生，是教育功能形成所经历的第二个阶段。功能行动是指导致产生一定功能结果的所有教育行为，具体包括教育制度的建立、教育结构的确立、教育目标的设定、教育内容的编制以及教育手段的选择等。这一转换过程受来自社会

对教育的控制和教育运行过程的制约。(3) 从功能行动的发生到初级功能结果的产生，为功能实现的第三阶段，即教育系统通过其功能行动控制受教育者的发展环境，从而影响其“文化形成”的过程。对教育系统功能行动起制约作用的社会因素主要是文化环境，教育因素主要是受教育者在校外影响下业已形成的文化特性。(4) 教育的社会功能形成中的最后一个分段过程是教育系统对受教育者的“文化形成”及其群层的作用延展为对社会系统的结构和功能的作用过程，也是功能结果本身的变换过程。对该环节起制约作用的教育系统自身因素是其调节机制，社会因素是社会的人才环境。教育的社会功能形成过程便是上述四个分段过程逐次联结、依序展开的过程 (如图 2-2)。

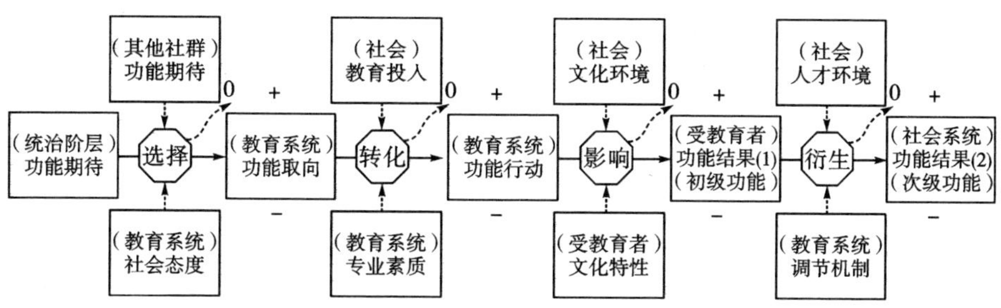

图 2-2　教育的社会功能形成过程

总体看来，教育社会功能的形成同时受到教育与社会两方面因素的制约。若以统治阶层的功能期待为参照系，则教育的社会功能形成的任何一个分段过程本身的结果都有三种可能性，即正向的、负向的及无结果。这实际上揭示出两个事实：其一，教育产生负向功能的可能性存在于教育的社会功能形成的整个过程之中。其二，教育社会功能的形成过程虽然总的来说是逐次联结、依序展开的，但就具体教育事项来说，其社会功能的形成过程既可能是完整的，也可能是残缺的，当任何一个分段过程出现无结果状态时，其社会功能的形成过程也就到此为止①。

① 吴康宁．教育社会学［M］．北京：人民教育出版社，1998：400-413；全国十二所重点师范大学编写组．教育学基础［M］．北京：教育科学出版社，2002：49-52．

虽然吴康宁教授论述的是教育的社会功能的实现过程，但对于高等教育功能的研究依然具有普适性指导意义。事实上，也有一些研究者采用了动态的视角来分析高等教育功能的实现。如赵文华博士即认为囿于功能分析的静态研究，很难正确把握高等教育功能的实质，从动态入手有助于我们进行深入的探讨。他将高等教育系统功能的形成分为功能期待、功能发挥和功能效应三个过程，并探讨了每一个过程的要素与运行，暗合了吴康宁教授的分析思路①。而王晓阳博士在关于大学社会功能的研究中，更是创造性地提出了包括条件、活动、结构、联系和作用5个要素、17个二级指标的功能分析框架，并以此为依据系统地考察了中外代表性大学社会功能的形成与释放②。

对高等教育功能的初步考察可知，高等教育功能的形成既是一个过程，也是一种结果，它是一个庞大的运行系统。系统由要素构成，要素是系统的基本组成部分，也是其存在的基础，系统的性质和整体功能是由构成要素及其结构决定的。有系统必有其结构与要素。事实上，高等教育功能是由众多要素组合形成的，如高等教育功能的取向、功能发生的机制、功能结果等。我们认为，应该从结构性要素和过程性要素两个方面把握高等教育功能的实现。结构性要素是影响高等教育功能实现与发挥的内外部因素；过程性要素是高等教育功能实现过程的各个环节。只有从功能的实现过程及其影响因素两个方面出发，才能全面把握高等教育功能的实现与演变。

三、分析思路：功能实现的动态过程

概括前述研究，我们将高等教育功能的实现过程划分为三个环节，即确立功能取向、采取功能行动、实现功能结果。首先，高等教育功能主体是高等教育功能研究的逻辑起点，人们对主体的看法决定了对高等教育的价值取向，即高等教育价值观。不同的高等教育价值观又外现为不同的高等教育功能。因此，在确定了高等教育功能主体后，因对不同主体的价值偏好与期待回应而形成的高等教育价值取向便成为影响功能

---

① 赵文华. 高等教育系统论 [M]. 桂林：广西师范大学出版社，2001：47-152.

② 王晓阳. 大学社会功能比较研究 [M]. 北京：高等教育出版社，2003：63-65.

行动和结果的首要因素，我们称之为功能取向。其次，高等教育功能的发挥始终要通过具体的高等教育实践，因此，高等教育实践活动是高等教育功能研究的关键要素，我们称之为功能行动。最后，高等教育功能行动产生的结果与功能发挥的实际状况是功能取向和功能行动的最终目的，也是功能分析的最终落脚点，我们称之为功能结果。这三个环节构成了高等教育功能实现的完整过程（见图 2-3）。其中，功能取向是导向，功能行动是途径，功能结果是效应。

图 2-3　高等教育功能形成过程

（一）功能取向

功能取向亦即功能价值取向，也就是基于高等教育功能主体的功能期待而在高等教育活动中存在的价值选择和价值追求。不同的主体对高等教育活动有不同的功能期待，但高等教育不可能满足所有主体的功能期待，于是，在各主体的力量博弈和高等教育（其实体为高等学校）的功能选择下，就会出现不同的高等教育功能取向。与高等教育功能主体相对应，高等教育功能取向主要有三类，即个体取向、社会取向和文化取向。

个体取向和社会取向分别发端于教育史上“个人本位论”和“社会本位论”的教育价值观。“个人本位论”把个人的自由意志和自由活动作为教育的出发点和落脚点，认为一切教育活动都是为了促进受教育者的个性、理性等方面的发展，把他们培养成为自由、完善、和谐发展的个人。从卢梭（Jean Jacques Rousseau）的“自然的个人本位论”，康德（Immanuel Kant）的“精神的个人本位论”，裴斯泰洛奇（Johann Helnrich Pestalozzi）的“社会的个人本位论”，到斯宾塞的“生活的个人本位论”，虽然“个体本位论”不断发展、演变，但其坚持个人在教育中的基础性地位的理论实质始终如一。而“社会本位论”把社会需要作为教育的出发点和落脚点，主张教育主要是为了社会而不是为了个人自身来培养人，教育价值的大小取决于促进社会生产发展的速度和文明进步的程度。孔德和迪尔凯姆的“社会团体本位论”，费希特（Johann

Gottlieb Fichte）和凯兴斯泰纳（Georg Kerschensteiner）的“国家本位论”，虽具体理论主张有所不同，但社会关系在教育中的基础性地位是其共同坚持的理论内核。在高等教育价值观中也长期存在上述两种取向，如威斯康星理念的创始人范·海斯就秉持高等教育社会本位的价值取向，他认为：“作为一所州立大学，它必须考虑每一个社会职能的实际价值，换句话说，它的教学、科研和服务都应当考虑到州的实际需要。”① 而纽曼、赫钦斯等人的高等教育思想中带有更多的人本主义色彩，如赫钦斯曾言：“教育的目的，不在制造基督徒、民主党员、共产党员、工人、农民、法国人或商人，而在培养人类的智慧，由此发扬人性，以成完人。其目的是人性，不是人力。”② “睿智及至善是高等教育的目的，高等教育不可能有其他的目的，因为睿智及至善是人类生命的终极目的。”③

“文化本位论”是近代西方出现的一种教育目的论、价值论，强调教育传递文化的作用，主张以文化发展的要求来确定教育目的。“文化本位论”以施普兰格（F. E. Spranger）为代表。他认为，教育从文化社会中选择“文化材”，作为教育的基本理论与“教育材”（称为“陶冶材”）。“文化材”是社会活动的产物，具有普遍价值，个人必须学习“文化材”才能发展为社会成员。教育的本质即个人的文化陶冶④。在高等教育中也存在这种以认识论高等教育哲学为基础的知识取向的高等教育功能观，强调高等教育对知识的保存、选择、传授、探究和创新功能，认为高等教育的个人功能、社会功能都是由文化功能派生而来。该价值取向较早可追溯到欧洲中世纪大学。在中世纪的大学，一切活动都源于“大学是知识之所”，大学的本质、价值的探讨都围绕着“知识”

---

① 厦门大学高等教育研究所. 高等教育论文集［M］. 厦门：厦门大学出版社，1989：103.

② 台湾师范大学教育研究所. 西洋教育思想：下［M］. 台北：伟文图书出版社有限公司，1979：908.

③ HUTCHINS R M. Education for freedom［M］. Baton Rouge：Louisiana State University Press，1943：23-24.

④ 陈桂生. 教育原理［M］. 上海：华东师范大学出版社，1993：202-203.

这一概念进行。这种功能观以“闲逸的好奇”精神去追求知识作为目的，力求了解自我生存的世界，知识本身即为目的，并不给知识外加其他的目的。如维布伦（Oswald Veblen）所说，探讨深奥的实际知识是学术事业不证自明的目的，与它可能对上帝的荣誉和人类的利益所产生的任何影响都毫不相关①。洪堡也认为大学应该为社会探索纯粹的学问，探求真理，他甚至认为：“当科学似乎多少忘记生活时，它常常才会为生活带来至善的福祉。”②在我国传统的教育功能、价值研究中，大都把文化功能、价值与政治、经济等功能、价值并列。也有人注意到高等教育中文化的基础性和根本性特点，强调从文化的角度去分析高等教育的功能和价值。如潘懋元先生就提出“高等教育的基本功能是文化选择与创新”，邓耀彩、王伟廉教授则主张把文化作为高等教育功能研究的出发点之一，突破了我们常在个人与社会的二元对立与统一中考察教育取向的模式③。

高等教育价值取向与功能密切联系，在某个时期、某种社会环境下，某个人或群体比较偏重某种取向，重视某种功能，这是正常的。而如果价值取向过于片面或只强调某个方面或某种功能而忽视甚至贬抑其他功能，就会出现偏差。

（二）功能行动

功能实现既是一种过程，又是客观活动的结果。高等教育功能主体的功能期待必须通过高等教育活动来实现，高等教育功能结果的获得必须通过高等教育实践来完成。我们将高等教育实践中对功能结果的实现有重要影响的若干活动称为功能行动。前文中提到，吴康宁教授认为：

① 布鲁贝克．高等教育哲学［M］．王承绪，郑继伟，张维平，译．杭州：浙江教育出版社，2001：14.

② 洪堡．柏林科学院就职演说辞［M］//陈洪捷．德国古典大学观及其对中国的影响．北京：北京大学出版社，2006：32.

③ 邓耀彩．个人与文化：高校社会职能的两个出发点［J］．高等教育研究，1995（1）：27-31；王伟廉．高等学校教学改革的理论研究［M］．北京：人民教育出版社，1993：142.

“功能行动泛指可能产生一定的功能结果的所有教育行动，具体包括教育制度的建立、教育结构的确立、教育目标的设定、教育内容的编制以及教育手段的选择等。”① 我们觉得“教育制度的建立”、“教育结构的确立”等每一个行动都无法单独产生“功能结果”，而必须依赖实际的活动或行为。在此，我们将功能行动看作在教育过程中所有可能产生功能结果的具体活动或行为，具体而言应该是招生工作、教学活动、科研活动、社会互动、颁发文凭、学生就业等，正是这些活动决定了高等教育存在的意义与方式。

教学是高等教育系统最基本的活动过程，从高等教育出现伊始便是实现高等教育育人功能的基本途径，并演变成为高等学校人才培养的职能。科研活动经过了很长时间与教学相伴随的自发过程，直到 19 世纪柏林大学成立以后才明确成为高等学校的任务，发展科学也继人才培养之后成为现代高等学校的第二职能。科学研究不仅有助于更好地进行人才培养，而且对文化功能的实现至关重要，同时通过产、学、研合作等模式对高等教育社会功能的实现也大有助益。社会互动不仅包括自威斯康星理念提出以来高等学校所肩负的服务社会职能，而且包含社会对高等教育的参与和支持。

上述三者作为高等教育的三大核心活动，无疑对高等教育功能的实现起着重要作用。而从社会学的角度来看，招生、颁发文凭和就业等活动同样也对高等教育功能的发挥具有深远影响。首先，高等教育的社会选拔功能主要通过招生来实现。通过招生不仅能够把学生分流到不同层次、不同类型的高等学校，实现一定的社会分层作用，而且招生过程中入学机会的获得与分配标准会波及人们的社会公正与公平理念，进而影响社会整合与分化的和谐秩序。其次，文凭是体现高等教育功能结果的重要物质载体。在现代社会中，“人们不是由于获得资源而取得某种地位，而是取得某种地位而获得一定资源。……一个人从学校毕业后从事

① 吴康宁．教育社会学［M］．北京：人民教育出版社，1998：404．

什么样的职业，在很大程度上取决于学历”①。正因为如此，科林斯才说：“学校中的冲突和对获得更多文凭的机会的要求，并不仅仅是一个阶级斗争的过程；其中涉及教育文凭对地位群体身份的规定，而且，在发达的资本主义社会中，它已经成为获得一定阶级地位的机制。”② 韦伯进一步认为，由于知识、学历、文凭具有影响社会地位的巨大作用，在社会地位方面占优势地位的阶级和群体就会通过对教育的控制，竭力排除和阻碍其他阶级和群体进入他们已占有的优势领域，因此，在现代社会各阶级或群体的斗争和冲突中，对知识和文凭的争夺是一个主要方面③。鉴于文凭、学历对社会选拔和社会分层的重要作用，因此，对高等教育文凭的种类、数量、去向进行分析具有重要的指标意义。最后，就业是高等教育功能实现和拓展的重要一环。受教育者在校期间完成了高等教育个人功能的一部分，其社会化或个性化的完善，以及受教育者对社会系统功能的释放尚需通过就业进入社会后再得以实现。吴康宁教授将这两阶段分别称为“受教育者‘文化形成’的初级功能结果产生过程”和“受教育者‘功能结果变换’的次级功能衍生过程”④。就业制度、就业观念、就业结构等都会影响到个体社会化或个性化的完善，更会影响到高等教育通过受教育者体现出的对社会系统结构和功能作用的发挥，因此，就业也应该作为功能分析中的一项重要指标。

（三）功能结果

高等教育的功能结果是指经由高等教育活动及其衍生物（如学生、知识、文凭、技术等）而表现出来的对高等教育功能主体的实际效应和作用。功能结果是进行功能分析的关键指标。高等教育功能的性质与程度都需要通过功能结果来体现和检验。传统的教育社会学研究通常从功

---

① 天野郁夫．社会选拔与教育［M］//张人杰．国外教育社会学基本文选．上海：华东师范大学出版社，1989：155.

② 谢维和．教育活动的社会学分析：一种教育社会学的研究［M］．北京：教育科学出版社，2000：53.

③ 谢维和．教育活动的社会学分析：一种教育社会学的研究［M］．北京：教育科学出版社，2000：40.

④ 吴康宁．教育社会学［M］．北京：人民教育出版社，1998：406-411.

能对主体需要的满足出发，将教育功能结果分为个体功能和社会功能两类①，前者可分为发展、改造、完善功能或社会化、个性化功能，后者又可分为政治、经济、文化、人口等功能。在前文中我们论述了高等教育功能的三主体是人、文化（知识）和社会，若循此逻辑，高等教育功能结果应该分为个体功能、文化功能和社会功能三类。但如此划分显然是注重了高等教育功能的部分和微观功效，而忽视了高等教育对社会整体的宏观作用。因此，我们将层次标准和需求标准结合起来，把高等教育功能结果分为个体功能和社会功能，其中社会功能又分为社会部分功能和社会整体功能。这一分类一定程度上也暗合了吴康宁教授关于功能初级结果与次级结果的分类，例如个体功能是高等教育的直接功能、初级功能，部分功能中有些主要属于初级功能（如文化的传递、创造功能），有些主要属于衍生功能（如生态功能、人口功能），而社会整体功能则属于高等教育的间接功能、衍生功能。

个体功能是指高等教育对个体发展所起的功能和作用，可分为社会化功能和个性化功能。社会化功能是指高等教育促进个体获得社会需要的价值观念、行为规范、知识技能、道德情操，使之成为合格社会成员的作用，职业培养功能和升迁功能等属于此类；个性化功能是指高等教育促进个体的个性发展，使之成为具有个体特色的社会成员的作用，成长功能和个性培养功能均属此类。

社会部分功能是指高等教育对文化、政治、经济等社会子系统的作用，可分为文化功能、政治功能、经济功能、科技功能、人口功能和生态功能等。

---

① 按照不同的划分标准，教育功能可以分为不同的类型。如根据功能方向，可以分为正向功能和负向功能（默顿）；根据功能的可识别特征，可以分为显性功能和隐性功能（默顿）；根据功能的层次，可以分为初级功能和次级功能（吴康宁）；根据功能的哲学层面，可以分为本体功能和派生功能（董泽芳），基本功能和特殊功能（邬大光等）；根据功能的实际效用，可以分为社会化功能、选拔与分配功能（迪尔凯姆、帕森斯），整合功能与分化功能（费里波夫），导向功能与传递功能（马和民）等，不一而足。但一般而言，从教育功能对社会和个体需要的满足出发分为个体功能和社会功能，具有广泛的代表性和高度的认同度。本研究重在考察功能结果的事实层面和实际效应，因此也主要依据此划分维度。

社会整体功能是指高等教育对社会所发挥的整体效用和宏观作用，可分为社会整合功能和社会分化功能两类。社会整合功能是指高等教育在促进社会子系统、社会各部门和社会个体之间缩小差别、消除分歧，保持社会行为协调和稳定发展的作用，包括社会维持、社会再生产、社会优化等功能；社会分化功能是指高等教育根据社会需要和个人兴趣与条件对学生进行分层、分类培养，最后把人分布到不同层次、不同类型的岗位或不同阶级、不同团体中去所产生的社会分流作用，包括社会选拔功能、社会流动功能和社会分层功能等。

如此划分主要是考虑到高等教育功能的整体性影响，从形式上看主要是依据功能的层次和范围，而非功能的主体性质，故而文化功能因在层次上属于部分功能而归入社会功能的范畴，因而产生了与功能取向不对应的问题。因为本研究的主要目的不在于探讨高等教育功能的分类，而在于对高等教育功能实现各环节状况的分析，因此，功能结果分类与功能取向的不大一致并不影响研究的展开。

上述三类要素及其所包含的具体指标构成了高等教育功能运行的基本结构，形成一个全面、立体的高等教育功能实现机理分析体系，为后续的功能研究提供了具体的研究框架，其构成与联系见表 2-3。

表 2-3 高等教育功能实现机理分析表

<table>
<tr><th rowspan="3">功能取向</th><th rowspan="3">功能行动</th><th colspan="3">功能结果</th></tr>
<tr><th rowspan="2">个体功能</th><th colspan="2">社会功能</th></tr>
<tr><th>社会部分功能</th><th>社会整体功能</th></tr>
<tr><td>1. 个体取向
2. 文化取向
3. 社会取向</td><td>1. 招生工作
2. 教学活动
3. 科研活动
4. 社会互动
5. 颁发文凭
6. 学生就业</td><td>1. 社会化功能
2. 个性化功能</td><td>1. 文化功能
2. 政治功能
3. 经济功能
4. 科技功能
…………</td><td>1. 社会整合功能
2. 社会分化功能</td></tr>
</table>

需要说明的是，高等教育功能的失调可能表现于任何功能实现环节。正是高等教育功能实现的各环节与内外部影响因素之间的关系塑造了高等教育功能的实际状态，若二者之间适应与和谐，则高等教育功能

处于协调状态，反之，则陷入失调境地。

四、内外条件：功能实现的影响因素

任何事物都是内部结构与外部环境影响作用的结果。内部结构决定事物的本质特性，外部环境影响事物的发展。高等教育功能的实现是一个复杂的动态过程，必然受到多种内外部因素的制约。具体而言，影响高等教育功能实现的因素主要有如下几点：

（一）个人的需求意向

个人的需求意向是指社会各阶层人士对高等教育功能的认识和态度，以及在高等教育功能取向、行动等方面的选择倾向性，它是社会成员对高等教育功能的主观要求，是影响高等教育功能实现的重要因素。个人是高等教育活动中的核心要素，其需求意向对高等教育功能的影响主要表现如下：一是决定其对高等教育的态度，从而直接影响高等教育的育人质量。例如，受当前社会文化的影响，一部分学生在对待“社会理想”上常常表现出冷漠，一些学生正在失去理想与信念。他们更关注自己的未来，把高等教育仅仅视作实现个人向上层社会流动的阶梯，把学习成绩和在各种学生组织中担任的工作，以及优等生评选，甚至入党、入团等作为功利目标来追求，为了达到目的甚至采取作弊等欺骗行为。以这样的态度接受高等教育，其个体素质自然会存在诸多欠缺。二是影响高等教育的结构，进而影响高等教育的功能。当国民受教育的期望水平较高而未能得到有效引导和调整时，必然导致高等教育结构的失衡。例如，在层次上，我国当前的个人需求存在着“非本科不读”的现象，致使许多专科学校不得不追求升格，造成高等教育层次结构的失衡。在类型上，人们对职业教育、民办教育还存有偏见，导致公办普通高等教育压力过大，造成高等教育类型结构的失衡。在科类上，人们不愿到农、林、地、矿等专业就读，造成高等教育类别结构的失衡。凡此种种，必然带来高等教育人才培养结构和数量的失衡，不能满足社会对不同层次、不同类型人才的需求。三是影响高等教育功能取向。例如，当前人们接受高等教育主要是为了获得一种资格，从而能够找到一份满意的工作，至于知识的获得和能力的提高倒不是当前需求的重点，因此许多高校仅仅满足于完成既定教育环节，将毕业生送出校门。这种例行公事式的培养模式，造成当前高等教育并未把培养学生的能力和素质作为自己的核心价值取向，而那些直接来自社会的强势需求反而成了高等教育功能的价值中心。四是影响高等教育功能行动。招生、教学必须考虑个体的需求自不待言，文凭的价值与社会流动效用，就业的方向与层次等也无不受个体需求意向的制约，而功能行动与功能结果密切相关，因此，个体的需求意向又间接地影响了高等教育功能的结果。

（二）知识进化与演变

在高等教育功能演变过程中，知识一直扮演着十分重要的角色。随着时代的变迁，知识的发展、普及和应用的进程不断加快，知识在社会发展中的价值与作用不断提升。农业社会的发展依靠人的体力和经验，工业社会转为依靠资本、机器和一定的现代科技知识，知识经济社会中，知识特别是高新科学与技术成为社会发展的决定性因素。而知识既是高等教育的核心要素与存在基础，又要靠高等教育来传承与创新。教学传授它、科研发展它、社会应用和传播它、生产物化它。高等教育适应或满足个体与社会的需求主要依靠的是知识。在社会经济形态转变和高等教育功能演变的过程中，贯穿着知识的发展及其价值、作用实现的过程。在农业社会，科学知识尚未发展，人文知识远离生产，因此当时的高等教育主要发挥的是政治功能和文化功能；在工业社会，自然科学知识开始应用到社会生产、生活之中，高等教育的经济功能得到彰显；在知识经济时代，知识的需求和应用遍及社会的各行各业，高等教育的科技功能、育人功能的重要性更为突出。经济形态转变对知识需求的变化，既是知识价值和作用实现的过程，又是高等教育发展的重要推动力，因此，知识的发展及其价值和作用的变化就成为高等教育功能演变的直接动因。

（三）社会发展与需求

在任何时候，社会发展及其需求都是高等教育发展的基本动力。阿什比指出，“大学体系的规模与形式，不外主要由三种主要力量来决定”，“所有大学中的内在逻辑的力量、学生要求入学的力量与雇主需要毕业生的力量，这三者之间都要保持着动态的平衡”①。社会发展及其需求对高等教育功能实现的影响，集中体现在：首先，国家需求的不断扩大。高等教育是培养精英还是面向大众，很大程度上是一种政治决策的结果。从高等教育发展史来看，大学一开始是为达到少数人的特定目标服务的“尖子机构”，学生主要来源于上层政府官员、牧师和专业人员家庭。随着社会的发展，统治者所需要的人才数量和规格也有了很大的发展，“原先简单地把大学当作一成不变的‘培养官员的机器’，而现在就要求它有更丰富的预见性和想象力”②，大学从培养政治精英的机构逐步转变为培养政治、经济、科技精英的机构。越来越多的出身于商人阶级、中层政府官员、其他白领职员和教师家庭的学生进入大学学习，攻读科技、医学和其他职业学科的学生也越来越多。政府所代表的社会利益的改变促使“高等教育将越来越少地为永远造就精英阶级服务，而将更多地服务于创造一个相对没有等级的社会。由于向所有合格的来者敞开大门，以往作为修道院和象牙塔的大学已被摧毁”③。其次，经济需求的拉动与支撑。高等教育功能的实现虽然受诸多非经济因素的影响，但从较长时期看，最终要受到国民经济发展水平及需求的制约。经济的增长影响高等教育发展的规模和速度，经济和产业结构的变化影响高等教育结构的调整，经济的发展需要高等教育培养多样化的人才。高等教育超越经济需求能力的过度膨胀，会产生许多负面影响。例如，1960—1980年间，发展中国家高校学生总数增长了523%，远远超过同期发展中国家经济增长速度，也超过发达国家高等教育增长速度214%④，不仅

---

① 阿什比还指出：“就美国来说，最突出的力量来自请求入学者的压力；就苏联来说，最突出的力量是向学校抽调毕业生的‘吸力’，或称人才的需要；就德国以及不久以前的英国来说，最突出的力量是大学体系自身的内在逻辑。”阿什比．科技发达时代的大学教育［M］．滕大春，滕大生，译．北京：人民教育出版社，1983：113-114.

② 纳伊曼．世界高等教育的探讨［M］．令华，严南德，译．北京：教育科学出版社，1982：4.

③ 科尔．大学的功用［M］．陈学飞，译．南昌：江西教育出版社，1993：33-34.

④ 杨广云，谢作栩．我国高等教育发展速度的探讨［J］．上海高教研究，1997(8)：22-52.

加重了国家财政负担，也造成了严重的教育性失业和人才外流。再次，科技需求的扩张。从欧洲中世纪大学诞生到19世纪上半叶，高等教育很少对科技发展起促进作用，“虽然在这个时期大学仍旧存在，但就大多数来讲，他们在各自国家的创造性智力生活中并没有发挥出什么重要的作用……科学研究也不在学校工作之列，几乎没有几个教授是富有创造性的知识分子”①。随着文艺复兴和工业革命的发展，科技的迅猛发展、新行业的兴起和旧工种的淘汰对高等教育提供了前所未有的机遇和要求。现代科技发展需要高等教育的适应性发展，同时也为高等教育发展提供了重要保证。最后，入学需求的压力。“消费市场到处都在起作用，即使在国家影响最大的高等教育系统中。任何地方都存在着强有力的作为入学人数预算基础的潜在消费市场。”② 随着“学习者世界的扩大”，高等教育日益受到人口扩张的压力。高等教育消费者的需求不仅影响着高等教育的扩张及增长的波动，同时也影响着高等教育的功能。

（四）政府意识与责任

高等教育功能的实现在任何社会制度中都会受到特定的政治环境和政治要求的影响。政府的政策牵引着高等教育的改革与发展，这是一种世界性现象。科尔曾有一段精彩的描述：“大学生活巨大变化的动力来自外界。这种力量来自法国的拿破仑，德国的教育部长，英国的皇家委员会和大学拨款委员会，俄国的共产党，日本在王政复辟时的天皇，以及美国非专业性的大学管理委员会和联邦议会——还有美国的各种基金会。”③ 代表一定阶级利益的政府对高等教育的认识与政策导向不同，会导致高等教育发展方式不同，从而影响高等教育功能的实现。从政策导向上来看，政府推动高等教育发展的方式主要有四种：一是投资方式的影响。政府作为主要的投资者，通过投资高等教育时所附设的条款的“价格导向”，对高等教育发展提出具体要求。二是评估的影响。政府常

① 阿特巴赫．比较高等教育［M］．符娟明，陈树清，译．北京：文化教育出版社，1985：28.

② 克拉克．高等教育新论：多学科的研究［M］．王承绪，徐辉，郑继伟，等译．杭州：浙江教育出版社，2001：130.

③ 科尔．大学的功用［M］．陈学飞，译．南昌：江西教育出版社，1993：74.

常组织自身力量或中介组织对高等教育质量等进行评估，以保证人才培养的目标和基本规格。三是立法促进改革。美国赠地学院的发展是其中的典型案例。1862年和1890年两个《莫里尔法案》的通过与实施，打破了美国高等学校的封闭状况，促进了高等学校的职能、培养目标、招生对象、课程设置等诸方面的深刻变化。四是直接的政策牵引。在中国，教育政策对高等教育发展的牵引作用尤其明显。阿特巴赫认为："自1949年以来，中国的教育政策反映了高度集权的决策机构的影响。教育决策是根据政治的意识形态和中央政府及共产党的需要来制定的。"① 从认识上来看，对高等教育是精英型的还是大众型的，是投资还是消费，是少数人的特权还是公众的权利等问题的理解不同，对高等教育的目的观、本质观、质量观、人才观、发展观的信念不同，决定着高等教育不同的发展路径和功能实现。

（五）高等教育的基础与资源

1. 高教资源投入

高等教育功能行动的发生和功能结果的实现有赖于一定的资源。扩大高等教育规模，增加高等教育的社会公平性有赖于高等学校资金、设施、场所等硬件资源，个性化功能的实现离不开个体的主观努力等皆为明证。社会、学校和个人在高等教育活动中的资源投入构成了高等教育功能的发生条件。其中，社会资源是指社会用于从事高等教育活动、实现高等教育功能而投入的发展性资源，既包括资金、土地等物质资源，也包括社会文化、社会观念等文化资源。学校资源是指高等学校为实现高等教育的各项功能，在高等教育活动中投入的发展性资源，既包括校舍、设备等硬件资源，也包括校风、校史等软件资源，以及教师等人力资源。个人资源是指个人为了满足和实现自身对高等教育的功能需求，用于参与高等教育活动、实现高等教育功能的发展性资源，既包括学费、生活费等物质资源，也包括成就动机、努力程度等精神资源。三者的资源投入状况对高等教育的功能行动和功能结果起着促进或延缓的作

① 阿特巴赫．比较高等教育［M］．符娟明，陈树清，译．北京：文化教育出版社，1985：90-91.

用，其重要性及与功能实现过程中各环节的关系可由图 2-4 直观显示。

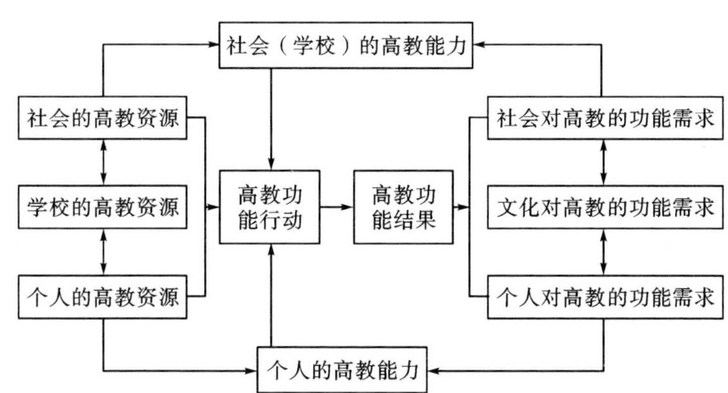

图 2-4　高等教育功能系统运行图

2. 高等教育结构

高等教育结构是高等教育系统内部诸要素相互联系或相互作用的方式，它从高等教育内部反映高等教育的整体性。“相对于结构这种内部规定性来说，功能是外部表现，是由内部规定性决定的。”① 也就是说，高等教育结构决定高等教育的功能，高等教育结构的变动会影响整个高等教育的功能。另一方面，功能也反作用于高等教育的结构，积极影响结构的存在和变动。当社会、政治、经济等对高等教育功能提出新要求时，功能的变化会促进结构的调整。

高等教育结构是一个多方面多层次的复杂体系，具体可分为宏观结构和微观结构两部分。宏观结构是指高等学校以外的高等教育系统的构成形式及各构成要素之间的比例关系，主要包括布局结构、层次结构、类型结构、科类结构、形式结构等。微观结构是指高等学校内部各组成部分之间的联系方式及比例关系，主要包括人员结构、权力结构和组织结构等。

在高等教育的各种宏观结构中，高等教育的布局结构是指不同高等学校在空间位置上的分布及其相互关系。它是一个与社会经济和人口密切相关，与学校规模相互影响并涉及专业设置的高等教育地理分布问题。随着生产社会化程度的不断提高，以及人口的流动与城市化的进程

① 赵文华. 高等教育系统论 [M]. 桂林：广西师范大学出版社，2001：114.

推进，各种类型和层次的高校的布局结构将不断调整。高等教育的层次结构是指按学习的知识程度不同和要求不同而划分的高等教育的构成状态，是高等教育各层次间的组合比例关系。随着社会和高等教育的发展，接受高等教育的人口不断增加，整个高等教育的层次结构逐步由宝塔形向梯形演化。高等教育的类型结构主要是指普通高等教育与成人、民办、职业高等教育之间的比例关系。高等教育机构类型的多样化可以满足社会对不同性质高等教育的需求。高等教育的科类结构是指高等教育中的各学科门类间的相互关系和组合方式以及各种专业教育之间的比例关系。高等教育中各学科专业设置之间的比例关系，人文社会科学教育与自然科学教育之间的比例关系，反映了人类社会对人才结构与需求方向的变化。高等教育的形式结构是指不同的办学形式及其比例关系，即一般高等教育与其他各种类型高等教育之间的比例。一般的高等教育如全日制的高等院校，有定型的组织、完善的设施、固定的学业期限等；其他类型的高等教育如广播、电视、函授等，学习期限多样。高等教育的形式结构不仅制约人才的培养种类和规格、学生的水平和层次，而且影响人才培养的质量、人才成长的速度与数量，关系到高等教育发展的规模和速度及同社会的适应程度等。随着人口的增长和民主化思潮的冲击，以及新技术革命的兴起和电子技术突飞猛进的发展，高等教育的形式结构逐渐走向学生年龄、入学形式、举办者、教育目标、教育机构等的多样化，这使得高等教育的内涵日益多样化、功能日益复杂化。

高等教育的宏观结构是高等教育活动实现其功能的重要形式。首先，不同社会和不同历史时期的各种高等教育宏观结构，都会通过其形态和特点影响和制约社会的人才选拔和流动。高等教育宏观结构通过其本身的不同层次、类型、形式和布局，使社会中的各种受教育者，特别是青少年，进入不同层次和类型的高等教育机构学习，从而获得不同的学习机会，掌握不同的本领和技能，进而获得不同的文凭，并由此进入社会的不同岗位。当然，人们也可通过其他形式进入社会的不同岗位，但在现代社会中，这种教育的选拔和分流已成为社会选拔和分配各种人才的主要机制和途径。另外，尽管高等教育的这种分流体制应该符合社会在一定历史时期对各种人才的要求，但由于这种分流体制具有一定的相对独立性，已经形成的高等教育分流体制也将会在一定意义上影响社会的职业体制和经济体制。例如，过度发展的高等教育将会造成就业中的“教育过度”现象。其次，高等教育的各种宏观结构可通过人才的选拔与分配，促进社会结构的再生产。高等教育结构对于社会已经存在的各种结构，如经济结构、政治结构、阶级和阶层结构、文化结构以及人口结构等的复制和再生产主要是统治阶级通过对高等教育分流的各种标准和条件的操控，通过对各种文凭或知识凭证的操控来实现的。马克斯·韦伯和科林斯都曾明确指出，知识或者作为知识证明的文凭是不同群体之间斗争的主要机制①。最后，高等教育宏观结构通过选拔和再生产的功能，可调整和完善社会结构中存在的不合理现象，促进社会的平等与公正。例如，高等教育入学率的提高，已经明显改变了过去社会结构中的不平等现象。

在高等教育的各种微观结构中，高等教育的权力结构主要是指高等教育组织机构中行政权力、学术权力等各种权力之间的关系。高等教育的人员结构主要是指高等教育组织机构中人员之间的构成情况，如年龄结构、性别结构、职称结构、职务结构、专业机构等等。它对学生的个性化成长和职业培养以及高等教育文化功能等的发挥起着重要的影响作用。高等教育的组织结构是指高等教育组织机构为实现组织目标，在分工协作的基础上建立起来的某种职权关系，是组织内部各种关系和资源的“网络”，是组织的构架，通常包括内部各单位平行或隶属关系、各成员的职责、遵守的法规、执行的政策、工作的程序、控制的过程、报酬的等级和行为的设计等内容。组织结构的合理与否决定着组织的效率效益，决定着组织的功能。

从某种程度上说，高等教育组织机构（高等学校）是高等教育各种微观结构的表现形式，承载着高等教育功能的承继与拓展。高等教育组织不是一成不变的，迪尔凯姆曾说：“很少能找到一种机构，既是那么统一，又是那么多样；无论它用什么伪装都可以认出；但是，没有一个地方，它和任何其他机构完全相同。这种统一性和多样性构成大学是中

① SAHA L J，ZUBRZYCKI J. International encyclopedia of sociology of education [M]. Oxford：Pergamon Press，1997：16.

世纪生活的自发产物的程度的最后证明；因为只有活的东西才能这样尽管充分保持它们的个性，同时使它们自己服从和适应形势和环境的全部变化。”① 正是其应时而行的组织变革赋予高等教育组织机构多样性、灵活性与适应性，使得它能够根据自身的本质属性和社会变化，实现高等教育功能的承继与拓展。例如，柏林大学之所以能“创造大学的新概念”、成为高等教育文化创新功能的根本标志，关键在于构建并推广了习明纳②和研究所等新型组织机构。习明纳和研究所成了推动、鼓励、支持科学研究的主要机构，“甚至可以说，1820 年到 1870 年代德国大学科学的新精神是通过习明纳和研究所而体现的”，“习明纳和研究所成为德国大学科学研究的摇篮和中心”。因此，美国教育史家麦克莱兰(McClelland) 才说，“作为学术和发现中心的德国大学的荣誉，在很大程度上取决于在大学古老的躯干里所包括的这些有生气的机构”③。美国大学借鉴了德国大学学术组织制度和英国大学学院模式的传统，建立了较为灵活的院系建制，并在组织上实行专业学院和文理学院分开，奠定了美国 20 世纪高等教育的辉煌。目前，“大众化催生了高等教育组织变革，与之相适应，组织变革则促进了高等教育功能的拓展与实现。组织变革所带来的是高等教育的多样化和复杂化，这些特性表征了高等教育功能的承继与发展”④。

① 克拉克．高等教育系统：学术组织的跨国研究［M］．王承绪，徐辉，顾企平，等译．杭州：杭州大学出版社，1994：首页．

② 习明纳是 Seminar 的音译，《牛津现代高级英汉双解词典》将其解释为“学生为研究某问题而与教师共同讨论之班级”，即人们常说的大学研究班、研究讨论会或讨论室。习明纳最早见于 18 世纪初虔敬派教育家弗兰克（A. H. Francke）创办的师范学校中。1837 年，德国著名学者格斯纳（J. M. Gesner）在德国哥廷根大学创办了哲学习明纳，从而把习明纳引入大学教学中，逐渐成为一种专题讨论式的教学方式，主要形式是在教授指导下，由高年级学生和优秀学生组成研究小组，定期集中在一起，共同探索新的知识领域。

③ 贺国庆．近代德国大学科学研究职能的发展和影响［J］．河北大学学报（哲学社会科学版），1996（4）：8-16.

④ 别敦荣．大众化与高等教育组织变革［J］．清华大学教育研究，2006（1）：26-32.

3．高教运行机制

机制是指影响事物运行的各个要素之间的相互联系及互动方式。按照系统论的观点，由各要素组成的不同结构必然产生一定的功能。机制就是产生这种功能的联系方式和作用原理。高等教育作为一项社会活动，总是要与经济、政治、文化等相互联系、相互作用而参与社会运行。此外，在高等教育内部，又在各社会因素的制约下遵循高等教育自身的规律而运行。外部运行与内部运行的结合，使高等教育具有了多种功能。高等教育系统的运行机制，就是采用何种手段在政府、社会和各高等学校之间合理配置教育资源，协调决策行为，以实现高等教育各项功能的问题。同时，因具体功能有别，其运行的调节方式也是不同的，不能用实现经济功能的运行机制来取代实现育人、政治等功能的运行机制。在市场经济体制下，高等教育系统的运行有以下几种宏观调节方式：政府的管理与调控、区域社会的参与和支持、市场的调节、社会力量参与管理与办学以及高等学校的自我发展与自我约束等。因此，高等教育的运行机制实际上就体现在国家、地方、市场、社会和高校这五者的关系上。高等教育运行机制的和谐也相应地反映在上述几方面既能各行其权、各尽其责，又能相互协调、彼此配合，形成健全的宏观调控机制、地方统筹机制、市场调节机制、社会参与机制和高等教育的自主适应机制，真正达到政府调控有力、市场调节有度、区域统筹有效、社会参与有序、高校自主有方的和谐运行局面。只有这样，才能为高等教育功能的实现提供良好的运行环境，使高等教育系统能够端正思想、强化行动，培养出能够满足多方需要的高级专门人才，传播和发展先进科学技术与文化①。

4．高等教育制度

高等教育制度是整个高等教育领域中普遍性的、正式的行为规范的体系，比如国家和高校的招生制度、考试制度、毕业制度，教育经费制度，教师聘任制度等。作为内外均涉及各种复杂因素及其关系的高等教育活动，其发展和改革离不开高等教育制度的协调和保证。随着高等教

① 姚启和．高等教育管理学［M］．武汉：华中科技大学出版社，2000：132.

育活动公共性程度的不断提高和国家对高等教育的控制和干预，高等教育制度对整个社会以及高等教育的发展日益重要，它影响着高等教育的政治功能、经济功能、文化功能和其他功能的实现。正确的制度导向可以促进高等教育功能的发挥，制度导向的偏差则会导致高等教育功能的失调。如，美国1862年的莫里尔法案和1887年的海琪法案为赠地学院的发展奠定了制度基础，引导和强化了高等教育的社会功能。而中国1953年的全面学习苏联、1958年的“教育大革命”及1966年开始的“无产阶级文化大革命”，反映了高等教育制度的缺失导致我国高等教育缺乏稳定性和有序性。具体来说，高等教育制度对高等教育功能的影响主要表现在三个方面：首先，高等教育制度影响着高等教育在培养社会合格公民方面的功能。在任何社会中，新兴阶级为了维护和巩固统治，总是力求建立一个体现国家意志和以一定的意识形态为基础的高等教育体系，以使人们特别是青少年对国家与社会的基本制度和行为规范形成认同，从而成为合格公民。其次，高等教育制度影响着高等教育在促进社会公平方面的功能。高等教育制度是保证高等教育实现机会均等从而促进社会公平的制度基础。高等教育法律及政策中对高等教育的培养目标、管理原则以及学生的基本教育权力等方面的规定，直接关系到人们在接受高等教育方面是否拥有同等权利、同等机会和同等条件。可以说，高等教育机会均等方面存在的各种问题，都能够在高等教育制度的各种形态中得到反映。随着现代社会中高等教育对人的发展的作用日益凸显，高等教育制度在促进高等教育走向公平方面的影响也越来越大。最后，高等教育制度影响着高等教育在维护社会秩序方面的功能。社会共有价值是社会保持正常秩序的基础，缺乏或没有达到一定程度的社会共有价值基础，社会就无法维持正常秩序。高等教育制度通过设定必要的教育目标、各种形式的课程与教学、一定的评价标准等促使人们形成对社会某些价值观念和社会意识形态的认同，从而发展社会共有价值，维护社会秩序。

第四节　失调与调适：高等教育功能演变的基本方式

高等教育在不同的社会发展阶段，因知识内容和价值的改变，高教规模和速度的调整，社会需求与条件的转换，以及政府政策和行为的调整，而在功能取向、功能行动、功能结果等方面会做出相应的调适。在特定社会背景下，若高等教育忽视自身基础和内在逻辑，就会在功能取向和行动等方面出现矛盾和问题，并最终表现为高等教育功能结果偏移、萎缩等失调现象。若不能及时调适，不仅会影响高等教育的和谐发展，还会阻碍社会经济的发展进步。

一、高等教育功能失调的内涵与分类

在《现代汉语词典》中，"失调"解释为"失去平衡；调配不当"①。"失"代表性质，有失掉、丢失、错过、违背、迷失之意；"调"指代状态，有平衡、适应、协调、适合、匹配之意。功能失调本是生理学和医学上的概念，意指机体因为病变而使得器官、组织的原有功能与作用不能够正常发挥。在社会学中，功能失调的概念出自功能主义的观点。帕森斯在论述他的"结构—功能论"时提出：当活动或条件无法维持或发展一种社会体系时，这种社会体系便处于功能失调状态②。而默顿在批判功能主义三大假设之一的功能统一性假设时提出了"反功能"的概念，并用"功能失调"进一步解释了反功能的含义。他告诫功能主义者不应该假定所有制度化行动模式都具有促进系统调适的后果，被分析的项目很可能具有减少系统调适的后果，即反功能。反功能又包含两层意思：一是一般功能失调，即某些事物具有减少系统的适应性和调节性的后果；二是相对功能失调，即是否属于功能失调根据所论对象而定，要看某事物"对谁是功能的和对谁是反功能的"③。默顿的论述提示我们应该从功能作用的性质（即结果危害性）和对象（即后果相关性）来分析功能失调现象。对某一功能主体而言，若某一系统的功能实现环节中产生了危害、影响其功能目标实现的现象时，就可以称该系统的功能失调。

① 中国社会科学院语言研究所词典编辑室．现代汉语词典［M］．北京：商务印书馆，1996：1137.

② 马和民．新编教育社会学［M］．上海：华东师范大学出版社，2002：368.

③ 默顿．社会理论和社会结构［M］．唐少杰，齐心，译．南京：译林出版社，2006：102-105.

据此，我们可以给高等教育功能失调做如下界定：高等教育功能失调是指在特定社会背景下所形成的高等教育功能实现机制中，功能的价值取向、行动等方面出现的普遍的持续偏差和矛盾，并最终表现为高等教育功能结果的偏颇与失范，因而偏离社会变迁的方向、弱化高等教育效果、无法满足功能主体合理需求的现象。高等教育的功能失调，既可以表现为功能实现整体过程的全面危机，也可能表现为某一具体环节的失衡与背离，如价值取向偏颇，教学、科研与社会服务等功能行动的失衡，以及某种功能结果的放大等。

一般而言，引起系统或个体功能失调的主要原因有：一是社会的发展和变迁。由于社会的发展和变迁，新的社会需求不断产生，组织和个体为了适应社会发展和社会变迁的需要，必须不断调整原来的某些思想观念、组织结构、资源配置以及行为方式，若不能及时转变或转变的方向出现偏差，就会产生失调。二是冲突与矛盾。系统之间以及系统内部，个体之间以及个体内部，冲突是经常发生的，矛盾是客观存在的。冲突与矛盾积累到一定程度就会引起系统、组织的运转失调或个体之间的关系失调和机体失调。三是系统或组织自身的发展与变革。由于系统或组织的发展变革，就要改变原有的结构、活动方式等，否则就会跟不上系统与组织发展的需要，产生失调现象。由此可以看出，高等教育功能之所以出现失调，一是作为社会子系统的高等教育与社会发展形势和要求之间的协调与适应出现了偏差，二是随高等教育发展与改革产生的矛盾而导致的后果。

根据不同的标准，高等教育功能失调可以分为不同的种类：(1) 按照失调的性质，可以分为正常性功能失调和非正常性功能失调。正常性功能失调是指在社会变迁过程中，由于作为关系和行为固定化形式的高等教育具有程度较高的稳定性，使得高等教育功能变迁具有保守性、滞后性与惰性等特点，不能够对因社会变迁而带来的功能新需求做出及时、适度的反应，因而出现的功能滞后、功能不足、功能偏移等现象。非正常的功能失调是指某一时期的高等教育功能演变深受社会影响因素的冲击，尤其是政治因素的强势干预，使得功能实现偏离了正常轨道，成为一定时期内某些强势集团的附庸和工具。二战期间，日本、德国高等教育中军国主义的泛滥即为此例。(2) 按照失调的程度，可以分为轻微失调和严重失调。轻微失调是指在高等教育功能实现中某一环节出现的，不影响功能整体性质和发展方向的局部功能失效、失用现象。严重失调是指高等教育功能的实现过程出现了重大偏差和断裂，导致高等教育活动与社会发展的自身逻辑相脱离，进而可能引发高等教育生存的全面功能危机。例如我国20世纪六七十年代的高等教育受“文革”的影响几近瘫痪，高等教育功能就处于严重失调状态。(3) 按照失调的成因，可以分为内因性失调和外因性失调。内因性失调是指因为高等教育自身在结构、制度、机制、资源、价值取向、行动等方面的偏差和失衡而导致的功能弱化、偏移、失效等现象。外因性失调是指高等教育受外部政治、经济、文化、科技等因素的影响而导致的功能失调现象。(4) 按照失调的指向，可以分为外适功能失调、个适功能失调和自适功能失调。外适功能失调是指高等教育过分附和社会主体的功能需求，偏重对经济与科技发展的适应，虚化对政治方向的引导，弱化对不良文化的批判，忽视对精神价值的追求，在一定程度上丧失了引领社会进步，推动三大文明协调发展的功能弱化现象。个适功能失调是指高等教育活动中未能落实以生为本的思想，因而造成学生的积极性、主动性和创造性受到压抑，不利于学生个体和谐发展的现象。自适功能失调是指高等教育过多地顺从市场需求而忽视遵循自身的发展规律，不能很好地处理自身改革、发展与稳定的关系，导致自身发展中出现诸如重外部调控轻自我调适、重规模扩大轻结构优化、重数量增加轻质量提高等问题。(5) 按照失调的实际表现，可以分为功能取向失调、功能行动失调和功能结果失调。功能取向失调是指高等教育发展过程中不能很好地协调社会取向、个体取向和文化取向的关系，过于重视某种取向而忽视其他取向的功能价值偏差现象。功能行动失调是指高等教育在招生、培养、就业等环节与教学、科研、社会互动等方面出现的种种行为偏移与失效现象。功能结果失调是指在高等教育的社会整体功能、社会部分功能和个体功能中，因未能实现三者有机的协调与平衡而导致的过于看重某一方面功能而忽视其他功能的失谐现象。

二、高等教育功能调适的内涵与分类

“调适是指活动主体主动调整自己的价值目标与行为取向适应外部环境的过程。”① “调”是手段，是“统筹协调”之意，包括调整、调节、调度、调和、调剂等涵义；“适”是目的，是“实现平衡”之意，包括适宜、适合、适度、适量、适当、适中等涵义。从系统论的观点来看，某一系统的调适是指该系统与社会之间，以及系统内部各个部分、各个要素之间处于一种相互协调的状态。《辞海》中对“调适”的解释是：“社会调适的简称，社会学上指人类在交往活动中对社会环境所产生的一种调整和适应的能动作用。”② 以此看来，在社会学上，调适应该理解为两种范围、两个层次的涵义。两种范围一是指系统内部的调适，二是指系统外部的调适；两个层次一是指对社会环境的适应，二是指对社会环境的能动作用。如前所述，高等教育功能的实现是高等教育内外部因素合力影响的结果，因而，对高等教育功能的调适，不仅包括高等教育活动自身在价值目标与行为取向等方面的自主调适，还应该包括外部影响因素的宏观调适；不仅要适应社会需求，还应该超越社会需求。换而言之，高等教育功能的调适是指通过对高等教育内外部影响因素，以及功能取向、功能行动的调整，促进功能实现各环节的协调与平衡，进而使高等教育功能的实现和发挥与客观环境和主体需求相适应、相协调并适当超越的过程。

高等教育功能的调适是动态的。高等教育功能调适既是行动目标，又是一个动态的过程，其本质目标是通过取向、行动的调整追求一种理想、公平、高效、优质的功能状态。在新的历史时期，面对新的发展形势，高等教育功能的调适必须与时俱进，不断打破平衡，迈向新的平台，并在新的平台上实现新的均衡与协调。由此周而复始，把高等教育功能的发展水平不断向前推进，以更好地实现自身对人、文化和社会的使命担当。因此，高等教育功能的调适是一个长期的、动态的、辩证的

---

① 董泽芳，沈百福．百川归海：教育分流研究与国民教育分流意向调查［M］．武汉：华中师范大学出版社，1999：88．

② 辞海编辑委员会．辞海［M］．上海：上海辞书出版社，1989：1050．

历史发展过程。同时，高等教育功能的调适又是相对的。功能调适是一种理想的状态，是相对的和谐实现与发挥。每一个时期或区域，由于社会经济发展、文化知识演化以及人口数量结构等多方面因素的状况与影响不同，功能调适在不同时期、区域内有着不同的表现。因此，高等教育功能调适没有固定的、绝对的标准，它强调的是一种历史性的、区域性的协调，是一种相对均衡，是相对于一定历史时期和区域内的社会、知识、个人需求发展状况而言的，绝对的功能调适是不可能的，也是不现实的。

根据不同的标准，高等教育功能的调适也可以分为不同的种类：(1) 按照调适的程度，可以分为功能微调与功能重构。功能微调是指在不改变高等教育功能整体特质的前提下，对高等教育功能实现各环节出现的失调现象进行适当调整与局部调整，使高等教育的整体功能能够更好地适应社会、个体等功能主体的发展需要。功能重构是指在相对较短的时间内对高等教育功能实现各环节进行的异质性更迭，重塑功能取向，变革功能行动，以实现功能结果的重大转向。这种功能重构常常带有彻底否定此前功能状态的意味，往往发生在社会重大转型时期。例如20世纪初中国传统高等教育向现代高等教育的转型就包含了功能的转型与重构。(2) 按照调适的方向，可以分为外部调适和内部调适。外部调适是指通过调整影响高等教育功能实现的社会因素，例如社会期待、社会投入、社会文化环境与人才环境而实现的功能优化与协调。内部调适是指通过调整高等教育内部的制度、结构、机制、设施以及教育相关者的观念、行为而实现的功能优化与协调。(3) 按照调适的方法，可以分为功能的整合与功能的分化。功能的整合是指在一定时期、一定的资源条件下，高等教育功能的实现应以某种功能为主导，各功能之间相互联系、紧密配合，结合成一个功能整体而综合进行，从而维护高等教育功能的整体性，促进各功能之间的协调与同步，纠正某项功能一尊独大而其他功能萎缩退化的片面情况，保证高等教育功能的综合效益。如19世纪后期到20世纪初的美国，既重视随赠地学院兴起和“威斯康星理念”传播而昌盛的社会功能，又通过创立约翰·霍普金斯等研究型大学体现出对高水平文化研究和创造功能的看重，而哈佛大学、耶鲁大学等传统大学的本科生院则显示出对高等教育育人功能的坚守。正是这种整体功能的协调发展，部分成就了美国高等教育在20世纪的崛起。功能的分化是指在一定历史条件下，为了更好地发挥高等教育的各项功能，实现高等教育功能效益最大化，而在不同高等教育机构之间进行分类和定位以实现功能的选择和分配。(4) 按照调适的范围，可以分为局部调适和整体调适。局部调适是指对影响功能实现的若干因素和功能实现的部分环节进行的调整和变革。整体调适是指对影响功能实现的因素和功能实现的环节进行的全面调整和变革。(5) 按照调适的目标层次，可以分为适应性调适和超越性调适。适应性调适是指高等教育根据外部环境的变化对自身和环境的关系做出一定的改造和调整，以适应社会发展带来的各功能主体的需求变化。超越性调适是指高等教育对外部环境的变化趋势做出预测后，主动超前地改变自己，以建立一种更有利于形成自身与未来环境良性互动的新关系，既能适应又能规范和引导各功能主体的需求。

三、高等教育功能失调与调适的关系与特征

失调与调适是社会子系统、组织或个体与社会之间不断发生的矛盾运动过程，高等教育功能的失调与调适是高等教育发展过程中的基本规律，正是失调与调适之间的矛盾运动推动高等教育不断前进。具体而言，我们应该从以下几点把握高等教育功能失调与调适的性质与关系。

（一）在高等教育功能的实现与演变历程中，失调是绝对的，调适是相对的

辩证唯物主义告诉我们，事物的发展是一个否定之否定的变化过程。小到某一事物、某一事件，大到某一个国家、某一社会，其发展的根源在于事物、事件、国家或社会内部不断变化着的矛盾运动。这种矛盾运动沿袭着从上一环节矛盾调整后的稳定到新的发展过程中矛盾的再生产，再到对新的矛盾进行重新调整与改革的螺旋上升过程。一定时期内高等教育系统的发展也是一个周期性的演变过程，一般而言，高等教育系统的发展可以分为四个阶段：一是形成阶段。在这个阶段，高等教育刚刚获得调整和重建，这时高等教育努力符合当时条件下社会与个体对教育的需要，显示出无限的生命力与生机。二是成熟阶段。在这个阶段，高等教育系统日趋完善，与社会互动协调顺畅，组织运转良好，行

为和关系正常，各项功能得到充分发挥。三是衰退阶段。在这个阶段，高等教育的各个构成要素和它原来设定的功能作用逐渐脱节，一些要素越来越背离其初始功能，高等教育功能失调的迹象日益增多，不能满足社会和个人的教育需要。四是调整阶段。在这个阶段，需要对高等教育功能的各构成要素和影响因素进行调适，使高等教育功能实现的各环节适应社会与人的发展需求，发挥应有的作用，重新进入新的发展周期。由此看来，功能失调现象是高等教育生命周期中的客观环节，是绝对的，因为失调的存在才推动了新的更高层次协调的出现，因此要想保持高等教育和谐的发展状态就必须处理好高等教育功能演变过程中稳定、变革与发展的关系，既保持矛盾的张力来推动功能的演变，又坚持自身的发展基础、遵循客观规律以维持高等教育系统的稳定，从而保证高等教育平稳、协调地发展。同时可以看出，高等教育功能的调适又是相对的：从过程看，因为高等教育演变的周期性是客观事实，高等教育功能的调适只是某一发展周期中的一个阶段状态，随着社会、知识与个体的发展变化，这种协调状态必然会被打破，而进入失调状态，因而其调适是相对的，是在绝对的、永恒的功能矛盾运动过程中存在的相对、暂时的协调和平衡；从结果看，高等教育功能的调适受一定时期、区域的经济社会发展状况乃至知识、个体发展状况制约，并没有一个客观的、固定的判断标准，是相对于一定时期或区域内社会、知识与个体需求而言的，因而，没有绝对的功能调适，只有相对的功能调适。

（二）高等教育功能失调与调适是高等教育与社会发展之间张力平衡的周期性运动的必然结果

高等教育不能自外于社会，高等教育发展与社会发展是互动的关系，高等教育发展必须遵循与人的发展和社会发展相适应的规律。纵观教育发展的历程，就是一部教育与人类社会之间“适应—不适应—新的适应—新的不适应—在新的基础上再适应”的历史。高等教育作为教育系统中的高级组成部分，其发展和演变也概莫能外。高等教育功能的演变就是一个高等教育与其内外部影响因素之间“协调—失调—调适—再失调—新的调适”的螺旋式动态发展过程。高等教育功能失调是高等教育发展演变过程中的正常现象，是高等教育功能释放与各功能主体发展需求之间矛盾运动中的一个客观环节。

高等教育功能的失调源于高等教育功能释放与人、文化和社会发展要求的失谐，以及自身存在的应然面与实然面之间的矛盾。正是这种供给与需求、应然与实然之间的张力构成了高等教育功能发展的动力，在张力的平衡、失衡与趋衡变化中，决定了高等教育功能协调、失调与调适的状态转化。首先，当张力平衡时，即高等教育的发展与社会、文化和人的需要相一致，或者说能够较好地满足社会、文化、个人以及高等教育自身发展的需要时，高等教育及社会的结构是稳定的，而且也为多数人所认同，高等教育既肯定自身及社会的存在状态，又满足自身和社会、文化、个人的发展需要，高等教育功能处于和谐状态。例如我国20世纪50年代前期的高等教育从总体上来看，功能是协调的。当时的高等教育一方面是对新生的社会主义制度和教育制度本身的肯定和稳定，另一方面也满足了我国当时社会建设对人才、知识的需求和劳动人民当家做主的文化需要，再一方面也对个人的发展和社会流动起到了极为重要的促进作用。其次，当张力失衡时，即随着社会的变迁，高等教育的发展与社会、文化和人的需要之间的张力平衡被打破，出现了高等教育供给与需求、应然与实然之间不一致的状况。一种情况表现为高等教育落后于社会发展的步伐，偏安一隅，漠视社会、个人、文化的合理需求变化。例如，17—18世纪，宗教改革运动和自然科学的发展需要德国大学承担起教育世俗化与发展科学研究的职责，但当时的大学中，经院哲学、烦琐哲学方式仍没有完全被排除，甚至又产生了新的烦琐哲学。当时划时代的科学——数学和自然科学仍被排斥在大学之外。大学不再是进步的机构，而被看成是过时的和逐渐衰亡的教育机构，17世纪末，德国启蒙运动的知识界甚至发动了对大学的全面抨击，许多人要求彻底废除大学①。另一种情况表现为高等教育过分屈从于某一功能主体的需求，丧失了自身的主体地位，忽视了自身供给的有限性与合理性。例如我国“文革”期间，政治功能的无限膨胀导致高等教育整体功能的破碎。在这两种情况下，原来的高等教育机构都不能有效满足社会、文

① 贺国庆. 外国高等教育史［M］. 北京：人民教育出版社，2006：102.

化、个人以及高等教育自身发展的均衡需要，甚至开始损害某些功能主体的发展需要。随着这种失效与损害程度的增加，高等教育结构、形式、活动等方面也会发生一些非正常变化，高等教育功能处于失调状态。我国20世纪50年代末至70年代末的高等教育总体功能正是处于这样的状态[①]。再次，当张力再次趋衡时，即高等教育与社会环境的关系处于不断地调整变革中，而且这种变革以促进社会发展，满足个人和文化发展的需要，促使高等教育自身的不断完善为目的。高等教育功能也在对现实的不断否定和超越中得到优化，从而回到协调、均衡的发展状态。张力的平衡、失衡与趋衡的运动变化，构成了高等教育功能由协调到失调、再到调适的转化过程，从而使高等教育功能走向了一个新的更高水平的协调有序的状态[②]。

（三）高等教育功能失调及调适与社会变迁的性质与速度密切相关

社会变迁会对高等教育产生重大影响，高等教育功能的演变也是社会变迁的结果。由于社会始终处于变迁过程中，而高等教育系统却具有相对稳定性，高等教育功能本身也带有滞后性等特点，所以当高等教育功能的变革跟不上社会变迁的步伐时，就会出现功能失调现象。而且社会变迁速度越快，高等教育功能出现失调的可能性就越大，需要进行调适的力度就越强，范围也越广。社会变迁可以分为社会渐变和社会剧变。社会渐变是指社会在自然发展的进程中逐渐出现的量变。在人类社会的历史长河中，绝大多数时期国家的社会变迁是在渐变过程中流淌过来的。在这一变迁过程中，社会变化较为缓慢，并且主要是数量上的变化而非社会整体性质的改变。因此，当一国高等教育体系确立以后，在社会渐变过程中，高等教育功能整体上与社会发展是协调的，只是在某些时期可能会出现局部失调或轻微失调。例如我国漫长的封建社会，社会整体处于渐变期，高等教育的主要功能是为统治阶级服务，通过育人功能以培养官吏，通过分级入学进行社会选拔与分层，传授儒家经典以

① 袁振国．当代中国教育思潮 1949—1989［M］．北京：生活·读书·新知三联书店，1991：86.

② 雷鸣强．教育功效观［M］．长沙：湖南师范大学出版社，1999：201-203.

利于社会整合。在西汉初期设立严格意义的太学，招收地主阶级子弟，并逐渐成为士族势力的地盘，结果那些没有名望的豪强子弟无法通过接受高等教育实现社会流动，于是经过调整，另设立鸿都门学，以适应不同阶层的教育需要①。至清朝后期，列强的坚船利炮使统治者意识到旧的传统教育是“所用非所学，人才何又而出”，于是实施洋务教育、开办新式高等学堂、增加自然科学知识，实现了千百年来中国高等教育育人内容、方式的重大转变，但万变不离其宗，高等教育的根本功能始终是维护封建统治②。社会剧变是指社会所发生的急剧的、具有根本意义的变迁。它对高等教育的影响常常是突发的、冲击性的。因此造成的功能失调将是严重的、全面的失调，需要进行的调适也是整体的、重构性的调适。例如我国“文化大革命”导致整个社会原有运行系统被严重破坏，我国高等教育事业全面倒退：学制被随意缩短、高校组织瘫痪、教师尊严丧失、科学文化知识贬值、高考制度被取消……高等教育的育人功能几近消亡，社会功能中政治功能至上，其他功能萎缩，高等教育功能陷入严重失调状态。

由上述分析可以看出，高等教育功能的失调与调适是高等教育功能演变的基本方式，中外高等教育的发展历程也向我们清楚地揭示了这一规律。正是在功能的不断失调与调适中，高等教育实现了与社会、文化和人的发展的协调与契合。时代在进步，也不断地对高等教育提出新的要求，高等教育只有不断调整自身功能实现中的偏差，才能真正承担起历史赋予的使命。

---

① 毛礼锐，瞿菊农，邵鹤亭．中国古代教育史［M］．北京：人民教育出版社，1983：203-204.

② 毛礼锐，瞿菊农，邵鹤亭．中国古代教育史［M］．北京：人民教育出版社，2005：89-113.

第三章　高等教育功能变迁的历史脉络

教育是一个永恒的概念，而高等教育则是一个历史的概念。高等教育的历史性，不仅在于它产生于特定的历史时期，而且意味着随着社会的变迁，高等教育的组织形式不断更新与变化，高等教育功能也随之拓展、分化和演变。因此，对高等教育功能失调与调适的历史演变进行考察和分析，有利于把握其发展变化的历史规律，对未来发展趋势做出合理的预期。

第一节　高等教育功能变迁的阶段简梳

一、我国高等教育[①]功能的历史变迁

马克思（Karl Marx）把历史过程分为“自然次序”和“历史发展的

---

① 关于中国高等教育的历史，学界尚存争论。一说有四千年历史，可从夏、商之代算起，认为夏商时期不仅设立了学校，而且有小学和大学之分。而后，经春秋时代的养士制度与百家争鸣、汉代的太学、唐宋之后的书院教育、清代的洋务学堂，直至京师大学堂的建立揭开现代高等教育的序幕。虽然此后我国高等教育大量地吸收和借鉴了西方高等教育的思想、制度和内容，但这些都建立在我国几千年的高等教育积淀基础之上（此种观点可参看熊明安编著《中国高等教育史》，重庆出版社1983年版；高奇著《中国高等教育思想史》，人民教育出版社1992年版；曲士培著《中国大学教育发展史》，北京大学出版社2006年版；涂又光著《中国高等教育史论》，湖北教育出版社1997年版）。另说，我国高等教育制度始于清末，以洋务学堂发轫，以京师大学堂的建立为正式开始之标志。虽然我国古代大学教育源远流长，但其办学基础、办学特点、价值取向、制度模式、组织结构、教学体制等与现代高等教育差别甚巨，从这个意义上讲，我国古代没有真正意义上的高等教育（此种观

次序”[①]两个层次。高等教育的发展历程，也存在着这两种次序，高等教育史中的“自然次序”，是指高等教育发展历史上各种教育事件、制度、思想的发展与自然时间一致的次序，可称之为“适应时间次序的历史”。譬如，夏商周、秦汉、隋唐、元明清高等教育史等自然朝代的研究序列，就是中国古代高等教育史上的“自然次序”。所谓高等教育史中的“历史发展的次序”，是指经过抽象思维与理论概括后的一种高教史发展次序，体现了高等教育历史演变中由低级到高级、由不完善到完善、由不科学到科学、由不成熟到成熟的发展性联系与顺序。高教史的“自然次序”与“历史发展的次序”有时是一致的，有时可能不一致。因此，我们以中国高等教育实践状况为主要依据，同时结合历史年代、社会形态等外部因素的变迁，将中国高等教育的历史分期划分为以下四个部分：传统高等教育时期（1897 年以前），现代高等教育初建与分化时期（1898 年—1948 年），高等教育改造与整合时期（1949 年—1976 年），高等教育恢复与发展时期（1977 年至今）。

（一）传统高等教育时期的高教功能（1897 年以前）

1898 年，京师大学堂建立，它是中国第一所现代综合大学，在中国高等教育发展史上具有里程碑式的意义。以此为界，我们将此前的高等教育称为传统高等教育时期。这一时期涵盖了中国漫长的两千多年封建社会，社会整体处于渐变期，高等教育也处于渐变期。高等教育与社会生产联系十分松散，受制于中国传统认识论中的封建伦理思想，以及政

点可参看郑登云编著《中国高等教育史》，华东师范大学出版社 1994 年版；［加］许美德著《中国大学 1895—1995：一个文化冲突的世纪》，教育科学出版社 2000 年版；陈平原著《中国大学十讲》，复旦大学出版社 2002 年版）。我们认为，首先，高等教育是一个历史的概念、发展的概念，即便是被公认的现代高等教育源头——中世纪大学，在其产生之初，也并不具有今天的高等教育概念的所有特征，如与中学、小学相衔接，中学后等。其次，现代高等教育概念是一个西方舶来品，任何非西方的原生事物，都不会与之完全吻合。但如同古希腊学园和阿拉伯大学可以称为外国古代高等教育一样，我们认为，前述我国的太学、书院等机构居于当时教育体系之顶端，研习高深学问，其教育活动称为我国古代高等教育似无不妥。

① 中共中央马克思恩格斯列宁斯大林著作编译局．马克思恩格斯全集：第 46 卷［M］．北京：人民出版社，1979：58.

治生活中的皇权意识，该时期的高等教育，无论是目的、结构，还是内容、功能都呈现出了典型的“封建性”和“等级性”特征。

在功能取向上，首先，受农业社会自给自足的简单再生产的经济劳作方式影响，高等教育基本上和农业经济没有任何联系，其社会责任和终极追求目标仅限于为政治、宗教等意识形态领域提供工具性的人才储备，使人成为仁人君子，使社会得以实现仁爱太平。如《大学》开篇即提出大学的理想精神为“在明明德，在新民，在止于至善”。其次，这一时期儒家思想对中国社会影响至深。且不管原始儒家和孔子对儒家思想体系的整理究竟更倾向于道德的塑造还是对王权的维护，就拿西汉独尊儒术所凭借的今文经学思想的脉络而言，其明显的政治化取向就确定了其后两千多年儒学与王权不可分割的命运；自唐代就开始酝酿而至朱子集大成的理学，虽然在一定程度上试图达致内圣外王的相对平衡，但其理的抽象化则无疑步了西汉经学天人感应的后尘，为王权确立了新的合法性基础，自元开始将朱熹集注的“四书五经”确立为科举考试的唯一内容，更加剧了儒学思想对高等教育的控制。陆王心学和清代朴学固然有着浓厚的学术旨趣，却仍旧未脱内圣外王的内在意蕴。于是，以儒家经典为唯一合法思想与知识资源的科举，不但统摄着各级各类学校或书院教育，也将王权政治与知识分子——士联结成为一个共同体；前者赋予后者实现儒家理想的使命并提供必要的权力保障，后者则代表王权以治天下，而未能进入官僚体制的享有功名的士绅阶层的存在更是将王权与百姓紧密地联系在一起①。最后，中国古代高等教育机构一直是官学和私学并行，官学的最终目的是为统治阶级培养各种官吏，早期私学主要是培养士，为统治者培养统治人才②，而书院等则要求学生通过“存天理、去人欲”的修炼过程，具有完善的封建人格，目标不在做官③。因此，该时期高等教育功能取向是政治取向为上，人文取向附属。

---

① 荀渊．中国高等教育从传统向现代的转型［D］．上海：华东师范大学，2002：12．

② 熊明安．中国高等教育史［M］．重庆：重庆出版社，1983：25．

③ 郑登云．中国高等教育史：上册［M］．上海：华东师范大学出版社，1994：16．

在功能行动上，从招生活动来看，汉代的太学直接在京师及各地选拔“仪状端正者”、“好文学，敬长上，肃政教，顺乡里，出入不悖”者入学，西汉时平民子弟为数不少，至东汉时贵族子弟增多。唐代以后官学的招生具有鲜明的等级性。如唐国子学入学资格，“限于文武三品以上子孙，或从二品以上曾孙及勋官二品，县公、京官四品带三品勋封之子”①。只有律学、书学、算学等一般专科学校，下级官吏和庶人子弟方可入学。宋朝也以此办理，只是不同学校要求官吏级别不同。明代，则衍生出了举监、贡监、荫监、例监等多种形式，至清代则学生来源复杂，名目更为繁多，乾隆以前，学生入学的手续还比较严格，需经考选，后来则徒具虚名，相当一部分由捐纳取得②。私学的招生本着“有教无类”的原则，吸引了大批学生，如孔子尝言：“自行束脩以上，吾未尝无诲焉。”而书院成立后，为鼓励子弟入学，甚至还做起了招生广告。如白鹿洞书院，朱熹亲自写过题为《招举人入白鹿咨目》的招生广告，号召本科举人来此进修并“给馆致食”。王阳明曾说：“书院之建，譬如于军伍中择其精锐者别为一营耳。”书院学生来自其他学校（郡学、太学），有举人、秀才，童生，多为有志“为己”之学士，来此讲学讨论③。在教学上，书院的教学与理学密切相关，因此儒家经典的“四书五经”成为历代书院的主要教材。通过教授讲学、自学研习和集体问辩相结合的方式，使学生明理成性。官学也以“四书五经”为主要科目，采取会讲、复讲、上书、复背等方式，使学生学习人伦日用之理。在学术研究上，无论官学还是私学，其博士、山长等主讲教师多为饱学之士，他们以兴趣和爱好为基础，将学术研究与教育教学相结合，推动了中国传统文化的发展。如历史上有名的书院大多是当时的一方教育中心，也是著名学者探讨学术的集中地。书院的主持人既从事培养人才的教育教学工作，又从事学术理论的研究和传播工作，其学术研究与讲学活动常常互相促进。因此，日本的稻叶君山评价道：“书院的设立，实

① 曲士培．中国大学教育发展史［M］．北京：北京大学出版社，2006：82．

② 曲士培．中国大学教育发展史［M］．北京：北京大学出版社，2006：124．

③ 涂又光．中国高等教育史论［M］．武汉：湖北教育出版社，1997：217．

为中国学术文化建筑坚实的基础。盖从此真正的学问研究所不在学校而在书院，于是教育独立渐成民众化学术进步乃臻于可惊的突飞的地步。”[①]在学生出路上，官学主要是为各级政府培养统治人才，因此其学生大多成为地方和中央的各级官吏。而书院自产生以来就有强烈的官助与皇敕情结，传统学术与知识分子始终无法逃脱皇权的控制。书院的学生许多也走上了科举之路。至清一代，由于官学体系的衰退，书院从补官学之不足的附属地位一跃而取代官学成为教化四民的主要教育机构，并与科举紧密地结合在一起，从此也成了科举的附庸。以至于一位19世纪初期的英国学者这样描述我国的教育制度：“整个中国就像一所巨大的大学，大学是由大学内培养出来的学者来管理统治的。”[②] 由于高等教育功能取向和教学内容的限制，这一时期的社会互动主要限于为统治者的政治服务，尚未触及社会经济生活。另外，虽然没有严格的学位制度，但在不同层次官学和不同流派私学的学生身上，也存在着如同文凭一样的标签和社会选择现象，如中央官学毕业生授予举人、进士出身等。

在功能结果上，该时期的高等教育除了极强的伦理、政治的“人文教化”功能外，其余如科技理性、工具理性被严重弱化或边缘化，从而使高等教育本有的整体功能被对立、肢解和阉割。具体而言，此时期的高等教育功能结果具有如下特点：首先，重社会整合功能。因为高等教育的目的、广度、深度，以及中国传统社会超稳定结构等影响，高等教育功能主观上重在社会整合，无论是儒家主张的“化民成俗”，即利用道德教化形成良好的社会风俗习惯，以求社会秩序的稳定，还是法家主张的“以法化俗”，即通过严刑酷罚，以维持稳定的社会秩序，其目的都是维护统治者的政局稳定，而与此同时也在客观上强化了原有的社会分化和社会分层。其次，高等教育文化功能中，重旧文化的保存传递而轻文化的创新与文化批判。高等教育的政治功能虽然得到了深化，但经济功能、发展科技功能以及控制人口功能仍然停留在较低水平，社会通

① 毛礼锐．中国教育史简编［M］．北京：教育科学出版社，1984：89.

② SIYU D. Chinese influence on the western examination system［J］. Harvard Journal of Asiatic Studies，1942（4）：290.

过专门教育机构来造就官吏，却仍然用原始的方法——在生产和生活中学习知识和技能——来造就劳动者。最后，育人功能虽然有深化，但始终指向社会中少数人的某些方面，高等教育的受众面相当狭窄。

（二）现代高等教育初建与分化时期的高教功能（1898年—1948年）

以京师大学堂的建立为标志，中国高等教育开始了从传统向现代的转型。先后经历了学日、习德、仿美等阶段，初步建立起了以欧洲大学模式为蓝本的现代高等教育体系。然而由1898年至1949年中华人民共和国成立近50年间，由于政权数次更迭、军阀割据，以及三次内战、十四年抗战等原因，整个中国社会时局动荡、战火频仍，长期处于混乱和失范状态，高等教育缺乏稳定的外部社会环境，许多高校几度闭校又复学，甚至像北大、清华、南开那样不得不远走昆明异地办学。但也正因为社会状况复杂，管理主体多元，民间力量发育，给了中国高等教育在各种权力交织的罅隙中自由发展的空间，才培育和襄助了五四运动到20世纪30年代的学术高峰期。整体而言，随清末洋务运动建立的现代高等教育在内忧外困的艰苦环境中曲折前行，经历了晚清洋务教育、民国初期革命民主派的教育改革、北洋政府时期的复古教育、国民党统治时期的法西斯党化教育等若干阶段，出现了国立大学、私立大学、教会大学和根据地大学等多种类型的高等教育机构，高等教育在目标、内容、结构、功能等方面呈现出了分化、多样与繁杂的特点。

在功能取向上，这一时期中国高等教育在整体上显得混乱、驳杂，从不同时期高教机构的教育宗旨上可见一斑。如1912年南京临时政府提出的“注重道德教育，以实利教育、军国民教育辅之，更以美感教育完成其道德”① 教育宗旨体现的人文、科学取向；袁世凯复古教育中“爱国、尚武、崇实、法孔孟、重自治、戒贪争、戒躁进”教育宗旨②体现的封建伦理取向；教会大学使中国“基督化”体现的宗教文化取向和政治取向；业主式私立大学为营利而体现的经济取向；蒋介石提出的

---

① 毛礼锐，沈灌群．中国教育通史：第5卷［M］．济南：山东教育出版社，2005：303．

② 毛礼锐，沈灌群．中国教育通史：第4卷［M］．济南：山东教育出版社，2005：316．

“管、养、卫、教”教育方针[①]体现的政治取向；两度出任教育部长及北京大学校长，对中国近代高等教育影响至深的蔡元培提出的“大学者，研究高深学问者也”体现的文化取向，均在该时期的高等教育历史舞台上留下深远印迹。也正因此，许美德（Ruth Hayhoe）才说：20世纪50年代之前，特别是在1901年清末新政开启高等教育领域内的全面性变革到1936年抗战爆发前的35年间，中国高等教育在不同的取向上都获得了一定的发展，在总体上呈现出足够的活力[②]。

在功能行动上，从招生工作看，废除科举之后采取了新的招生选拔办法，此时的高等教育已与高中教育相衔接，通过考试选拔高中毕业生进入大学学习，大部分年份[③]都由各大学或地区采取单独招生、联合招生、委托招生、会考、升学联考等办法来进行。通过考试进行社会选拔，在选拔标准、内容、方法上比传统高等教育时期更为科学、全面，使高等教育的社会流动功能得到加强。私立大学和教会大学的招生较为灵活，由各校自主负责。从教学看，增加了自然科学、实用科学等内容，如1928年4月通过的教育法令中规定：“大学及专门教育，必须注重实用科学，充实科学内容，养成专门知识技能。”[④] 该时期高等教育前后经历了学日、习欧、仿美几个阶段，因此大学的教学，无论是教学材料还是教学方法大都采用西方的模式。在1940年前后，国民党政府教育部组织编写了新教材和课标，增加了本土化色彩，而一些私立和教会大学教学的西方色彩依然很浓。从科研看，内容更加丰富，除了一些传统学科研究外，还借鉴西方开创了许多新的研究领域，建立了一些新的学科，如社会学、物理学、生物学等；研究方法也变得丰富多样，实验

---

① 曲士培. 中国大学教育发展史［M］. 北京：北京大学出版社，2006：329.

② 许美德. 中国大学1895—1995：一个文化冲突的世纪［M］. 许洁英，译. 北京：教育科学出版社，2000：107.

③ 1938年到1941年间，国民党政府为了加强对学生的管理和控制，加大了大学生入学资格审查，设立了全国统一的招生委员会，出台《国立各院校统一招生办法大纲》等政策，进行全国统一招生。

④ 许美德. 中国大学1895—1995：一个文化冲突的世纪［M］. 许洁英，译. 北京：教育科学出版社，2000：77.

法、调查法等得到广泛应用；在蔡元培北大改革的影响下，不少大学形成了学术自由、学术独立的研究氛围；研究的文化功能和社会功能得到加强，淡化了政治服务的色彩。但与此同时，大学的教学和科研也受到北洋政府和国民党政府的监控和管制，他们通过经费控制、训导制度、党化教育等多种形式，使高等教育置于各自统治的高压管制之下，影响了正常的教学活动，侵犯了大学的学术自由。从社会互动看，不同的大学领导者对各自大学的社会活动影响颇深。例如游习欧洲多年的蔡元培希望大学能够通过批评争论的方式间接地影响和推动社会发展，不赞成利用政治上的行动主义直接达到这个目标，因此他不赞成北大师生直接介入五四运动；而杜威的弟子胡适则沿袭了当时美国的实用主义思想，强调大学的社会责任，认为通过解决实际问题而学习知识要比大学的学术自由和自治权更为重要。总体而言，此时期大学师生高度关注国家与民族的命运，积极投身救国、改良运动，但在社会生产力的实际转化方面参与不多。从文凭授予看，除晚清政府外，后续北洋政府和国民政府都取消了对毕业生授予举人、进士出身的办法，引进欧美的学位制度，国民党统治后期建立了学士、硕士、博士三级学位体系，在完善了高等教育制度体系的同时也强化了社会分层和社会选拔的制度可能。而教会大学向相关国家政府立案，授予相应学位。

在功能结果上，该时期的高等教育功能摈弃了许多封建伦理色彩，体现了时代需要的精神和内容。从整体功能看，其时军事和政治主导一切，社会动荡之下的高等教育整体上显得羸弱乏力，但高等教育还是发挥了社会批判、社会唤醒等功能，在五四运动、昆明“一二·一”运动等反帝反封反官僚斗争中发挥了自己的积极作用，成为动荡时期一支有力的独立力量，为民族独立和发展做出了自己的贡献。从部分功能看，文化功能得以快速发展，新的学科得以建立，缩小了在文化科技方面与西方的差距。许美德指出，在整个时代，中国的社会科学主要是在大学里形成的，并具有一种多样化的趋势；政治功能在某些阶段和地区依然强大，甚至有人认为，“30 年代以后，中国的高等院校变成了民族主义学者的天下……功利主义就成为社会科学研究的主要目的——为当时政权的统治提供理论和实践上的依据”①。至于教会大学的政治功能更是不言而喻了。而个人功能被那个时代救亡图存的社会洪流所淹没，个性培养和个人发展并不为教育当局所重视，成为学生个人的一种自觉活动，而高等教育对个人成长的影响也因时代的动荡而变得捉摸不定。

（三）高等教育改造与整合时期的高教功能（1949 年—1976 年）

新中国成立后，我国高等教育事业进入了一个全新的发展阶段。新中国成立后，中央政府高度重视高等教育，将所有高等院校收归国有，对私立大学和教会大学进行接收和改造；并在苏联专家的帮助下按照苏联的模式对我国高等教育系统进行重组和调整，奠定了新中国成立后高等教育发展的基本框架：高校由国家不同的部门管理，综合性院校按专业划分为不同的专科院校，专业划分过细，教学与科研分家。新中国成立初期，尽管当时经济基础薄弱、国际环境恶劣，但新社会的蓬勃气象激励着广大知识分子和学生以崇高的使命感投身到高等教育事业中。可以说 1957 年以前，高等教育发展的各种条件比较齐备与和谐。但是在随后的“教育大革命”和“文化大革命”中，这种和谐被打破。高等教育发展出现了偏颇，高等教育功能没有得到全面发挥，特别是 20 世纪 60 年代中期“文革”开始后，中国的高等教育几近瘫痪，几乎沦为政治的附庸。

在功能取向上，新中国成立后，中国社会百废待兴，需要尽快建立强大的政治、经济体制，高等教育自然成为社会主义建设过程中的重要一环，因此这一时期高等教育功能偏向于社会取向，尤其是政治取向和经济取向。1950 年，中央教育部召开第一次全国高等教育会议，就明确规定新中国高等教育的方针与任务，是以理论与实际一致的方法，培养具有高度文化水平，掌握现代科学和技术成就，全心全意为人民服务的高级建设人才②。《人民日报》社论中也提出：“高等教育要为经济建设服务，因为经济建设是其他建设（如政治、文化和国防建设）的

① 许美德．中国大学 1895—1995：一个文化冲突的世纪［M］．许洁英，译．北京：教育科学出版社，2000：75.

② 毛礼锐，沈灌群．中国教育通史：第 6 卷［M］．济南：山东教育出版社，2005：9.

基础。”[①]1958年，中共中央、国务院发出《关于教育工作的指示》，进一步指出：“党的教育工作方针，是教育为无产阶级的政治服务，教育与生产劳动相结合；为了实现这个方针，教育工作必须由党来领导。”[②]“文革”期间，高等教育一度瘫痪，高等学校成为“文化革命”的主阵地，一切服从政治斗争的需要。在强大的社会取向指引下，高等教育被纳入国家建设的宏观序列进行规划和管理，并且这种宏观规划的理性主义之梦是带着一种异常的彻底性来进行的。他们的崇高希望在于要为建设和平富强的社会主义国家做贡献。

在功能行动上，从招生工作看，1950年到1954年，六个行政区自己出题考试来选拔学生。1955年国家制定了全国统一考试制度[③]。1958年至1960年“教育大革命”期间，又改为一般高等学校自主招生的办法。1966年起，本科高招中断四年之久，停止招收研究生更达十二年之久。1970年开始试点招收工农兵学员[④]，该时期国家做出了一系列有利于工农子弟接受高等教育的规定，如1949年12月召开的第一次全国教育工作会议上明确指出：“学校要为工农子女和工农青年开门。创办人民大学……培养建设人才。”[⑤] 1953年起，高等学校招生规定，工农速成中学毕业生、产业工人、革命干部等，当他们考试成绩达到所报考系科录取标准时，优先录取。工农出身的学生占高等学校总人数的百分比由1953年的27.39%上升到1958年的55.28%，1965年更是达到了71.2%[⑥]，

---

① 许美德. 中国大学1895—1995：一个文化冲突的世纪［M］. 许洁英，译. 北京：教育科学出版社，2000：107.

② 毛礼锐，沈灌群. 中国教育通史：第6卷［M］. 济南：山东教育出版社，2005：115.

③ 中央教育科学研究所. 中华人民共和国教育大事记（1949—1982）［M］. 北京：教育科学出版社，1983：132.

④ 毛礼锐，沈灌群. 中国教育通史：第6卷［M］. 济南：山东教育出版社，2005：180.

⑤ 《中国教育年鉴》编辑部. 中国教育年鉴（1949—1981）［M］. 北京：中国大百科全书出版社，1984：43.

⑥ 《中国教育年鉴》编辑部. 中国教育年鉴（1949—1981）［M］. 北京：中国大百科全书出版社，1984：338.

这一时期，家庭出身和阶级成分成为影响高等教育入学机会的政治标准，并通过政府相关文件不断强化。例如，1958 年党中央、国务院《关于教育工作的指示》中指出："评定学生成绩时，应当把学生的政治觉悟放在重要位置……"① "文革"开始后更是政治标准唯一，实行推荐上大学。正如许美德所言："入学是通过推荐进行的，以至于入学的政治标准极其重要"，"当时尽管公开提倡为工农子弟敞开大学校门，但实际上，上大学的几乎都是干部子弟"②。从教学看，新中国成立后，限于当时的政治形势与高教基础，我国在苏联专家的帮助参与下，全面模仿苏联的教学计划、教学大纲、教科书甚至作息制度、考核方式、教学方式等，虽然产生了生搬硬套、教条主义等问题，但也在短时间内使我国高等教育教学工作进入了正轨。1958 年至 1960 年的"教育大革命"以生产劳动代替学习，严重冲击了正常的教学秩序。1961 年《高教六十条》规定，学生每年花在农场或校办工厂的劳动时间限制到一个半月以内。高等学校的教学工作得到了恢复。然而好景不长，"文革"开始后，又高度强调社会实践，怀疑一切专业知识，课程由集合式转向了综合式，几乎没有了知识分类和专业结构，认为知识来自社会实践和生产实践，人为地把各学科知识朝着革命的实践活动综合，为社会变革和基层的经济变革服务。教学工作走向田间地头、工矿企业，后来几乎陷入瘫痪。从科研看，1956 年，周恩来在《关于知识分子问题的报告》中代表党中央发出了向科学进军的号召，除了对科研部门和科学工作者提出明确要求和具体措施外，还对高等学校的工作做了具体指示，如"各个高等学校中的科学力量，占全国科学力量的绝大部分，必须在全国科学发展计划的指导下，大力发展科学研究工作"、"在全国高等学校中扩大科学研究工作和扩大培养科学力量的计划"③。但是在 20 世纪 50 年代，流行着"中国科学院是全国学术领导和重点研究的中心"的见解，建立了大批

---

① 关于教育工作的指示［N］. 人民日报，1958-09-20.

② 许美德. 中国大学 1895—1995：一个文化冲突的世纪［M］. 许洁英，译. 北京：教育科学出版社，2000：133.

③ 中央教育科学研究室. 周恩来教育文选［M］. 北京：教育科学出版社，1984：102-139.

独立于教育、生产之外的研究机构，所有重要的研究项目均由中国科学院及与之相关的机构来组织实施，而高等教育体系中的机构却无从插手。这就意味着在大学里进行研究工作很难得到支持，大学通常只是用一成不变的教科书传授早已有定论的知识。1957 年，中科院获得了预算为 9 000 万元的科研经费，而所有的大学才获得了 1 000 万元的研究经费①。1957 年开始的“反右”运动，使得大批教授学者受到批判和打击，科研工作又受到进一步的冲击。1961 年《高教六十条》规定，研究工作作为大学工作的重要组成部分，希望教员花 5/6 的时间从事教学、科研及其他业务，其余 1/6 用来从事政治和生产工作，高等学校的科研工作有所发展。但进入“文革”以后，又几至停滞。从社会互动看，该时期高等教育活动一直遵循“教育与生产劳动相结合”的基本原则，因此与社会互动深入。1958 年以后，政府鼓励高校建立小型校办工厂，并介入当地的生产建设②。后来在刘少奇的倡导下，还出现了半工半读的高等教育形式，以便于学生参与社会生产，工农群众接受高等教育，1965 至 1966 学年初全国全日制高等学校共 434 所，其中进行半工（农）半读试点的有 177 所，占全日制高校总数的 40.8%③。“文革”中更加强调高等教育与生产之间的整体性联系。高等教育甚至被作为社会生产部门来看待，忽视和削弱了其基本功能。从文凭授予看，该时期学位条例虽已制定，但未能执行，学历制度则一直在实行，但在当时政治标准、阶级标准的强势遮蔽，以及统一分配制度的刚性制约下，学历和文凭虽然具有强大的社会流动和选拔功能，但并非是一种自主、自由的流动和选拔。更多的是一种凭借出身、学校、政治面貌和工作分配实现的“赞助性流动”，而不是依靠自身能力、学识和自主择业实现的“竞争性流动”。从学生就业看，1955 年，全国毕业生工作分配制度出台，大学毕业生享有国家干部的身份，被以一种机械化方式分配到政府部门和企

---

① ORLEANS L A. Professional manpower and education in communist China [M]. Washington, D. C.: National Science Foundation, 1960: 114.

② 许美德. 中国大学 1895—1995：一个文化冲突的世纪 [M]. 许洁英，译. 北京：教育科学出版社，2000：128.

③ 高等教育部. 高教简讯（增刊）：第 7 期 [R]. 1966-02-19.

事业单位，而且这种分配“主要由他们参与政治学习和社会性组织的情况来控制”①。因此政治表现和阶级出身成为影响学生就业的重要因素，在社会分层和社会流动中，学生的自主因素退居次席，甚至作用甚微。

在功能结果上，该时期的功能结果充分体现了“教育为无产阶级政治服务”的既定方针，在政治标准的制约下，限制和剥夺了部分非无产阶级子女接受高等教育的权利，在高等教育领域内实现了宏观的阶级分层。同时中央政府通过对各级各类学校的领导和控制，使得新统治阶层的孩子们能够享受到工作分配的特权和高等教育体系内的其他好处，而其他普通学生只有通过不断改造自己的思想，积极上进而努力奋斗，并力图使自己适应这种社会制度，又进一步实现了高教领域内的微观分层和社会控制。因此，我们认为该时期的高教功能整体而言具有明显的社会控制和阶级再制色彩，发挥了社会分化的功能，但同时也通过对高等教育的直接管理和控制，为国家统治和社会生产发挥了社会整合的作用。在部分功能上，高等教育的政治功能被强调到了无以复加的程度，经济功能和科技功能也得到了高度重视，而文化功能、人口功能遭到忽视甚至是有意压制。在个体功能上，个人的成长与发展被置于整个国家建设的革命洪流中，个体社会化功能被重视和提倡，个性化功能则被遮蔽和忽视。

（四）高等教育恢复与发展时期的高教功能（1977 年至今）

“文革”结束特别是十一届三中全会后，国家在政治、经济、文化等多个领域进行了拨乱反正，在全国范围内实现和发展了安定团结的政治局面，国民经济扭转了重大比例失调所造成的不稳定状态，各项工作逐步走上了健康发展的道路。20 世纪 70 年代末、80 年代初进行农业体制改革，80 年代中期开始工业体制改革更使人们迸发了高度的生产生活热情，力求弥补被“文革”所耽误的时光。社会经济的迅速增长一方面提供了发展高等教育所需的物力和财力，另一方面也提供了吸纳高校毕业生的就业岗位，同时也增加了对人才和知识的需要，在中央政府一系列政策、措施的支持下，高等教育重新焕发了活力。高校自主权的增加，

---

①　许美德. 中国大学 1895—1995：一个文化冲突的世纪［M］. 许洁英，译. 北京：教育科学出版社，2000：119.

对外交流活动的恢复，与社会各界的互动深入，一方面人们对高等教育的重新认识和强烈需求为高等教育功能的发挥和拓展提供了有利条件，另一方面我国大学主要依靠政府拨款来办学，经济基础比较薄弱。20 世纪 80 年代末大学开始承受越来越大的经济压力。通货膨胀冲击着教工微薄的工资，政府的财政拨款除教师的工资支出外，仅仅维持学校不关门，能够用于购置图书、设备，进行课程建设的经费所剩无几，为此大学不得不通过多种途径自己创收，一定程度上影响了高等教育的正常活动①。90 年代中后期虽然学费收入大幅增加，但面对随扩招而来的大规模基建投资，许多高校陷入了沉重的债务危机，对其功能发挥造成极大的危害和阻碍。

在功能取向上，1978 年 4 月全国教育工作会议的召开，否定和抛弃了“文革”中以阶级斗争为纲的教育目的，将现代化的实现确立为教育的主要目标。1985 年中共中央《关于教育体制改革的决定》中进一步指出：“教育必须为社会主义建设服务，社会主义建设必须依靠教育”，“我国高等教育发展的战略目标是……能为自主地进行科学技术开发和解决社会主义现代化建设中重大理论问题和实际问题做出较大贡献”，“高等教育体制改革……要加强高等学校同生产、科研和社会其他各方面的联系，使高等学校具有主动适应经济和社会发展需要的积极性和能力”。高等教育在恢复重建中将自己的历史使命逐渐转移到为社会主义建设服务上来，其功能价值取向是多方面的。在整个 20 世纪 80 年代，正如许美德所说，对高等教育，社会在以维护文化自治和民族自尊的名义不断加强政治控制。这时的情况与晚清时期和 20 世纪 50 年代学习苏联模式时的情况类似，不断地限制高等教育朝着培养科技知识分子的方向发展，以求立竿见影地发挥其工具作用，而很少允许在引进思想、在国际上与各大学开展多方面交流和对话的同时对中国文化和社会进行广义的批评②。其时，社会取向突出且在政治思想上带有明显的集中化色

① 许美德. 中国大学 1895—1995：一个文化冲突的世纪 [M]. 许洁英，译. 北京：教育科学出版社，2000：156.

② 许美德. 中国大学 1895—1995：一个文化冲突的世纪 [M]. 许洁英，译. 北京：教育科学出版社，2000：168.

彩。20世纪80年代末以后，社会取向的功利色彩增长迅速，文化取向和个人取向虽较以前有所发展，但依然屈从于社会取向。

在功能行动上，从招生工作看，1983年开始对大学招生的计划制度进行了一些改革，实行“依据考生志愿，按比例投档”的录取方法，并给予高等学校更多的权力，实现“学校录取，招办监督”，录取方式分为国家计划招生、用人单位委托招生、国家计划外招收少数自费生三类，并实行保送生制度①。20世纪90年代以来，又进行了考试科目、方式等多项改革，使招生工作能够更为公正、科学，以保障考生入学权利平等和机会更为均等，更好地发挥高考的社会选拔和社会流动功能。从教学看，该时期教学计划、课程标准得以重新修订，教学内容不断更新，教学环节逐渐完善，教学方式日益丰富，课程知识更加综合化，所有的院校都力求扩大专业覆盖面；学分制、选修制度等新的教学制度得到实验和推广。同时，教师的教学自由得到重视，在课程开设、课程内容选择上有更多的自由，可以参与课程内容和教学方案的修订，根据自己对专业课程的理解，进行灵活教学。但随着20世纪80年代末经济改革的日趋艰难，高校中的课程改革产生了许多问题，80年代初那种基于学术考虑而进行的课程革新热情被课程的商业化倾向所取代。从科研看，1986年，国家设立了国家自然科学研究基金和高科技基金，1987年设立了国家社会科学研究基金；高等学校所属科研机构，1981年仅32个，1987年增加到300个，1989年就发展到了750个②。随着高校科研机构的建立和科研活动恢复正常，高校的科研工作真正开始繁荣起来，到1990年，高校已成功申请到国家自然科学研究基金资助额的70%，高科技研究基金发放额的36.7%③，打破了以往科研院所一贯享有大量国家资助的局面。高等学校的研究工作正从自发、分散研究为主转向有组织、有计划研究为主的轨道。从社会互动看，该时期高

---

① 毛礼锐，沈灌群．中国教育通史：第6卷［M］．济南：山东教育出版社，2005：297-299.

② 余立主．中国高等教育史：下册［M］．上海：华东师范大学出版社，1994：229.

③ 许美德．中国大学1895—1995：一个文化冲突的世纪［M］．许洁英，译．北京：教育科学出版社，2000：160.

等教育与地方的互动以知识和人才为中介逐步深入。高等学校通过培养学生为地方提供人才、面向本地经济发展需要开展科研，以及与地方合作建立各种县级或地区性的技术研发与应用机构以加强与地方的联系，而地方则通过财政、政策、设施等方式为高等学校提供支持和辅助。从文凭授予看，1980年通过了《中华人民共和国学位条例》[①]，完善了学士、硕士和博士三级学位体系。文凭对社会流动和社会选拔发挥了更为深刻细致的重大影响，在就业、社会交往甚至家庭组织中的作用日渐重要。从学生就业看，20世纪70年代末，毕业生国家统一分配制度和高考招生制度一并恢复。1985年以前由于“十年动乱”造成的人才青黄不接，毕业生大都能在国家或省属的政府部门或国家企业、高等院校分配到就业机会，学生十分满意，同时也为社会各界提供了各类急需人才。1986年开始，逐步采取措施取消大学毕业生统一分配制度，到90年代初这一改革全面铺开，实行“双向选择”就业制度，家庭地位、经济、权力等因素逐渐或公开或荫蔽地影响了就业机会的取得。

在功能结果上，该时期是中国社会发展的崭新阶段，人们期望高等教育贡献的不仅是经济迅速发展所需要的科技知识，而且也是能确保公正和正义的社会科学知识，更希望高等教育成为推进性别平等和民族平等的重要途径。事实上，高等教育确实发挥了巨大的功能，无论对个人还是在社会政治、经济、科技等方面都产生了重要影响。特别是1989年之前，高等学校作为影响社会思潮的一支核心力量，在“真理标准”、“教育本质”、“路为何越走越窄？”等大讨论中为冲破理论禁区、打碎精神枷锁、端正思想方向做出了主导性的贡献。就整体功能而言，20世纪90年代初期以前的高等教育为维护社会的稳定与发展发挥了重要的整合作用和支持作用，90年代中后期以来，高等教育功能的社会分化色彩日趋明显。从部分功能看，高等教育的经济功能和科技功能受到高度重视，文化功能也得到一定程度加强，其人口功能、生态功能开始逐渐彰

① 毛礼锐，沈灌群．中国教育通史：第6卷［M］．济南：山东教育出版社，2005：277.

显。在个体功能上，高等教育在个体的职业培养、升迁等社会化功能方面更为重要，对个体的个性培养作用也逐步体现。

二、我国高等教育功能变迁的主要特征

（一）高等教育功能变迁是高等教育随社会发展不断调适的结果

高等教育功能是随着高等教育的实践活动产生和发展的，而高等教育的实践活动又受制于一定时期的社会发展水平与需求状态。不同时期的社会需求和社会发展状况决定了高等教育的发展水平，形塑了高等教育的功能。高等教育在随社会发展不断调整、适应的过程中实现了功能的调适与变迁。首先，教育是人类的社会现象，人类创造教育是希望它来满足一定的需求，因而社会和个人的教育需求大致规定着教育功能的范围或广度，而个人的教育需求受其所处社会的整体需求影响颇深，一定程度上个人需求是社会需求的个体投射，故此，社会需求是高等教育功能的重要决定因素。在传统高等教育阶段，统治者举办高等教育主要是为其统治服务，于是政治功能成为该时期的主导功能；而新中国成立初，高等教育作为巩固或振兴民族与国家、加速经济建设的重要手段，虽以政治功能为主，但科技和经济功能也开始彰显。其次，高等教育能否满足或实现这些需求，或者说高等教育功能发挥的范围与程度，又在很大程度上取决于社会的政治、经济、文化、科技的发展水平，以及社会对高等教育机构的资源输入与支持。在农业经济社会，科技水平落后，高等教育远离社会生活，不可能发挥出更多的经济功能和科技功能，而在知识经济社会，随着知识的飞速发展，科技创新功能成为高等教育功能的重要一环。在农业社会里，皇权一尊独大，高等教育主要是发挥政治维护功能，而在知识经济社会里，民主政治建设逐渐成熟，高等教育的政治功能还要增加监督和批判的成分。农业社会，高等教育与谋生尚未构成十分直接的联系，其育人功能主要体现在传授知识、修身养性上，而知识经济社会，高等教育成为入职的基础，培养学生的职业技能也成为育人功能的重要组成部分。最后，高等教育在特定的历史时期适应社会发展需要，突出某一方面功能，有一定的积极意义。但是，如果高等教育某种功能偏向累积到一定程度，尤其是在社会需求发生变化后，高等教育还不能适时调整价值取向，合理释放多方面功能，其优

势就会丧失，功能失调现象就会出现。例如新中国建立之初，强调高等教育的政治功能，在当时国内外复杂的政治形势下，对维护刚刚建立的新政权有着重要的意义，但这种功能偏向过于持久和强烈，遮蔽了高等教育其他功能的正常发挥，以致在20世纪六七十年代给高等教育带来了几近灭顶之灾。

（二）在我国高等教育功能变迁中，外因影响较大，其中政府具有决定性的作用

我国高等教育自产生以来就深受政府的管制与影响。公立一派自不待言。就私学来看，在传统高等教育时期，早期私学如孔孟学派，由于致仕思想的存在，因而在办学思想与实践中也向政府靠拢；后期私学如书院自产生以来就有强烈的官助与皇敕情结，传统学术与知识分子始终无法逃脱皇权的控制，书院的学生大多也走上了科举之路。在现代高等教育初建与分化时期，虽有教会大学存在，但一则其在高等教育系统中所占比例不高，二则在短暂的自由之后，很快被“非宗教化”和“收回教育权”运动导向国民政府的管理之下①；而私立大学自产生之初就受到中央政府的严格控制，整体而言，该时期的高等教育也处于政府的主导之下。至高等教育改造与整合时期，更是通过接管与改造，将一切高等教育收归国有，并确立了中央集权制的高等教育管理体制。而高等教育恢复与发展时期，民办高等教育虽又重新出现，但依然处于中央高等教育管理的宏观序列并受到严格管理。由此可见，在我国高等教育活动中政府管理居于主导地位，高等学校的设置、人事聘任、专业设置、教学内容、学位制度、招生考试、就业分配、科学研究等均处于政府教育主管部门的直接领导或控制下。政府对高等教育的认识不仅影响着高等教育功能的取向，而且通过制度、经费、评估等方式对高等教育进行调控，直接介入高等教育功能行动，进而影响功能结果的发生。如新中国成立初期，政府强调大学向工农开门，于是1953年高等学校招生中规定，工农速成中学毕业生、产业工人、革命干部等，当他们考试成绩达

① 董宝良．中国近现代高等教育史［M］．武汉：华中科技大学出版社，2007：78-85.

到所报考系科的录取标准时优先录取。当年工农家庭出身和本人是工农成分的高校新生占新生总数的 27.39%，1958 年上升到 55.28%，1965 年上升到 71.2%①。政府的主导政策直接干预了高等教育带来的社会流动。再如进入高等教育恢复和发展期后，我国在不同时期不同层次实行了高等教育规模扩张。20 世纪 80 年代初扩大了专科的招生规模，以满足国家当时对大量专科人才的需求，随着社会对高学历人才需求的提高，90 年代后期又转向了本科教育的扩张，21 世纪初期以来硕士研究生的招生规模也不断扩大。这种政府主导下规模扩张的层次更替，操纵了人们就学观念、择业态度以及文凭价值的改变，由此牵动社会选拔的标准、社会流动的范围发生变迁，进而可能对社会结构的维持、社会价值的导引等产生影响。

第二节　高等教育功能失调的历史例证

从功能演变的历史梳理我们可以看出，高等教育功能的变迁具有曲折性和振荡性，并非一帆风顺、永远协调。在中外高等教育发展史上都曾因为功能的失调而出现过若干时期的高教危机，下述所举，则为其中的典型。

一、17—18 世纪欧洲传统高等教育的生存危机

从 14 世纪中叶到 18 世纪中叶，是欧洲社会经济、政治、文化、科学经历巨大变迁的时期。在政治上，世俗王权逐渐强大，出现了政教分离；在经济上，资本主义势力逐步兴起并成为社会经济发展的主导；在文化上，经过文艺复兴、宗教改革、启蒙运动等思想运动的荡涤，理性终于从神性的桎梏中解脱出来并成为人们认识自然的认识论和方法论基础；在科学上，自然科学异军突起，天文、力学、数学、化学、物理学、生物学等相继取得了突破性的发展。正如罗素所言："近代世界与

① 《中国教育年鉴》编辑部. 中国教育年鉴（1949—1981）[M]. 北京：中国大百科全书出版社，1984：338.

先前各世纪的区别，几乎每一点都能归源于科学。”① 这种波澜壮阔的社会背景，应该说为高等教育的发展提供了良好的契机，然而直到 18 世纪，欧洲传统大学大都抱残守缺、故步自封，不仅未能审时度势、及时调适以发挥时代所需要的功能，而且本已具有的权威地位与崇高威望也一落千丈，大学第一次陷入了生存危机。

在英国，牛津大学和剑桥大学是高等教育的主干，但 17—18 世纪，二者均陷入政治宗教的斗争而处于停滞不前的状态，“仍然迟迟不改它们对旧统治者的忠诚，它们在基调、价值取向和结构上都一如既往……它们落在时代的后面，变得越来越褊狭，越来越古板，越来越不合时宜”②。它们把自身的功能局限在为国家的绅士阶层和国教会牧师提供教育这一狭隘的取向内，无视新兴资产阶级及时代经济、文化发展的需要。在教学上，尽管新知识和新学科不断涌现，拉丁文和希腊文已经在当时失去了使用价值，但为培养绅士服务的古典学科和经院知识仍然在课程中占据支配地位并依旧受到推崇。虽然新的自然科学知识也通过讲座的形式有所开设，但一则这些新讲座很难纳入学习计划中，二则大学对讲座的教学管理极其松散，许多讲座形同虚设，被称为“空墙讲座”③。在科学研究上，传统大学依然固守古典知识，对新兴科学的发展不仅没有起到直接的促进作用，而且起着阻碍作用，成为落后保守的阵地。阿什比在论述当时英国的高等教育时说：“直到 19 世纪中叶，科学革命实际上与英格兰古老的大学无关。苏格兰的大学尽管已接受了新的哲学并真正地传授它，但它们也没有成为科学思想创造的中心。”④ 在社会服务上，当时的大学固守中世纪的学术传统和职能模式，对英国随新航路的开辟、国际贸易的扩大、资本主义工商业发展而带来的对实用知

---

① 罗素. 西方哲学史：下 [M]. 马元德，译. 北京：商务印书馆，1991：43.

② KOTHBLATT S. The revolution of the dons, Cambridge and society in Victorian England [M]. London: Faber and Faber Ltd, 1968: 18.

③ 贺国庆，王保星，朱文富，等. 外国高等教育史 [M]. 北京：人民教育出版社，2006：77.

④ ASHBY E. Technology and the academics [M]. New York: St. Martin's Press, 1984: 18.

识与人才的需求无动于衷，“当英国工业革命兴起的时候，英国的大学并没有发挥任何作用，苏格兰的大学对此所起的作用也微乎其微”①。同时，在招生上，中世纪所具有的为穷困学生提供庇护所的福利功能逐渐消失了，富人逐渐取代平民成为大学的主体。在 16 世纪末平民学生占总注册人数的一半以上，17 世纪初比例下降到 42%，在 1637 年—1690 年，比例进一步下降到 37%，18 世纪情况继续恶化，到 1810 年，平民出身的学生仅有 1%②。因此人们对该时期的高等教育渐渐失望，入学人数也逐年下降。例如，牛津大学 17 世纪 20 年代每年的学士有 230 人左右，从 1660 年到 18 世纪 20 年代降至 150 人，到 18 世纪 50 年代后更是降至 100 人左右。而且很多学生没有完成学业便离开了学校，如 1760 年—1780 年，剑桥大学约有三分之一学生流失③。

在法国，15 世纪以后，由于大学在教会的严格控制之下，以经院哲学和神权为支柱，学术上因循守旧、脱离实际，组织上封闭保守，已经不能适应思想的进步和科学技术的发展，跟不上社会的发展步伐。17—18 世纪，法国共有 22 所大学，均成为守旧、闭塞的堡垒，未能够对社会生活的变化、新哲学和自然科学的发展做出及时反应④。作为天主教教会支柱的巴黎大学在各大学中居于主导地位，以此为例，可见一斑。在教学上，巴黎大学仍然沿袭 12 世纪以来的旧传统，分为文、法、神、医四科，以基督教神学为指导思想，教学时使用拉丁文，教学内容陈旧，脱离生活，未能及时补充新的知识和内容。在科学研究上，像贝尔纳所说的那样：“英国和法国各大学持续了二百多年对新科学的反对”，直到“19 世纪中叶才开始崩溃”⑤。巴黎大学也一直不重视科学研究工

① ASHBY E. Technology and the academics [M]. New York: St. Martin's Press, 1984: 5.

② 贺国庆，王保星，朱文富，等. 外国高等教育史 [M]. 北京：人民教育出版社，2006：76.

③ JEWELL H M. Education in early modern England [M]. Houndmills: Macmillan Press, 1998: 28-65.

④ 滕大春. 外国教育通史：第 3 卷 [M]. 济南：山东教育出版社，1990：79.

⑤ 贝尔纳. 历史上的科学 [M]. 伍况甫，译. 北京：科学出版社，1983：310.

作并对自然科学的新发展无动于衷。面对社会经济与科学技术的进一步发展，以巴黎大学为代表的旧大学愈加跟不上时代的步伐，无法为社会提供更多急需的知识与服务。传统大学逐渐丧失了昔日的吸引力，学生数量日益减少。巴黎大学在18世纪下半叶只有5 000学生，其中医科学生只有60人。无论在知识领域还是在社会生活中，法国传统大学都无法发挥更大的作用。“如果社会不能从原有机构中获得它所需要的东西，它将导致其他机构的产生。”① 于是一批新型研究机构和高等专科学校先后建立，如法兰西文学院（1653年）、法兰西科学院（1666年）、炮兵学校（1720年）、巴黎矿业学校（1783年），以满足社会发展的需要。

在德国，宗教改革运动和自然科学的发展需要德国大学承担起教育世俗化与发展科学研究的职责，但当时的大学中，经院哲学、烦琐哲学方式仍没有被完全排除，甚至又产生了新的烦琐哲学。传统大学是传授与学习知识的场所，作为大学中的教师，他需要对某些学科有一定的研究，但直到18世纪末，传统大学在知识发展方面还主要局限在大学所开设的课程上——神学、哲学、法学和医学等古典学科或与大学四科相关的学科才能在大学里得到一定的发展，而当时划时代的科学——数学和自然科学仍被排斥在大学之外。大学不再是进步的机构，而被看成是过时的和逐渐衰亡的教育机构。到17世纪末，德国启蒙运动知识界甚至发动了对大学的全面抨击，许多人要求彻底废除大学②。在18世纪末，大多数德国大学被描绘成主要由卖弄学问的人所占据的机械辩论的场所。许多知识分子以蔑视的眼光看待大学，莱布尼茨（Gottfriend Wilhelm Leibniz）就以大学为耻辱，认为置身于这样的机构有损自己的尊严，他要求取消大学，以科学院代之。1700年，除奥地利外，德意志各邦共有28所大学，其中许多大学生源不足，难以运转。如海德堡大学1701年—1705年每年平均仅招收约80名学生，其他20所大学不足300名学生。

① 克拉克. 高等教育新论：多学科的研究［M］. 王承绪，徐辉，郑继伟，等译. 杭州：浙江教育出版社，2001：35.

② 贺国庆，王保星，朱文富，等. 外国高等教育史［M］. 北京：人民教育出版社，2006：102.

这种状况到18世纪中期以后更加恶化，一些大学甚至被迫关闭，如科隆、特里尔、斯特拉斯堡等①。

17—18世纪欧洲传统大学生存危机的出现，源于当时传统高等教育落后于社会发展特别是文化发展的步伐，不能进行合理的功能调适以适应新的文化背景下社会、个人的合理需要，在功能取向、功能行动、功能结果上出现了偏差和失调。在功能取向上，或者成为国家精英的培养工具，要么醉心于自身的传统使命，偏安一隅。在功能行动上，故步自封，没有根据社会对人才和大学知识产出的需求变化进行思想上、制度上、组织上的调整，未能及时将新的理论、内容和方法纳入教学、科研等活动中。偏颇的功能取向和行动必然造成功能结果失调：在社会整体功能上，英国高等教育因入学阶层的富人化逐渐限制了合理社会流动的进行，成为社会阶层复制的一种途径；法、德的高等教育因入学人数的锐减几乎成为社会中一个可有可无的部门，除了招致各界的批判和遗弃，原本在社会中具有权威地位的传统大学在整体上并没有对社会产生什么影响。在社会部分功能上，当时社会急需的文化功能和经济功能均未能得到重视和体现，甚至表现为文化、科技方面的反功能。面对科技革命和工业革命的挑战，各国传统大学均固守象牙之塔，沉迷于古典文化之中，拒斥新兴学科的进入，“旧有的知识并没有增加，而且是被一再重复，变得越来越泛、越来越滥。人们老想永远在同一块土地上收获庄稼，可是既不耕地又不施肥”②。传统大学发展文化、创造文化功能的缺位，导致科学院在欧洲的迅速建立。在政治功能上，法国的大学甚至与国家背道而驰，例如巴黎大学在英法百年战争中站在了英国的一边③。在个体功能上，各国的传统高等教育都局限于传统的人才培养模式，没有能够培养出为时代所需的人才，以至于各国不得不重新设立新的教育

---

① 贺国庆，王保星，朱文富，等. 外国高等教育史［M］. 北京：人民教育出版社，2006：102-103.

② 潘懋元，朱国仁. 高等教育的基本功能：文化选择与创造［J］. 高等教育研究，1995（1）：1-9.

③ 贺国庆，王保星，朱文富，等. 外国高等教育史［M］. 北京：人民教育出版社，2006：95.

机构来满足社会对新型人才的需要。如英国的私立学园、法国的高等专科学校等。

二、20世纪30—40年代日本、德国高等教育的伦理危机

20世纪30—40年代，德国、意大利、日本等国结成同盟集团，在国内实行法西斯统治，对外推行侵略扩张，最终酿成了第二次世界大战的全球之祸。不仅给世界人民带来了灾难，更将各自的国家推向了灭亡的边缘——政治专制、经济枯竭、文化倒退、生活混乱……在这种社会形势和法西斯教育政策控制下，德国、日本的高等教育进入灾难性时期，高等教育功能出现了全面的严重失调。

在德国，高等教育中原有的民族主义急剧膨胀，高等教育成为宣传、煽动民族沙文主义和法西斯主义的工具，成为希特勒（Adolf Hitler）维护纳粹统治、进行侵略扩张的工具。在纳粹政府的严格控制下，高等教育的一切活动都转向了为纳粹统治服务。在招生上，纳粹时期的德国大学排斥犹太人和妇女，1933年的《改善德意志学校和大学的过剩状况的法律》中特别规定犹太学生和新入学女学生比例分别不能超过1.5%和10%，并主张在高等教育中排除非雅利安血统的学生和女性①，强调根据对纳粹党的忠诚和在希特勒青年运动中的表现来招收学生。在教学上，教学内容被重新调整。体力劳动、军事训练和各种政治教育置于前所未有的重要地位。体育和种族学被当作最重要的教学科目。人文学科和社会科学在很大程度上受纳粹思想支配，哲学、历史学、法学、政治学和经济学经过改造，成为宣扬纳粹主义和证明德意志民族“种族优越性”的工具。自然科学和工科则主要服从于军备扩张的目的，甚至各学科也具有浓厚的民族主义色彩，出现了“德意志物理学”、“德意志化学”等畸形学科。马恩著作以及高尔基（Camillo Golgi）、爱因斯坦（Albert Einstein）等人的著作被公开焚烧②。在科学研究上，德国大学传统的学术自由、教学与科研相结合原则被当作科学发展的障碍，遭到遗弃和破坏。甚至连存在主义哲学家海德格尔（Martin Heidegger）也在

① 黄福涛. 外国高等教育史［M］. 上海：上海教育出版社，2003：219.

② 贺国庆. 外国高等教育史［M］. 北京：人民教育出版社，2006：406-411.

1933 年就任弗赖堡大学校长时讲到：“大加称颂的‘学术自由’应遭到德国大学的唾弃。”① 许多反对纳粹主义或渴望学术自由的大学教师被解雇。据统计，在纳粹统治初期，全德平均每年有 14.34％的大学教师和 11％的大学教授被解雇。1932 年—1939 年约 40％的大学教师由于政治或种族原因离开大学，流亡国外。1933 年—1938 年，全德有 45％的学术机构负责人被撤换②。对教师和研究人员的大清洗，导致科研人才的外流，极大地破坏了德国的学术文化事业和科学研究。结果在纳粹统治时期，德国高等教育的质量和学术水平不断下降，规模也不断缩小，学生数量锐减。1938 年德国大学生仅有 5.8 万人，是纳粹上台前 1932 年的一半。每万居民大学生拥有数也减少到 8 人③。

在日本，1937 年侵华战争爆发后，日本政府颁布《国家总动员法》，宣布日本进入战时体制，一切社会力量均需服从于战争的需要。于是，在政治上更加强化以军部为中心的法西斯统治；在经济上重点扩充以重化学工业为中心的、与军事需要密切相关的产业的规模；在思想上实行高压政策，严禁一切自由思想和民主活动。与此社会形势相适应，高等教育也朝着战时体制方向迅速演变。高等教育转向谋求如何进一步加强军国主义国家意识的教育，如何适应战争需要开展科学研究和培养更多急需的领袖人物和技术人才。于是在招生上，人数迅速增加。1933 年日本有大学生 47 841 人，10 年后的 1943 年猛增至 62 509 人，增幅达 31％，并且增加的方向主要是理工类大学和理工科学生，如帝国大学工学部的学生在此期间由 2 602 人增至 5 744 人，理学部由 1 054 人增至 1 419 人④。在教学上，强调以“皇国之道”培养对国家有用的人。在巩固传统的机械工学等学科基础上，加大了航空、金属工学等学科的比重，新设了通信工学、电气通信学等与战争关系密切的学科。在科学研

① 吴式颖. 外国现代教育史［M］. 北京：人民教育出版社，1997：249.

② 吴式颖. 外国现代教育史［M］. 北京：人民教育出版社，1997：248.

③ 贺国庆，王保星，朱文富，等. 外国高等教育史［M］. 北京：人民教育出版社，2006：95.

④ 贺国庆，王保星，朱文富，等. 外国高等教育史［M］. 北京：人民教育出版社，2006：395.

究上，也呈现出明显的战时色彩。例如在帝国大学理工医等学部，增加了军事、国防、重化学工业等讲座数量。另外，1939 年—1944 年，在各类大学中相继设立了 28 个附属研究所，其中 25 个属理工系列，皆以战时体制下的紧急课题为研究任务，直接为侵略战争服务。文科研究也转向日本传统文化，以弘扬日本神道，为对外侵略提供精神支柱①。在社会服务上，为了战争需要，许多学生被迫加入“国民勤务报国队”参加“勤劳报国”活动。许多学校被占用作为救护医院或其他为战争服务的机构，学生常被拉上街欢送新兵，甚至未毕业就被编入军队，补充兵源。在最后的“决战阶段”，政府甚至动员所有师生参加为战争的服务工作②。

该时期日德高等教育的危机与灾难是因为高等教育受外部政治权力的强势干预，使得功能实现偏离了正常轨道，成为特定时期纳粹集团和军国主义分子的附庸和工具，因而迷失了自己的本质，丧失了独立性和存在价值，结果造成了功能上的失调。这种功能失调是非正常的外因性失调，同时这种功能失调又是全面性的功能失调，在功能取向上，完全沦为法西斯统治与对外侵略的工具，丧失了高等教育的本质追求。正像希特勒在《我的奋斗》中所说的那样“教育是政治的，政治是教育的”。如何配合法西斯政府进行国内统治和对外扩张成为当时日德高等教育的功能取向。在功能行动上，抛弃了大学自治、学术自由的原则，听命于法西斯政府；在招生标准、社会服务内容与形式，在教学的内容、方法，科研的内容、应用等方面完全听命于法西斯政府；以统治和战争的需要来决定高等教育的各项行动，而忘记了自身行动的科学性与伦理性基础。于是在功能结果上，日德高等教育充分发挥了社会控制的作用，通过高等教育将教育者、受教育者的思想、行动甚至与此相关人员严格控制在政府的指导思想之下，并通过他们衍生出间接控制效应，以利于政府的政治统治与扩张动员。在社会部分功能中，政治功能居于首位，经济功能、文化功能也都是为了战时统治与军事扩张服务。育人功能被

① 贺国庆，王保星，朱文富，等．外国高等教育史［M］．北京：人民教育出版社，2006：396．

② 滕大春．外国教育通史：第 5 卷［M］．济南：山东教育出版社，1990：489-490．

限定在一个褊狭的目标上，即培养信仰法西斯主义和盲目效忠于天皇或希特勒的年青一代军国主义分子或纳粹分子。例如纳粹德国的国民教育部长便在1936年出版的新教师手册中写道："学校的主要目的是用国家比个人重要以及个人必须愿意和准备为国家和'元首'献身的学说训练人。"① 高等教育的重点并不是传授知识，而是强调强健身体和品行训练，以使学生效忠于天皇或希特勒。因此，这种功能失调又是严重的功能失调，不仅对当时的高等教育破坏严重，而且其负面影响至今犹存。

三、20世纪60—70年代中国高等教育的生存危机

1966年5月至1976年10月的"文化大革命"，使国家陷入空前的混乱之中，政治环境空前紧张，国民经济几近崩溃，社会生活混乱失序，高等教育也遭到破坏，出现严重倒退。1966年5月16日，中共中央政治局扩大会议通过了会前由康生、陈伯达等人起草，经毛泽东几次修改的《中国共产党中央委员会通知》，即《5·16通知》。《5·16通知》要求全党：高举无产阶级文化大革命的大旗，彻底揭露那批反党反社会主义的所谓"学术权威"的资产阶级反动立场，彻底批判学术界、教育界、新闻界、出版界的资产阶级反动思想，夺取在这些文化领域中的领导权。《5·16通知》规定大中城市的文化教育单位是"文化大革命"的"重点"。6月1日，中央人民广播电台广播了经毛泽东批准的北京大学聂元梓等人攻击北大党委和北京市委的一张大字报。同时，《人民日报》发表社论《横扫一切牛鬼蛇神》。"文化大革命"运动迅速席卷全国。高等学校变成了斗争的主战场，学生们纷纷起来"造反"，大字报铺天盖地，教学秩序大乱，高等教育功能畸形膨胀，逐渐成为政治斗争的工具。

在功能取向上，高等教育偏离了以育人为中心、以高深知识为基础、承担有限社会责任的本质规律，将当时社会的政治需求作为自身唯一的功能目标，罔顾高等教育对个体正常成长与文化和谐发展的作用，甚至用政治的取向挟持与规制个人取向与文化取向。强调在教育领域打倒资产阶级知识分子统治，建立无产阶级全面专政。强化阶级斗争实践与生

① 滕大春．外国教育通史：第5卷［M］．济南：山东教育出版社，1990：206．

产劳动实践，削弱文化教育以阻断新的资产阶级知识分子产生，培养亦工亦农亦军亦文的全面发展的人，把教育作为缩小与消灭社会分工和三大差别的工具，并用以防止资产阶级及其思想的滋生蔓延，保持阶级的纯洁性与批判性。这种近似虚幻的理想在“文革”中成为包括高等教育在内的各级教育的功能目标和价值追求。于是在这一思想主导下，在高等教育系统的各项具体工作中都出现了畸变与偏差。

在招生工作上，由于停课闹革命，高等学校名存实亡，导致“文革”中大部分高等学校停止正常招生长达6年，研究生停止招生12年，停止选派留学生6年，停止接受外国研究生达7年[①]。学生数量急剧减少，1965年在校生674 400人，而1970年仅为47 800人[②]。这期间虽有遵照毛泽东“七·二一”指示所办的工人大学，以及“文革”后期进行的招收工农兵学员的试点，但均以政治标准为主，实行推荐上大学，家庭出身和阶级成分成为影响高等教育入学机会的决定性标准。在政治标准的制约下，限制和剥夺了部分非无产阶级子女的教育权利，这就意味着有相当比例的非工农阶级子女在泛政治化的影响下，被限制或剥夺了平等的教育权利。这种阶级内部的平等思想，加剧了阶级间教育权利的分化，甚至出现了零分上大学的闹剧。

在教学上，“文革”初期，大部分高等学校都曾出现过校内派别组织相互对峙的局面，在相互争夺、武斗的过程中，一部分教学仪器、设备、图书资料被毁坏和丢失。“文革”中期，一批高等学校被撤销、合并和搬迁，这期间教学仪器、设备、图书资料均遭受极为严重的损失，有的学校的教学仪器、设备和图书资料几乎全部毁坏和丢失，教学设施损毁严重。同时，否定正规严格的学习和训练对现代人才成长的重要性和必要性。把基础课、专业课的学习、科研、实验称为“智育第一”、“三中心”、“老三段”。基础理论课被砍、减、改；实验室被破坏、实验课停开；专业课则以任务带教学，甚至根本不教学，只是以阶级斗争为

① 毛礼锐，沈灌群. 中国教育通史：第6卷［M］. 济南：山东教育出版社，2005：180.

② 阿特巴赫，马越彻. 亚洲的大学——历史与未来［M］. 邓红风，译. 青岛：中国海洋大学出版社，2006：40.

主课，办成无产阶级政治大学[①]。此外，因教材编审、出版机构被撤销，编审、编辑队伍被拆散，教材的出版发行被迫停顿，学校只能用自编讲义，但大多体系支离破碎、基础理论薄弱，以致教师无书可教，学生无书可读。如此情势，造成高等教育教学秩序混乱，教育质量严重下降，破坏了培养人才的正常进程，使许多部门出现了青黄不接的问题，与国家建设极不适应。

在科学研究上，全国范围内掀起了“横扫一切牛鬼蛇神”的运动，将高校师资统统归入资产阶级知识分子之列，不少在学术上有成就的知识分子被诬称为“资产阶级反动学术权威”、“学阀”、“内奸”、“反共老手”、“历史反革命”，横遭批斗，甚至被迫害致死。全国高等学校1965年有教授、副教授7 800人，1977年减少到5 800人，有些人就是在此期间受迫害致死的[②]，严重摧残了高等教育领域的学术基础。同时，在组织上，科研队伍及机构被冲散，领导科研工作的机构被撤销，科研工作难以形成规模。在舆论上，科研工作者动辄受到“白专道路”、“不关心革命”、“唯生产力论”等帽子的打压。在经费上，除个别与国防相关的院校外，大部分高等教育机构科研经费严重紧缺，投入得不到保障。此外，与国际同行交流的中断、各种学术研讨活动的停止、学术期刊和学报的停办等，都在一定程度上影响了高校科研工作的发展。

在社会互动上，“文革”伊始，各高等学校便开始了停课闹革命，师生成群结队或到社会上“造反”，或上山下乡、外出串联，或在校内开展批判斗争。高等学校不是立足于自身的人才和知识优势为社会提供服务，而是直接参与社会的政治活动中，批判资产阶级、讲劳动、讲改造、讲阶级斗争，所有这一切都具有鲜明的、压倒一切的政治意义和目的。高等教育领域成为全国政治运动、阶级斗争的主阵地和重要推手。

高等教育功能取向和行动的偏差，必然导致功能结果的失调。在社

① 高奇．中国高等教育思想史［M］．北京：人民教育出版社，2001：408.

② 《中国教育年鉴》编辑部．中国教育年鉴（1949—1981）［M］．北京：中国大百科全书出版社，1984：82.

会整体功能上，高等教育事业的衰退，使社会上滋生了“知识有害”和“读书无用”的不良思想，使得高等教育正常的社会流动功能受阻；高等教育入学标准的政治化，又使得既有的阶级分层通过高等教育得到强化和再制；而人类社会具有重大批判精神与引导功能的知识、信仰、权威、教育等主体的价值扭曲，对人的内心世界与外部行为，社会的合理规范与正常秩序均带来颠覆性的冲击，进而加剧了社会的失范。在社会部分功能上，高等教育的政治功能过于突出，文化科学知识的学习和研究逐渐萎缩、几近中断，高等教育成为政治权力和阶级斗争的实验田和主阵地。在个体功能上，育人功能也出现了偏执，高等教育要把学生高度社会政治化，培养能够批判资产阶级、敢于反潮流的“新人”，敢于打破一切的“革命小将”，用无产阶级专政思想武装起来的亦工亦农亦军亦文的“全面发展的人”。

“文革”期间我国高等教育出现的功能失调也是非正常的外因性失调，是因为背离了高等教育的基本规律，片面强调教育是无产阶级专政的工具、阶级斗争的工具，用政治运动冲击了招生、教学和科研等高等教育的基本活动，因而导致严重的、全面性功能失调。这种失调对我国高等教育以及社会发展带来了难以估算的损失。据估计，“文革”期间，高等教育为国家少培养了100多万名大专毕业生和10万名研究生①，并使中华人民共和国成立后我国在科学技术方面同西方国家业已缩小的差距又重新拉大。正如有关研究者在《“文化大革命”简史》中所言：“那场在神州大地上摧梁折柱的以‘无产阶级文化大革命’为名的政治大风暴，已经过去20年了。但史无前例的大内乱留下的创伤至深且巨，久久难以愈合，时而隐隐作痛。”② 作为“重灾区”和“发源地”的高等教育，至今仍受影响。

四、20世纪70—80年代苏联高等教育的衰退

20世纪70—80年代是苏联高等教育史上极为重要的时期，这一阶段苏联高等教育的发展速度明显减慢，由改革中缓慢发展而逐渐走向衰

① 曲士培．中国大学教育发展史［M］．北京：北京大学出版社，2006：433.

② 席宣，金春明．“文化大革命”简史［M］．北京：中央党史出版社，2004：1.

退，在1991年底随着苏联的解体而出现了较为混乱的局面。苏联高等教育之所以在该时期出现大面积的衰败，除当时的政治、经济原因外，还与自20世纪30年代以来形成的高等教育制度密切相关。这种高度集权化的高等教育制度虽历经数次调整，但一直没有得到彻底改革，因而高等教育改革与发展过程中的问题越积越多，日渐严重，严重限制了高等教育的健康发展，直接影响了高等教育功能的正常发挥。

在功能取向上，建立在计划经济体制下的高等教育受政府的严格控制，并为苏联的计划经济模式服务，以培养科学与技术人才为宗旨，追求高等教育与生产和科学的一体化，强化与国民经济生活的紧密联系①。

在功能行动上，招生中，设立有大学预科制度，招收具有完全中等教育程度的个人、农民和复员军人，并直接由农庄、企业、单位、农场等集体单位领导人推荐，读完预科并通过毕业考试的人可直接进入高等学校学习②。在教学上，教学管理高度集中，忽视学生的个别差异和特殊需要，不利于个性培养；同时高度集中的管理制度使得教学计划、教学大纲的修订十分不易，导致教学内容相对陈旧，无法适应当代科学技术迅速发展和知识更新速度加快的要求；教学的主要任务是向学生传授系统的专业知识和培养学生扎实的技能，上课是教学的绝对主要形式，并以教师的讲授为主，学生积极性不高。同时为增强与国民经济生产部门的一致性，设置了十分细化的专业，并大力发展工科教育。在科研上，强调教育、生产与科研的一体化，进行具有重要国民经济意义的科学研究工作，认为这样有利于高校和企业干部的广泛交流和共同提高，并鼓励大学生参与科研工作。在社会互动上，高校与企业、科学和文化机构、集体农庄和国营农场等合作紧密，一方面高校通过科研、参与劳动和实际工作为社会各部门提供直接服务，另一方面社会各部门也承担了一部分实验室、实验场地，并提供了一些培养费用。在文凭颁发上，不给毕业生授予学位而只给予专家称号。在就业上，毕业生由国家统一分配工作，按照各国民经济部门的人才需求计划进行统一分配。但20世

① 黄福涛．外国高等教育史［M］．上海：上海教育出版社，2003：307．

② 滕大春．外国教育通史：第6卷［M］．济南：山东教育出版社，1990：35-36．

纪 70 年代以后苏联各地的经济差异、生活条件差异扩大，许多学生不愿意服从国家分配，80 年代初每年有 7 万～8 万人不到分配地点报到①。

由于取向和行动的偏差，自然造成了高等教育功能结果的失调。在个体功能上，育人功能也出现了偏执，高等教育要把学生高度社会工具化，培养成国民经济机器的一个个“螺丝钉”，这种人才培养模式造就的人才“比较适合在生产结构分工较细的具体岗位上按学到的一套知识和技能开处方……不善于创造性地探索和解决新问题”。“在生产结构变化迅速、知识更新速度加快的情况下，他很难适应形势变化的要求”②。这种人才培养质量显然落后于科技革命的需要。在社会功能上，尽管这种集权化的高教管理制度初衷是为国民经济培养精细化的匹配人才，但这种指令性的计划培养却使高等教育不能根据经济建设和社会发展情况及时调适，因此时常出现与社会需求相脱节的现象，高等教育的经济功能、科技功能实际上并未能得到良好发挥。由于人才培养计划与社会需求的脱节，直接影响了对专业人才的分配和使用，相当一部分专业人才学非所用，不仅造成了人力资源的浪费，而且一定程度上影响了社会流动。80 年代开始毕业生不服从国家统一分配现象的增加，则加剧了不同地区之间的人力资源差异，严重影响了落后地区社会政治、经济的健康发展。

这一时期苏联高等教育产生的问题和导致的功能失调，原因是多方面的。既有内部原因，也有外部原因。其中内部原因是主要的：一是价值取向上过于追求与社会科技经济的接轨，因而导致专业培养目标、学生知识面等过于狭窄；二是长期以来，苏联政府对高等院校管得过死过细，高等教育的人才培养规格、专业设置、课程结构、课时比例、招生人数及毕业生分配去向等重大问题，都由国家及有关职能部门决定，高等学校只能按照中央或上级精神执行，缺乏必要的办学自主权，阻碍了高校的办学积极性，限制了高校根据社会发展灵活调整教育行为的可

① 贺国庆，王保星，朱文富，等．外国高等教育史［M］．北京：人民教育出版社，2006：561.

② 国家教育委员会教育发展与政策研究中心．当代国际高等教育改革的趋向［M］．北京：高等教育出版社，1988：35-36.

能，影响了高等教育的健康发展。例如在规模上，1970 年苏联各类高等院校大学生为 468 万人，1981 年增为 538.4 万人，年增长率为 1.6%，而到 1985 年，在校大学生却比 1980 年减少了 2%①。

五、高等教育功能失调的历史启示

“观今宜鉴古，无古不成今。”反观历史进程中高等教育的发展危机与功能失调的例证，就是为了以史为鉴，从中吸取历史教训，以便更好地发挥当下的高等教育功能。

（一）坚持育人为本是避免高等教育功能失调的前提

高等教育的本质是一种发展高深知识，以此为中介培养高级专门人才，并发挥特定作用的社会活动，与其他社会活动有着本质的区别，有其自身发展的客观规律，这些规律是决定其发展方向和功能实现的根本原则。其中最基本的规律是育人规律，因为人是高等教育的存在前提，高等教育是通过对人的培养来促进人的发展和实现个体的社会化，并且通过培养人来促进社会的发展，为社会服务的。高等教育功能的实现状况如何，与学生接受高等教育后的身心发展状况、个体素质养成密切相关，因此高等教育必须适应学生身心发展的特征，促进青年学生德智体等方面全面和谐地发展。这是高等教育的基本功能，什么时候坚持了育人为本，高等教育功能实现就不会出现大的偏差和失误，什么时候违背了这一规律，高等教育功能必然出现失调。

我国“文革”期间，由于片面强调教育是无产阶级专政的工具、阶级斗争的工具，忽视了高等教育培养人才的本质使命，将高等教育混同于一般政治活动，最终，非但未能构建起符合我国国情的、符合教育发展趋势的理想“教育”，实现“教育革命”的终极目标，反而对高等教育功能的正常发挥造成了极大的破坏和阻碍，造成了高等教育事业的严重混乱和倒退。日本和德国二战期间的高等教育危机，则在于将高等教育作为推行法西斯思想和军国主义的工具，人才培养的目标和取向出现了偏差，这样的高等教育造就的不是追求真善美的身心和谐发展的人

① 贺国庆，王保星，朱文富，等. 外国高等教育史［M］. 北京：人民教育出版社，2006：558.

才，而是信仰法西斯主义和盲目效忠于天皇或希特勒的年青一代军国主义分子或纳粹分子，因而在高等教育活动中不注重知识传授，而是强调强健身体和效忠于天皇或希特勒的道德训练。人是社会的主体，是高等教育功能发挥的主要中介，这种育人功能的偏差必然导致社会功能的失调，在此意义上说，坚持育人为本是避免高等教育功能失调的前提。

（二）正确处理社会因素与高等教育的关系是高等教育功能协调的关键

高等教育作为社会的一个子系统，其产生、变化和发展都要受到社会政治、经济、文化等因素的制约。政治因素会影响到高等教育的领导权、受教育权、教育宗旨等，经济发展水平会影响到高等教育的发展规模与速度、基础设施与条件等，文化因素会影响到高等教育的理念、内容、方法等，这些因素制约着高等教育的发展水平与功能实现。而高等教育作为一个相对独立的系统，又有其自身的能动作用，对社会有其独特的社会功能。因此处理好社会各因素与高等教育的关系是保障高等教育和谐发展与功能协调的关键。一方面高等教育必须适应社会政治、经济、文化等方面的发展，另一方面还要发挥自身能动性，促进社会各因素的发展。正像学者成中英所说："大学教育仅仅做到配合和满足社会的需要，而不能树立标准，展示理想，坚持价值，则大学势必变成社会的附庸。"[①] 高等教育虽然与社会政治、经济、文化等保持着这样或那样的联系，但又总是与各种社会欲望保持一定的距离，因为它在本质上是追求知识和真理的事业，这就决定了它对社会的适应和服务应该是有条件、有限度、自主性的。无论上层建筑和生产力对高等教育起多大的制约作用，政治与经济本身并不能取代高等教育，因为高等教育主要是通过培养高级人才、发展科学来作用于社会而不是无原则地直接参与社会生活，特别是政治生活。我国"文革"时期的高等教育的危机，就是因为将政治凌驾于高等教育之上。同样，若过于强调高等教育的经济功能，高等教育也必然滑向过分的功利主义和实用主义[②]。苏联高等教育

① 冉云飞．沉疴：中国教育的危机与批判［M］．海口：南方出版社，1999：373.

② 董宝良．中国近现代高等教育史［M］．武汉：华中科技大学出版社，2007：392.

在20世纪70—80年代出现的衰退部分源于过度追求对社会经济生活的适切与同构。而欧洲传统大学的功能危机倒是提醒我们，作为以高深知识为自己独特资源与功能发挥依据的高等教育，必须对知识文化的发展演变保持高度关注并做出及时调适。知识是高等教育立身的根基，一旦丧失了知识资源的先进性、科学性，高等教育的合理性基础必然消解，功能失调自然出现，若不能及时调适，导致生存危机也只是早晚的事情。

（三）保障学术自由与自治是高等教育功能正常发挥的基础

高等教育与国家、市场等外部因素的关系制约着高等教育功能的取向、行动，进而影响着其功能的发挥，而在维护高等教育与国家、市场协调的关系中，“被理解为个人和集体的权利与职责之集合的学术自由”至关重要。正是学术自由的原则使得高等教育机构在许多方面有别于其他各级教育机构与研究组织。近代历史有力地证明了必须捍卫学术自由的原则，因为它是高等教育机构存在和正常发挥功能的先决条件。因此，必须赋予高等教育机构适当的法定自治权，以允许它们能够坚守本质，并可以针对实际情况在社会中发挥其创新的、反思的和批判的功能①。对此，英国学者H. 珀金有过精彩论述，他说：“就大学为了追求和传播知识需要自由而言，当种种控制力量软弱分散时，大学知识之花就开得绚丽多姿；就大学需要资源维持办学，并因此依赖富裕、强大的教会、国家或市场支持而言，当种种控制力量强大时，大学在物质上就显得繁荣昌盛，但是这种力量可能——也的确常常——以各种有害于教学和研究自由的方式实行控制。因此便出现了这种奇怪现象：当大学最自由时却最缺乏资源，当它拥有最多资源时则最不自由。”尽管他所指为大学，但大学是实施高等教育的组织载体，因此其揭示的也正是高等教育与国家、市场等因素的关系。这种自治与自由一旦消失，高等教育必将沦为各种势力的附庸，出现功能畸变与失调，苏联20世纪70—80年代出现的高等教育衰退很重要的原因就是政府管制过多，自由受限。同时，H. 珀金也指出：“并不是说自由可以自动地结出丰硕的学术之

① 赵中建. 全球教育发展的研究热点：90年代来自联合国教科文组织的报告[M]. 北京：教育科学出版社，1999：154.

果”，但是“控制一定会阻碍学术水平”①。可见，学术自由和学校自治的原则作为高等教育功能发挥的重要影响因素，如果使用不当，也可能成为高等教育专业疏忽或功能缺失的借口。欧洲传统大学的历史危机部分源于因自治与自由而伴生的惰性与保守。因此，我们应该在给予高等教育机构充分自由的同时，建立相应的职责监督和评价机制并培育其良好的责任意识与学术伦理。只有这样，才能在高等教育与社会各功能主体之间实现需求与供给的张力平衡，保障高等教育功能的协调发挥。

第三节　高等教育功能变迁的发展趋势

随着时代的发展，高等教育面临着新的内外部变化与挑战，其功能实现也面临着新的要求。高等教育只有与时俱进、及时调适，实现功能的累积、分化与转变，才能担负起自身应有的责任，真正成为社会的中心。

一、高等教育功能变迁的时代背景

（一）知识经济：我国高等教育发展的宏观背景

随着社会的发展，人类已经开始进入知识经济时代。早在 20 世纪 60 年代，就有学者提出了“知识产业”的概念。其后，美国社会学家丹尼尔·贝尔（Daniel A. Bell）在《后工业社会的来临》中、阿尔温·托夫勒（Alvin Toffler）在《第三次浪潮》中、约翰·奈斯比特（John Naisbitt）在《大趋势》中，均对知识与经济、社会的关系做出过论述。1996 年，经济合作与发展组织（OECD）在题为《以知识为基础的经济》的报告中，对“知识经济”给予了明确界定：知识经济是建立在“直接依据知识和信息的生产、分配和使用”之上的经济②。进而人们将以知识经济为主导的社会时期称为继农业经济时代和工业经济时代之后的第

① 克拉克．高等教育新论：多学科的研究［M］．王承绪，徐辉，郑继伟，等译．杭州：浙江教育出版社，2001：26.

② 经济合作与发展组织（OECD）．以知识为基础的经济［M］．杨宏进，薛澜，译．北京：机械工业出版社，1997：1.

三种社会时期，即知识经济时代。

知识经济时代的社会将具有以下主要特点：

一是知识成为社会发展的基础。在知识经济时代，知识成为最重要的生产要素。农业经济时代的首要生产要素是土地，工业经济的第一生产要素是货币资本，而知识经济最重要的生产要素则是无形的知识。知识的贡献率大大超越了物质资源等的贡献率。如世界经济合作组织估计其主要成员国 GDP 中有 50%以上是以知识为基础的；从纵向的历史进程来看，从 20 世纪初到 90 年代，科技进步对经济增长的贡献率已从 5%～20%提高到 70%～80%，并且这种比例仍在持续增长[①]。知识与生产的结合日益紧密，甚至融为一体。

二是知识更新与交流的速度加快。在知识经济时代，知识的更新速度比以往要迅捷得多。“据统计，2000 年人类知识的 99.4%是 20 世纪 80 年代以后获得的，只有 0.6%的知识是 80 年代以前积累的。预计到 2050 年，人类现在所掌握的知识届时将只占知识总量的 1%，知识增长速度的变化可以用‘核裂变’来形容。”[②] 知识分化加速，学科划分越来越精细。出版业和印刷业飞速发展，网络等信息媒介高度发达，使得知识传递能够突破时间与空间的阻隔，容量与形态的限制，知识和信息的交流更加快速高效。

三是学习化社会即将形成。在知识经济时代，学习将成为人生不可少的重要部分，因此有的学者更为敏锐地指出，知识经济本质上是“学习经济”，即劳动者不仅要具备知识，而且要乐于并不断地学习知识。只有劳动者不断地学习新的知识，才能积极地面对变化和革新[③]。学习目的也由单纯为了生存需要的学历教育、技能教育转向满足自己文化、休闲、娱乐需要的全方位教育。同时，知识成为经济与地位的象征，既

---

① 王晓华，任胜洪．知识社会：高等教育职能的超越与整合［J］．北京科技大学学报（社会科学版），1999（3）：87-91．

② 钮茂生．在中央国家机关共青团工作会议上的讲话［EB/OL］．［2016-11-06］．http：//www.jgjy.gov.cn/newss/newsreport.asp? NewsID=8641．

③ 张民选．扩展高等教育规模的理念——半个多世纪的抉择［J］．高等教育研究，1999（4）：93-97．

有助于形成尊重知识与人才的社会风气，也更加激发人们自觉地学习知识，推动学习化社会的实现。

四是个性化与多样化发展受到重视。具有创新精神和创新能力的人才成为影响知识经济的关键因素，而人的个性培育和全面发展是培养创新人才的前提。因此，在知识经济时代，个性化和多样化将得到社会和个人的重视。既强调共性发展，又注意个性发展；既讲求对人的统一性要求，又追求个体的多样化发展。一改工业经济时代“批量生产”、整齐划一的现象，社会将能够满足人们的不同需求①。

在知识经济时代，“知识”和“知识的运用者与创造者”成为经济增长的动力源，而“知识的运用者与创造者”的培养和质量提高在很大程度上取决于人才培养机构尤其是高等教育领域功能的发挥。知识经济时代社会的发展与变化对高等教育的文化功能、育人功能和社会功能提出了新的要求。首先，知识与信息发展的新特征增加了人们接收、筛选、审查、整合新知识的难度，也给高等教育发展提出了挑战。特别是我国高等教育原本就基础薄弱，经过“文革”期间十余年的停滞后很快就面临了知识经济与信息化社会的挑战，缺乏国外发达国家高等教育的基础和铺垫，科学飞速发展和知识爆炸，以及高等教育“知识中心”地位的日益突出，促使高等教育必须承担更大的责任来为知识的生产、传递与应用服务。其次，知识经济时代的到来既为人们接受高等教育提供了更多的机会和条件，又对高等教育提出了培养更多高素质、个性化、多样化人才的需求。正如法国教育家保罗·朗格朗（Paul Lengrand）所言：“赋予学校教育的使命也大大增加了，因为，它将要针对着作为整体的人的发展，而不是像过去那样把精力只集中在知识的传播上。”② 最后，学习化社会的形成和知识更新与交流速度加快，要求高等教育管理方式弹性化、教育方式灵活化、教育资源共享化、办学方式多样化以提供更多的机会和形式满足人们日益增长的对高等教育的需求。

---

① 朱国仁．知识经济时代高等学校的职能［J］．机械工业高教研究，1999（2）：7-11．

② 朗格朗．终身教育引论［M］．周南照，陈树清，译．北京：中国对外翻译出版公司，1985：128．

（二）社会转型：我国高等教育面临的特殊国情

当前，“社会转型”已成为社会科学界普遍使用的一个热门术语，关于“社会转型”的含义，我国社会学者主要有三方面的理解：一是指体制转型，即从计划经济体制向市场经济体制的转变。二是指社会结构变动，如李培林认为：“社会转型是一种整体性发展，是一种特殊的结构性变动……社会转型的主体是社会结构，转型的具体内容是结构转换、机制转轨、利益调整和观念转变。”① 三是指社会形态变迁，如陆学艺等指出，社会转型即“指中国社会从传统社会向现代社会、从农业社会向工业社会、从封闭性社会向开放性社会的社会变迁和发展”②。

上述关于“社会转型”含义的论述，从不同方面解读了社会转型的内涵。各个国家在社会转型期的社会特征既有共性，也有差异。概而言之，我国社会转型期具有如下社会特征：

一是体制转型是动力，结构转型是表现，形态转型是结果。经济体制改革是这次社会转型的重要动力。计划经济体制向市场经济体制的转轨，带来“人们的思想观念、社会政策走向、社会规范和制度都以市场化为轴心转移。市场社会的特征日益显著”③。结构转型是这次社会转型的具体表现。在结构转型方面，所有制结构中非公有制经济的比重大幅度增加，产业的发展正在从量的增长高速迈向结构升级，城市化的加速正在日益强烈冲击城乡分割的二元结构，社会中新的社会利益集团逐步形成……④形态转型是社会转型的结果。正是通过体制的变革，带动了社会经济结构、生活状态等多方面的转变，从而使我国社会整体上呈现出由传统社会、农业社会、乡村社会、封闭社会、同质单一性社会和伦理社会向现代社会、工业社会、城镇社会、开放社会、异质多样性社会

---

① 李培林. 另一只看不见的手：社会结构转型［J］. 中国社会科学，1992（5）：3-17.

② 陆学艺，景天魁. 转型中的中国社会［M］. 哈尔滨：黑龙江人民出版社，1994：4.

③ 宋林飞. 中国社会转型的趋势、代价及其度量［J］. 江苏社会科学，2002（6）：30-36.

④ 张琢. 中国改革开放以来的经济发展与社会变迁的量化分析［J］. 湖北民族学院学报（哲学社会科学版），2000（4）：1-9.

和法制社会的大转型[①]。

二是多种社会形态共存，地区差异比较明显。我国的社会转型是在工业化水平还不高的基础上进行的，虽然整体上已经进入工业社会，但农业社会的特征还大量存在，同时知识经济又初见端倪。东部沿海地区城镇化水平较高，第三产业发展迅速，而中西部地区则依然以传统产业为主导，城镇化和第三产业发展缓慢。城市的经济和生活已经初步呈现出开放社会和法制社会的特征，而广大农村还大多停留在宗族社会和伦理社会的状态。

三是既是快速发展期，又是矛盾多发期。2003 年，我国人均 GDP 突破 1 000 美元，2006 年达到了 2 042 美元。这意味着我国经济社会已经开始进入向人均 GDP 3 000 美元跨越的特殊阶段。许多国家的发展历程表明，在人均 GDP 突破 1 000 美元之后，经济社会发展就进入了一个关键阶段。从国际经验看，这一时期既是黄金发展期，同时也是矛盾凸显时期。在我国，社会快速转型的同时，也产生和累积了许多复杂的矛盾和问题。如就业、贫富分化加剧、农民工、生态失衡与环境破坏、黑恶势力猖獗等社会问题。

面对不断生发的矛盾和问题，党和政府审时度势，提出了坚持“科学发展观”和创建“和谐社会”的理念。“科学发展观”与“和谐社会”理念的提出不仅为我们破解发展难题，创新发展思路，全面建设小康社会提供了强大的思想武器，也为我国高等教育的改革与发展提供了正确的指导思想。

首先，随着“市场社会”的形成，一方面，高等教育的部分领域正在扩大产业化经营，因此，教育资源的开发和利用需要考虑教育消费者的需要；另一方面，在“市场社会”中，个体的价值更为突出，受教育者的主体地位得到重视。因此，高等教育的个体服务功能需要加强。

其次，经济结构的调整，促使我国由“劳动密集型”向“技术创新

① 董泽芳，李晓波．高等教育公平观与高等教育分流［J］．中国地质大学学报（社会科学版），2003（5）：55-58.

型”国家转变。作为人才和知识集中地的高等教育系统，必须肩负起国家知识创新和技术创新的使命。

再次，社会转型期生发的诸多社会问题，要求高等教育系统不仅应成为社会物质领域的“创造源”、“人才库”与“孵化器”，更应成为社会精神领域的“思想库”、“评判场”与“导航灯”。应该在适应经济与科技发展的同时，敢于对政治方向加以引导，强化对不良文化的批判，倡导对精神价值的追求，呼唤对生态环境的珍视，加强对社会公平的维护，践行对弱势群体的关怀，从而引领社会进步，推动三大文明协调发展。

最后，在社会转型进程中，高等教育机构作为区域社会的一分子，对区域发展有着极其特殊的影响。高等教育不仅要为当地经济社会发展提供智力、舆论支持，而且要敢于批判和揭露地方发展的弊端和问题，通过“服务与引领”赋予地方一种“长期持续发展”的潜质，形成区域政府与高校之间的良性互动机制。

（三）多样发展：高等教育功能演变的自身形势

在随时代发展变化的过程中，高等教育也呈现出了自身的一些特点：

1. 高等教育大众化

高等教育自中世纪开始制度化以来，一直是培育少数社会精英和专业人才的机构。第二次世界大战以后，高等教育经历了前所未有的快速扩张，1200 年—1985 年间共设立了 1 854 所大学，其中有 1 101 所设立于 1950 年—1985 年①。主要发达国家均在这一时期实现了高等教育的规模扩张，如美国高等教育入学率由 1958 年的 21.2%上升到 1968 年的 30.4%，英国高等教育入学率则从 1962—1963 年度的 7.2%迅速增长到 1971—1972 年度的 14.2%②。另据联合国教科文组织一项关于高等教育入学人数的预测表明，尽管发达国家和发展中国家的发展还不平衡，但总体上全世界大学生人数将从 1991 年的 6 500 万，增加到 2000 年的 7 900 万、2015

---

① ALTBACH P G. International higher education: an encyclopedia [M]. New York: Garland Press, 1991: 2.

② 纪宝成. 我国高等教育大众化进程中的挑战与对策 [J]. 高等教育研究，2006 (7): 1-10.

年的 9 700 万和 2025 年的 1 亿人。发展大众化的优质高等教育将成为未来若干年的主要挑战[1]。

面对高等教育的迅速扩张，各国学者做出了不同的理论解释。其中以美国加州大学马丁·特罗（Martin Trow）教授的“高等教育三阶段理论”最为典型。他提出高等教育毛入学率低于 15%为精英教育阶段，15%～50%为大众化教育阶段，超过 50%为普及教育阶段[2]。近几年来，我国高等教育依靠政策推动，总体规模持续扩大，高等教育毛入学率由 1998 年的 9.8%上升到 2016 年的 42.7%，已由精英教育阶段迈向大众化教育阶段。特罗同时也指出，15%、50%并非只是表面意义上的简单数字，而是一种标志。“是在说明由于高等教育规模在量上的增加，高等教育的全部活动都要发生变化。”[3] 这种变化不仅包含量的增长，还包含质的变化。高等教育从精英教育阶段向大众化教育阶段的转变，不仅是毛入学率的提高，而且意味着高等教育的观念、功能、学校类型与规模、质量标准、入学与选拔方式、教育内容和学科专业设置、教学管理方式等方面的全方位变革[4]。若从大众化阶段“量”的指标来衡量，我国已进入了高等教育大众化的门槛，但若从“质”的方面来讲，我国高等教育尚未完全具有大众化阶段的特征。这种“质”的变化需要我们面对急剧扩大的高等教育规模，在高等教育观念、目标、内容、结构、学术标准、功能、办学形式以及管理制度等方面做出相应调整。

2．高等教育终身化

终身教育思想作为一种国际教育思潮，兴起于 20 世纪 60 年代。最早提出终身教育并全面论述其思想的，是法国教育家保罗·朗格朗，他于 1965 年在联合国教科文组织召开的成人教育会议上首次以“终身教

---

① 赵中建．全球教育发展的研究热点：90 年代来自联合国教科文组织的报告［M］．北京：教育科学出版社，1999：138.

② 马丁·特罗．从精英向大众高等教育转变中的问题［J］．外国高等教育资料，1999（1）：4.

③ 邬大光．高等教育大众化理论的内涵与价值——与马丁·特罗教授的对话［J］．高等教育研究，2003（6）：6-9.

④ 马丁·特罗．从精英向大众高等教育转变中的问题［J］．外国高等教育资料，1999（1）：4.

育”为题做了报告，他认为：“学校教育，与整个教育过程相比，将只占一个较短的时期。从教育这个词的完整意义上讲，它占用的是人的成年时期……学校教育将成为充分的、完整的教育过程中相当重要的具有决定意义的序曲。”因此，“赋予学校教育的使命也大大增加了，因为，它将要针对着作为整体的人的发展，而不是像过去那样把精力只集中在知识的传播上”①。

终身教育思想对高等教育的发展产生了重大影响。由于当代乃至未来科技发展一日千里，知识更新速度加快，职业转换机会增加，传统的一次性高等教育已不能满足科学技术发展对人的要求，接受高等教育将成为一个人终生的过程和需要。高等教育不仅应在横轴面上达到普及，而且应该在纵轴面上为不同年龄阶段的人提供继续学习、不断学习的机会，不仅提供学历教育，而且要培养学生终身学习的能力，帮助学生规划未来的人生，这是终身教育理念下高等教育的应有之意。

在高等教育终身化方面，各国已经采取了许多措施，建立了各级各类终身化高等教育机构，而且有向高层次方向发展的趋势。例如美国的一些大学开设进修班，为在职人员进一步接受高等教育开辟道路；法国设立了“国立技术学院”，供科技人员在职进修；瑞典的大学实行“回归制”，学生可以选择“学习—工作—再学习—再工作”的学习过程②。我国政府也一直重视终身教育活动的开展。1995 年《中华人民共和国教育法》中明确提出，要“建立和完善终身教育体系”；1999 年发布的《面向 21 世纪教育振兴计划》又进一步明确：“终身教育将是教育发展与社会进步的共同要求”，到 2010 年“基本建立起终身学习体系”。在高等教育方面，实行了电大、函授、高等教育自学考试等多种形式以满足人们的高教需求。可见，终身教育以及高等教育终身化已经逐渐由理想成为我们教育发展和社会发展的现实。

① 朗格朗. 终身教育引论［M］. 周南照，陈树清，译. 北京：中国对外翻译出版公司，1985：128.

② 杨汉清，韩骅. 比较高等教育概论［M］. 北京：人民教育出版社，1997：331-332.

3. 高等教育国际化

尽管对于高等教育国际化的涵义，有“方法说”、“过程说”、“结果说”等多种观点，至今尚无定论，但高等教育国际化已经成为世界高等教育发展的重要趋势，各国家和地区都积极推动本区域高等教育的国际化进程。如1999年6月19日，由欧洲29个国家教育部长签订的《波洛尼亚宣言》提出，到2010年欧洲高等教育国际化要达到建立欧洲高等教育区，互认学位，学分互换，以及促进欧洲各国高等教育交流与合作，实现相对统一的欧洲区域高等教育制度等五项目标①。美国1996年就制定了《国际教育法》，而后在《美国2000年教育目标法》中又继续强调教育国际化，明确提出采用“面貌新，与众不同的方法使每个学生都能达到知识的世界级标准”②。

高等教育国际化的内容主要体现在如下几个方面：一是教育观念国际化。即在办学观念、培养目标等方面向世界主流看齐，从全球的视角出发来认识高等教育的改革和发展问题。日本政府早在20世纪50年代中期就已经意识到，以国际化观念进行教育改革是关系到国家生存与发展的重要问题③。二是课程国际化。即在课程中增加国际化的内容，采取国际化的形式，借鉴国际先进的课程组织和评价方法，并开展国际理解教育课程。三是人员（教师与学生）的国际交往。据联合国教科文组织调查，1960年全世界留学生数约24.5万，1980年上升至97.7万，1999年为150万，2003年超过了225万，2010年估计会超过450万④。而具有国际知识和经验的教师可以直接推动教学、科研向着国际化的方向发展，因此选派教师到高等教育发达国家进修学习、延聘外国优秀师

① 顾明远. 世界高等教育发展的基本趋势和经验 [J]. 北京师范大学学报（社会科学版），2006（5）：26-34.

② 杨德广. 面向21世纪中国高等教育五大发展目标 [J]. 上海交通大学学报（社会科学版），1999（3）：19-25.

③ 陈学飞，雷静. 国际化——90年代国际高等教育发展的一大趋势 [J]. 有色金属高教研究，1999（4）：19-26.

④ 王亚飞. 发达国家境外消费教育服务贸易及其启示 [J]. 河北经贸大学学报，2006（1）：61.

资到本国任教也成为高等教育国际化的重要形式，如新加坡国立大学就在纽约和伦敦设立教师招聘办事处，派专人到欧美、日本、澳洲等地名牌大学聘请学者来校任教①。四是学术研究与交流的国际化。即各国家和地区通过国际合作项目、研究人员的互访和交流、召开国际学术会议等形式开展国际交流与合作。五是教育制度与管理模式的国际化。即引进国际先进管理制度或通用的管理模式带动本国高等教育管理活动的发展。例如我国许多高校就引入了 ISO9001 质量管理体系认证。六是各国的境外办学或国家间的合作办学。

我国自改革开放以来，高等教育国际化的步伐大大加快。国家出台了一系列政策法规，并通过多种途径开展国际化教育活动。一是选派师生出国留学。教育部发布的《中国留学回国就业蓝皮书 2015》显示，自改革开放到 2015 年底，我国出国留学人数从 1978 年的 248 人增至 2015 年的 40.91 万人，累计出国留学人数已达 404.21 万人，出国留学人数年均增长率为 19.06%②。二是接受来华留学。2016 年共有来自 205 个国家和地区的 442 773 名各类外国留学人员在 31 个省、自治区、直辖市的 829 所高等学校、科研院所和其他教学机构中学习，比 2015 年增加 45 138 人，增长比例为 11.35%，比 2012 年增长了 35%，中国已成为亚洲最大留学目的国③。三是开展中外合作办学。据统计，1995 年全国中外合作办学机构或项目只有 71 家。2015 年，中外合作办学机构或项目达到 2 371 家，在校生总数 56 万人。其中，高等教育阶段在校生约有 46 万人。20 年间平均每 3 天就诞生一个中外合作办学机构或项目④。截至 2016 年年底，我国还在全球 140 个国家（地区）建立 512 所

---

① 方红，周鸿敏. 高等教育国际化的发展特点与趋势 [J]. 江西社会科学，2007 (2)：215-218.

② 马海燕. 中国累计出国留学人数逾 400 万 回国人数超 220 万 [EB/OL]. [2016-10-05]. http://www.chinanews.com/gn/2016/03-25/7811670.shtml.

③ 教育部. 2016 年度我国来华留学生情况统计 [EB/OL]. [2017-03-29]. http://www.moe.edu.cn/jyb_xwfb/xw_fbh/moe_2069/xwfbh_2017n/xwfb_170301/170301_sjtj/201703/t20170301_297677.html.

④ 中国平均每 3 天诞生一个中外合作办学机构或项目 [EB/OL]. [2017-03-29]. http://edu.163.com/15/1202/06/B9QDT98A00294MP6.html.

孔子学院和 1 073 个孔子课堂①，中国高等教育的国际影响日益扩大。此外，还通过多种活动开展高等教育的国际合作和交流，例如，自 2001 年始每年一次的“高等教育国际论坛”，自 2002 年始每两年一次的“中外大学校长论坛”，自 2014 年始每年一次的产教融合发展战略国际论坛……

4. 高等教育网络化

20 世纪后半叶，信息技术得到了飞速发展，以互联网为标志的信息革命席卷全球，也对教育产生了深刻影响。网络教学以其不受时间和地点限制、收费低廉、选择多样等特点，对传统的教学模式形成严峻挑战。许多国家从 90 年代初期就开始重视教育信息化建设。例如美国于 1993 年就提出，要把教育广泛构架在因特网上，使信息高速公路通向每一所学校、教室和图书馆。英国、法国、芬兰、日本、韩国、新加坡都纷纷制订规划，加快发展教育信息化。我国 1999 年发布的《面向 21 世纪教育振兴行动计划》中，把“实施现代化远程教育工程”、形成开放式教育网络、构建终身学习体系作为重要内容。几年来，信息技术和网络已经在全国高等学校普及②。

随着网络化的普及，高等教育机构可能遭遇自诞生以来最大的变革。传统高等教育赖以维系的地域特征、教学模式、课程设置、学科结构、知识组成和交往方式等都将发生彻底变革。高等教育机构所承载的高深知识不再被少数学术组织所垄断，可以最大限度地实现优质教育资源的全球共享，同时知识的高深性趋弱，代之为世俗化与多样化，以至于最后教育也变成了可以通过人造卫星和有线电视购买的个人消费品。高等教育机构的地域特征将消失，大学的疆域将突破国界和校园的限制，延伸到数字化符号可以达到的全球任何地方③。近年来兴起的美国凤凰城大学、英国的空中大学等虚拟网络大学，就完全以网络传送、远距离教

① 孔子学院总部/国家汉办. 关于孔子学院/课堂 [EB/OL]. [2017-03-29]. http://www.hanban.edu.cn/confuciousinstitutes/node_10961.htm.

② 顾明远. 世界高等教育发展的基本趋势和经验 [J]. 北京师范大学学报（社会科学版），2006 (5)：26-34.

③ 朴雪涛，郭瞻予. 制度变迁视角下的三种大学类型 [J]. 辽宁教育研究，2004 (4)：17-19.

学的方式授课，以低廉的学费，为人们提供更多的获得高等教育文凭的机会。尽管传统的高等教育模式仍然是未来高等教育的主流，但是网络高等教育的兴起却拓宽了高等教育的活动领域，增强了高等教育的供给能力。高等教育网络化不仅扩大了高等教育的功能，而且成本更为经济。

二、高等教育功能变迁的发展趋势

面对社会与高等教育自身的发展变化，高等教育功能的实现也需要从取向到行动，乃至结果做出应答与调整。

（一）功能取向的平衡与综合

功能取向的平衡是指人们能够平等看待高等教育各功能主体的需求，避免过分强调和重视某一功能主体的需求而忽视其他主体合理需求的现象。

功能取向的综合是指人们在对高等教育的发展方向和预期结果做出选择时，能够统筹考虑人、文化（知识）与社会三大功能主体的发展需要，采取能够促进三大功能主体协调发展的综合的价值策略。在当前社会取向过于强大并日渐脱离以培育人才、发展知识为基础的情势下，更要注意育人取向与文化取向的维护。

从育人角度看，首先，人是高等教育活动之所以存在的根本前提，正如纽曼所说："如果大学的目的是为了科学和哲学发现，我不明白为什么大学应该拥有学生。"① 育人是包括高等教育在内的一切教育活动的核心。其次，知识经济的到来使人们重新认识了人的价值——人不是简单的创造资本的工具，人是社会的主人，人的发展、人类的发展是第一位的，人的创造，归根到底是为了人类自身的发展。再次，我国转型期的社会特征也需要我们坚持高等教育的育人取向，社会主义市场经济的建立，使个体的价值更为突出，受教育者的主体地位得到重视，高等教育的个体服务功能需要加强；和谐社会的构建和"以人为本"的主张，告诉我们人不仅是社会发展的目的，也是社会发展的动力，更是对人在社会发展中的主体地位和作用的肯定，坚持以人为本就是要把人的发展

① 纽曼．大学的理想［M］．徐辉，顾建新，何曙荣，译．杭州：浙江教育出版社，2001：1.

置于一切发展的中心位置。最后，高等教育大众化和终身化的趋势，使接受高等教育逐渐成为一种生存性需求，个体接受教育的质量与其社会分层与流动关系更为密切，提高培养质量首先需要确立“以生为本”的价值取向。

从文化角度看，首先，大学作为人类精神理想的象征，作为社会主流文化的策源地和集散地，它构筑的是精神文化的“象牙塔”，从一定意义上说，发挥文化性功能是高等教育机构存在与发展的生命线。其次，全球化拉近了人们的距离，但也使我们面临更多的政治、文化和种族分歧与歧视，高等教育国际化进程的加快，不可避免地会带来发达国家对发展中国家的文化殖民，高等教育应该承担更多的文化责任，以缩小多元文化差异、维护本土文化独立。最后，知识是文化的载体，文化功能可以通过知识来表征。知识经济时代，知识成为比土地、能源、资金等资本更重要的社会基本资源，成为决定经济和社会发展的主导力量。而“大学是这样一种社会机构，它能够很好地整合知识的创造、加工、传播和应用”①。因此，高等教育机构必须更为重视知识与文化的发展。

综上所述，面对时代背景的变迁和高等教育自身的发展形势，必须使育人取向和文化取向得到应有的重视和维护。但重视育人取向与文化取向，并非意味着忽视高等教育功能的社会取向，而是要实现三种取向的综合与融合。因为，随着时代的进步和社会的发展，拥有智力和人才优势的高等教育系统不可能偏安一隅、自我欣赏，而必须走出象牙塔。正像联合国教科文组织在《教育：财富蕴藏其中》中指出的那样，在智力资源作为发展因素与物质资源相比将越来越占优势的未来社会，高等教育和高等教育机构的重要性只会日趋增加，高等学校应该处于影响着整个社会的深刻变革的中心地位，高等教育系统必须承担更大的社会责任，发挥更重要的社会功能。因此，应该确立育人取向的中心地位，将育人和发展文化作为高等教育的两大根本任务，并以此为中介实现更为

---

① 闵维方．发展知识经济的关键与大学的使命［J］．教育研究，1998（9）：29-33.

有效的社会互动。

（二）功能行动的丰富与增效

功能行动体现在招生、培养、就业等各个环节与教育、教学、管理等各个方面，与高等教育功能发挥密切相关的主要有招生、教学、科学研究、社会互动、颁发文凭和学生就业等工作与活动。在知识经济和学习化社会，面对高等教育大众化等变化形势，高等教育系统的功能行动必然发生质的变化，功能行动更加丰富多样，效果更加优质高效。功能行动的丰富是指根据社会及高教自身的变化，各功能行动不断拓展行动内容，改进行动方法，拓宽活动途径，呈现出更为丰富多样的状态。功能行动的增效是指通过多样化的行动内容、形式和方法，招生、就业等工作和教学、科研等活动的效果得到进一步的改善和提升。其中，丰富是形式，增效是结果，二者相辅相成，共同影响高等教育育人功能、文化功能和社会功能的最终实现。

具体而言，在招生工作上，一方面，打破传统的以高考笔试分数为唯一标准的国家统一录取方式，分数与能力兼顾，经历与素质并重，加大对中等教育经历的考察，形成在笔试基础上，面试、专家和学校推荐、特长生免试录取、高校自主招生等多种形式为补充的招生录取方式。另一方面，招生制度与程序更加公平、公开、公正，各地区招生中的制度差别缩小乃至消失，对社会弱势群体子女能够采用一些“非学术标准”以保证其接受高等教育的平等权利。

在教学活动中，教学观念上能够既重成才教育又重成人教育，既重智力又重智慧，使学生既有高深知识又有高尚人格；在教学内容上，既重知识传授又重心灵塑造，既重科学知识又重人文教育，既重职业技能又重创新素质，使学生能够全面发展；在教学管理与制度安排上，既重统一要求又能因材施教，既有程序管理又有自主选择，使学生的共性培养与个性发展共同进步；在教学方式上，既有传统的教学方式，又重视新兴的信息传播技术如多媒体教学的应用，变传统的封闭式教学为开放式教学。

在科学研究中，一直存在着两种不同的价值导向，一是知识创造的学术价值导向，二是知识生产的社会效用价值取向。美国学者吉本斯

(Michael Gibbons) 在《现代社会与知识的创造》一书中把前者称为知识生产的“传统模式”，这种模式出于学科纯学术发展的目的，以各学科的内在逻辑展开研究，缺乏研究的实用目的性；把后者称为知识生产的“新兴模式”，这种模式是一种开放型的知识生产形态，它以社会应用(不仅是产业应用，还包括社会性应用）为导向。知识社会高等教育的知识生产应该是一种新型的综合模式，在传统知识生产的基础上达成知识产业化、社会化的需要。在坚持基础理论研究的基础上开展应用研究，共同形成知识的原创与应用间的链接关系①。与此相应，在考核方式上，能够既重经济效益又重科学价值，既重数量考核又重质量审查。

在社会互动上，首先，随着高等教育社会地位的边缘中心化，由传统的附庸地位成为社会发展的动力源。高等教育的发展在很大程度上决定着社会政治经济等方面的发展，高等教育不能仅仅满足于服务社会，还要能够批判社会、引导社会。其次，高等教育的社会服务应立足于自身的学术基础，能够既重经济效益、社会效益，又有学术效益。同时，社会不仅是高等教育功能的享用者，而且能够成为实现高等教育功能优化的主动参与者，社会各界能够各尽其责、相互协调、彼此配合，形成社会参与有序、高校服务有力的和谐运行局面。

在文凭颁发上，一方面能够维护学术尊严、严守学术标准，保持文凭的价值与可信度；另一方面，文凭的种类和层次不断丰富，形成学术文凭、职业文凭等多种类别，学历文凭和非学历文凭等多种形式，并有严格区分度和适用范围的文凭体系。

在学生就业上，一方面社会就业制度逐步完善，就业中的性别歧视、地区歧视、院校歧视、学历歧视等逐渐消失，毕业生能够获得与其教育投入相应的工作与回报；另一方面学生的就业指导工作得到加强，学生的就业观念更加科学，结构性就业困境能够得到缓解。

（三）功能结果的强化与拓展

高等教育功能结果可分为社会整体功能、社会部分功能和个体功能

① 王晓华，任胜洪．知识社会：高等教育职能的超越与整合［J］．北京科技大学学报（社会科学版），1999（3）：87-91．

三类。在不同的时代背景与地域条件下，功能结果的变迁呈现出不同的内容与特征。知识经济的来临，高等教育成为提供人力资源与知识资源的中心，知识在经济活动中的地位提升，使得高等教育的经济功能得到加强；科学技术的发展，使得经由网络与电视传播的远程教学功能产生；全球化的趋势使得高等教育成为国际交往的重要领域；民主化、大众化进程的加快，使得接受高等教育逐渐成为人的基本权利，对社会流动的影响更为深刻；市场经济的影响又使高等教育更为讲求效率，其类型也呈现出多样化特点，提供给人们多元选择；学习化社会的理念迫使高等教育提供更具弹性、便捷的终身教育。时代的变迁使得高等教育的功能结果在许多方面需要强化与拓展。

功能结果的强化是指因高等教育内外部环境的变化对高等教育功能结果提出了更高的需求，高等教育系统经过调适而使原有的功能结果在某些方面得到突出与强调，作用更为凸显。具体而言，体现在以下几点：一是社会批判功能的强化。“强化大学的批判功能将是21世纪的大学教育至关重要的行动。”[①] 当前，我国社会正处于一个急剧转型的时代，一切传统的价值和行为规范都需要借助于理性来进行反思，一切新生事物也同样需要经得起理性的考验。高等教育所拥有的理性精神和知识分子使得它必须承担起这种责任。二是社会流动功能的强化。英国社会学家特纳（Ralph H. Turner）曾用“赞助性流动”和“竞争性流动”来描述社会流动的不同方式，“赞助性流动”依靠的是天赋资格、社会资本等外赋因素，而“竞争性流动”凭借的是个人能力与成就等自致资本[②]。现代社会中，竞争性流动逐渐成为主要的社会流动形式，居于顶端的高等教育被认为是影响社会流动的关键因素。高等教育大众化增加了相当多的人——尤其是平民和社会弱势群体——接受高等教育的权利，对社会的正常流动无疑具有促进作用。三是经济功能的强化。随着工业发展和社会经济的转变，高等教育逐渐成为经济有机体的一部分，其经

① 陆有铨，潘艺林. 21世纪的行动：增强大学的批判功能［J］. 教育发展研究，1999（3）：35-37.

② 特纳. 赞助性流动、竞争性流动和学校教育［M］//张人杰. 国外教育社会学基本文选. 上海：华东师范大学出版社，1989：91-92.

济功能越加显著，尤其是在知识经济时代，高等教育成为促进国家经济发展的重要因素，经由高等教育提供的高素质人才和高等教育研发及创造的新知识、新技术决定着经济发展的速度与水平。高等教育的经济功能空前突出。四是国际交流功能的强化。大学最初就具有国际性，在全球化的影响下，高等教育充分发挥国际交流功能更是势不可逆。因为“高等教育机构拥有利用国际化来填补‘知识空白’和丰富各国人民之间和各种文化之间对话的很大优势”①。因此，联合国教科文组织在《教育：财富蕴藏其中》的报告中把“国际合作”作为面向21世纪高等教育的新职能。五是终身教育功能的强化。尽管传统高等教育也可以培养学生的学习能力与意识，但从来没有像现在这样，个人的学习能力决定着个体的生存资本，民族的学习能力决定着国家的竞争地位。高等教育系统因此不再只是一个终结性的学习场所，而同时是一个提供终身便利学习机会的弹性管道。

功能结果的拓展是指高等教育活动中潜在的作用和功能，在时代环境的激发下，更为清晰与明朗地表现出来，并成为一种独立的形态固定下来。正如卡耐基委员会所称，高等教育是一种目的扩散的历程，从初期的单纯到当代的复杂且多元。随着功能结果的拓展，高等教育的功能体系也显得越加复杂。面对着高等教育内外部环境的多种变化，以及社会转型时期我国经济社会面临的诸多问题，具有理性批判的人才优势、传承创造的知识优势、图书设备的资源优势，以及知识权威的地位优势的高等教育系统应该担当更多的社会责任、发挥更全面的功能。具体而言，功能结果的拓展表现在如下方面：发挥对政治的监督功能，维护政治民主稳定；发挥对经济的矫正功能，促进经济良性发展；发挥对文化的导向功能，增进文化健康繁荣；发挥对科技的创新功能，推动科技持续振兴；发挥对人口的优化功能，优化人口素质结构；发挥对生态的保护功能，建设和谐生态文明。

功能结果的拓展延伸了高等教育功能的作用范围，功能结果的强化

---

① 联合国教科文组织总部．教育：财富蕴藏其中［M］．联合国教科文组织总部中文科，译．北京：教育科学出版社，1996：1.

提升了高等教育功能的作用程度。二者相互关联、相互配合，共同推动高等教育各项功能的实现与优化。

总之，通过功能取向的平衡与综合，功能行动的丰富与增效，使高等教育机构能够树立全面、科学的价值取向，在招生、培养、就业等各个环节与教育、教学、管理等各个方面都能够以生为本，充分调动学生的积极性、主动性和创造性，有效促进学生的和谐发展，强化高等教育的个人功能。在科学研究上能够树立端正的态度，倡导严谨、科学的创新精神，通过深入的科学研究促进文化发展，强化高等教育的文化功能。在社会互动上，能够通过合理的社会服务赢得社会的更多支持，实现有效社会互动。最终通过培养高素质人才、发展先进文化与和谐的社会互动，起到优化人才结构、推动科技振兴、维护政治稳定、促进经济发展、增进文化繁荣与建设生态文明等多方面和谐发展的作用，实现社会功能的增效。

第四章 高等教育功能失调的现状分析

自1999年以来，我国高等教育事业进入了一个快速发展的时期，而今已经成为世界高等教育第一大国。然而在绝对数量不断扩大的同时，人们对于高等教育这种急剧膨大的外延式扩张方式以及与之相伴的质量问题、社会效用多有诟病。正如社会学家迪尔凯姆所说："社会现象是客观事物，要研究它，就必须把它当作事物来看待。既然是一个事物的问题，就无须以哲理推论它的性质，争辩与它相类似的初级现象，而只要把它呈现在社会学者面前的唯一可据的现象弄清楚就行。"[①] 因此，在我国高等教育从精英化转向大众化的过渡时期，全面审视我国高等教育功能的现状，发现问题，分析原因，无疑具有重要的现实意义。

第一节 高等教育功能失调的表现

从刘海洋伤熊案件体现的育人功能残缺，到屡见报端的"学位门"、"招生门"事件反映出的高等教育社会公信力的下降，我国高等教育似乎正暴露出越来越多的功能危机，对高等教育功能的危机现状进行全景扫描，可以发现当前高等教育功能主要存在如下失调现象：

一、功能取向的偏颇

高等教育价值取向与功能实现密切联系，如果价值取向过于片面或只强调某个方面或某种功能而忽视甚至贬抑其他功能，就会出现偏差，影响高等教育整体功能的发挥。当前我国高等教育在功能取向上存在如

---

① 迪尔凯姆．社会学方法的规则［M］．胡伟，译．北京：华夏出版社，1999：23.

下偏颇：

一是社会取向过重。在我国，高等教育向来具有与社会和政府的强烈同构性，对社会的回应，适应多过超越，工具思想盛过自由理性。当前，高等教育的大众化发展与市场化社会环境的相互作用衍生出高等教育庸俗化、功利化、产业化、标准化的不良倾向，高等教育过于强调社会需求和市场导向，把社会需要作为高等教育的出发点和落脚点，高等教育价值的大小主要取决于促进社会生产发展的速度和与社会需要的契合程度，在专业设置、课程内容、人才规格等方面几乎完全根据社会需求而定，举手投足间充满了消费主义、工具主义、经济主义的色彩。例如2005年教育部下发有关招生文件称，就业不好的专业减招或者停止招生①。高等教育机构是人类良知之所在，高等教育的目的是传承和发展文明，培养全面发展的高素质人才，以服务于人类社会的终极福祉。一国最高教育行政管理部门竟持“唯就业论”的政策理念，可见社会取向之盛。

二是文化取向萎缩。高等教育机构应该成为“一个文化中心”②，成为发展文化、创新文化、引领文化的主阵地，然而尽管大学现在依然可以称为“文化中心”，但其文化精神却日渐沦落。在现实的功利诱惑面前，我们的高等教育要么扯着学术与文化的面纱，半遮半掩地追逐着世俗的利益，要么干脆将自己的文化性格与学术品位出卖给世俗与市场，学术不再是学问之事，文化也不再纯洁，更难成引领社会与自身不断超越的手段，而是异化为“稻粱谋”的体面工具。“超女”冠军李宇春到北京大学百年讲堂举办见面会的火爆景象，与北京大学、清华大学、中国人民大学等校十博士联名呼吁抵制圣诞节的曲高和寡，凸显高等教育在文化导向上的羸弱无力。

三是育人取向弱化。“培养人”是高等教育的本质属性和基本的功能追求，然而由于社会取向的强势遮蔽，育人取向在当前高等教育中有所

① 郑超．教育部下发文件，就业不好的专业减招或停止招生［N］．北京娱乐信报，2005-03-01．

② 雅斯贝尔斯．什么是教育［M］．邹进，译．北京：生活·读书·新知三联书店，1991：149．

弱化。在人们片面强调高等教育的技术工具性、实用功利性、社会适应性的大潮中，高等教育本该具有的开发人的潜能、弘扬人的个性、陶冶人的情操、提升人的生命价值等功能没有放到应有的位置。高等学校重成才教育，轻成人教育；重教会学生“做事”，轻教育他们“做人”；学生只学习“何以为生”，而不关注“为何而生”；学生职业训练有成，而德行修养不足。尽管中国的书院教育中不乏品德修养和人格教育的传统，但在实用主义和工具理性的大潮下，它们被冲击得力量式微。其间，不少教育思想家一再呼吁大学教育要回归到人的教育，要用人类积累起来的具有永恒价值的文化成果灌注于人的心灵，以培植人的德性，但它并没有在高等教育实践中得到实质性反映。高等教育在远离人的精神道德和文化价值的方向上越走越远①，以致许多大学生成为有高深知识却没有高尚人格的“片面人”，有实用技术而没有人文关怀的“空心人”。

二、功能行动的偏差

高等教育功能的发挥需要通过具体的高等教育活动来实现，而现实中高等教育领域招生、教学、科研等工作或活动的偏差和失效直接导致高等教育功能的失调。

（一）招生上：入学机会不够公平

招生工作是高等教育的基础环节，不仅对教育公平与否有着实际的考察意义，而且在当前高等教育机会尚属稀缺资源的背景下，接受高等教育与个体的发展乃至家庭状况的变迁有着紧密而直接的关系，因而通过招生进行的高等教育入学机会的分配也成为影响社会流动与分层的重要因素。公平、公正的招生行为可以维护社会的正常流动，反之则可能扰乱社会流动秩序、强化既有阶层分化、销蚀高等教育的公信力。

目前我国高等教育入学机会中还存在着许多不够公平的行为，首先表现在地区不公。从录取率来看，虽然经过多年努力，录取率差距在不断缩小，但依然差距明显。2015 年，广西、山西、甘肃等地的录取率不

① 张应强．现代化的忧思与高等教育的使命［J］．高等教育研究，1999 (6)：12-16．

足80%，西藏更是只有65.89%，而天津、广东、江苏、湖北、黑龙江等地则超过90%，海南等地更是高达99.78%以上①。自1977年以来，我国地区间高等教育机会差异基本上处于持续增长的状态，然而1999年的扩招政策中断了这种趋势，地区间高等教育入学机会的差异几乎倒退到十年前的水平。但是，随着扩招的推进，直辖市和东部地区同西部地区间的入学机会差异又重新被拉大②。从城乡机会获得来看，尽管扩招后农村学生的高等教育入学机会大幅上升，但许多研究表明，高等教育入学机会的城乡差距正从显性的数量不均，转向隐性的就读院校与层次上的差距。国家重点高校中，占有较多文化、经济和社会资本的社会阶层的子女，占了相当大的比重，农村学生和弱势阶层的子女逐渐减少。而教育资源、教育质量相对较弱的地方性高等院校聚集了较多农村学生。数据显示，我国农村学生占高校新生的比例从1989年的43.4%增长到2003年的与城市生源比例持平，再到2005年达到53%。而在重点大学农村学生的比例却不断滑落，比如北京大学农村学生所占比例就在过去20年间从三成落至一成。清华大学人文学院在清华2010级学生中做的抽样调查显示，农村生源占总人数的17%，而当年高考全国农村考生的比例是62%③。

其次是阶层不公。一是分差较大。2005年1月，“我国高等教育公平问题研究”课题组发布研究结果，低阶层家庭子女的平均录取分数普遍高于高阶层的子女。平均分从高到低依次为农民、下岗人员、个体经营者、工人、职员、中高层管理人员和技术人员，与他们的社会地位刚好大致相反④。二是学校差异。北京大学教育学院“高校毕业生就业状况

① 张宇涛，刘秀玲. 中西部招生协作计划对高考录取率影响研究［J］. 考试研究，2017（2）：98.

② 路晓峰，邓峰，郭建如. 高等教育扩招对入学机会均等化的影响［J］. 北京大学教育评论，2016（3）：138.

③ 刘茜. 广东农村弃考人数上万　寒门学子为何放弃高考［EB/OL］.［2016-11-12］. http://edu.163.com/14/0506/08/9RI4TJU700294M9N.html.

④ 郝朝晖，阿不力克木·艾则孜. 论社会资本对高等教育公平的影响［J］. 新疆社会科学，2013（2）：58.

研究”课题组于 2009 年进行的调查显示，来自低收入家庭的学生入读“211 工程”院校的比例低于来自高收入家庭的学生入读“211 工程”院校的比例。父母具有低学历的学生入读“211 工程”院校的比例远低于父母具有高学历的学生入读“211 工程”院校的比例，差距超过 10 个百分点。父亲职业为非管理技术类的学生入读“211 工程”院校的比例比父亲职业为管理技术类的学生的比例低近 10%，而母亲职业为非管理技术类的学生入读“211 工程”院校的比例比母亲职业为管理技术类的学生的比例低了十多个百分点①。三是专业差异。某校对 2003 级本科生家庭背景与学科专业分布状况的调查显示：优势阶层的子女更多地选择了热门专业和艺术类专业，而工人、农民等阶层子女选择冷门专业居多（详见表 4-1）。

表 4-1 某大学部分学院 2003 级本科生家庭背景和学科专业分布（%）②

学科专业 / 学生家庭背景	信息技术（热门）	机电工程（较冷门）	设计与艺术（艺术类）
管理、专业技术人员	57.3	35.3	58.3
职员、个体、私营、其他	17.3	21.6	12.2
工人、农民、下岗人员	25.4	43.1	29.5
小　计	100.0	100.0	100.0

最后是秩序不公。从 2004 年甘德怀北京大学考博风波③，到广西考生被索要 10 万元换取北京航空航天大学录取通知书④，从 2005 年北京交通大学硕士研究生考试中的性交易丑闻⑤，到中国人民大学招生就业

① 杜桂英．家庭背景对我国高等教育入学机会的影响——基于 2009 年高校毕业生的调研报告［J］．国家教育行政学院学报，2010（10）：78-84.

② 杨东平．中国教育公平的理想与现实［M］．北京：北京大学出版社，2006：231.

③ 新浪教育．透视甘德怀北大考博事件［EB/OL］．［2016-11-22］．http://edu.sina.com.cn/focus/gdhkb/.

④ 新浪新闻．北航招生“丑闻”［EB/OL］．［2016-11-22］．http://news.sina.com.cn/z/bhgxcw/index.shtml.

⑤ 新浪新闻．女大学生为什么和教授性交易？［EB/OL］．［2016-11-22］．http://news.sina.com.cn/c/2005-12-30/12298736008.shtml.

处原处长蔡荣生通过自主招生等环节敛财逾2 000万元①，近年来关于普通高考、硕士研究生和博士研究生招生考试的不公现象屡见报端。这些典型事件反映出我国当前高等教育招生过程中存在着一定程度上的秩序不公现象，每一事件的披露都会在社会上产生强烈的反响。高等教育招录是一个很严肃的教育行为，如果丢弃了基本的考核要求、招生环节和录取程序，那么，高等教育的公信力将会遭受灭顶之灾，更遑论对社会的批判和导引。

（二）教学上：行为偏差与低效

教学是发挥高等教育育人功能的重要途径，然而教学中的种种偏差和低效行为直接影响了育人功能的实现。主要表现如下：

一是重科研，轻教学。数学家丘成桐曾说："培养人才是大学神圣不可侵犯的目标。"然而受评价激励机制等方面的影响，科研成为名利双收的坦途，教学沦为劳而无功的负担，教学正逐渐成为大学教师的副业，他们视科研为名之所在、校外活动为利之所在，把主要精力放在了科研与校外活动中，忽略了教学和对学生的关心，忘记了"师垂典则，范示群伦"的神圣职责，以至于有人发出了"师者，不传道不授业不解惑?"的疑问。而且教师职称越高离讲台就越远，大学讲台上难觅名教授身影，这已不是个别现象。

书教得再好也还是个讲师　学生千篇文悼大学讲师

2005年，上海交通大学的一位普通教师晏才宏去世了，其教学水平和师风师德广受赞扬，由于没有论文，去世时还仅仅是个讲师。倘若以世俗的眼光看，他不能算是功成名就；但在人生价值的天平上，他的分量很重很重……在上海交通大学电子信息与电子工程学院，晏才宏的教学水平有口皆碑。他的电路课，在学生网上评教活动中，以罕见的满分居全校之首。很多学生称他为"我碰到过的最好的老师"。他去世后，多位老师坦陈："我教课比晏老师还差很远。"他的电路课被誉为"魔电"，几乎场场爆满，座无虚席。学生

① 网易新闻. 人民大学自主招生黑幕：曾让11岁"富二代"上本科［EB/OL］.［2016-11-22］. http://news.163.com/13/1215/22/9G5UV4DE0001124J.html.

在校园BBS的悼文中说："他的课充满了激情，从头到尾都扣人心弦，简直像一部精彩的电影。""不知道天堂里是不是也会有人学习电路呢？如果有，他们真的很幸运。"这样一位深受学生喜爱的教师为什么至死连个副教授也评不上？主要原因是他没有论文。根据高校现行考核体制，教师评职称主要看科研论文的数量，而晏才宏几乎没有发表过一篇"像样"的学术文章。①

与此形成鲜明对比的是广西一位25岁的年轻教师仅因"学术成果丰硕"就被破格评为教授，其教龄竟未满一年。如此机制导向下，高教领域出现重科研、轻教学现象也就不难理解了。

二是教学内容上，重知识灌输，轻技能培养、人格构建，把学生全面发展降格为片面发展。在教学中重既有知识的传输，轻社会实践与自主探索。长期以来高等学校的教学把学生与社会割裂开来，把学习与探索割裂开来。教师一方面在教学过程中占据了中心地位，另一方面却把主要精力用于自己的学科和科研项目，对于教育思想或教学观念无暇或不屑于研究。面对学生，他们往往更关心如何完整系统地传授自己学科的知识，对社会在人才需求方面的变化不敏感，对学生整体素质的提高过问不够。大学生朝气蓬勃，充满幻想地走入大学，但是一入校就被禁锢在一个整体的被动环境中，想实现专业选择与自主学习难度很大，上课记笔记、考前印笔记、考试背笔记成了大学学习生活的典型写照。而大学规模的急剧扩大使这一问题雪上加霜，大班上课非常普遍，教师和学生之间的互动很少。这种整体的被动环境可能对学生造成终身的影响，使大学生缺少强烈的学习欲望和独立学习的能力，缺少创造精神和适应能力。大学教育正在偏离教育的初衷——"教育不是把一只水桶注满，而是点燃一堆火焰"②。

三是教学管理重统一要求，轻因材施教，使学生的个性发展受到

---

① 新浪新闻. 书教得再好也还是个讲师，学生千篇文悼大学讲师［EB/OL］.［2016-11-22］. http://news.sina.com.cn/o/2005-04-04/17565554520s.shtml.

② 王英杰. 大学危机：不容忽视的难题［J］. 探索与争鸣，2005（3）：34-38.

压抑；重强制管理，轻自主选择，学生的主体性发展没有得到应有的重视。

四是师资上，由于近年来的扩招，普遍存在师资的数量不足、结构不合理等现象。普通高校 1998 年的生师比是 9.73∶1，而 2015 年的生师比是 17.73∶1①。这只是统计数字上的比较，实际上许多高等学校远远超过了这个比例。研究生教育的情况甚至更严重，师资数量不足成为许多高校面临的主要问题。此外在教师队伍中，三年以下教龄的新教师约占 36%。另外，每年平均要有 6%的老教师离任、退休。三年后老教师要减少 18%，实际上新教师占教师数的 47%②。尽管新教师中不乏硕士甚至博士学位获得者，但他们在教学方法及教学艺术、教学经验方面还略有欠缺。

（三）科研上：质量打折的指标学术

2014 年，我国发表国内科技论文 58.52 万篇，比上年增加了 14.0%，我国发表 SCI 论文 26.35 万篇，连续六年排在世界第二位，占世界总量的 14.9%③。科技论文的数量的确可观，但在国际竞争力评价中，我国依然处于中等水平，世界经济论坛 2016—2017 年全球竞争力报告显示，中国综合全球竞争力位于全球第二十八位，技术领域排名第七十四位④。如此反差凸显出我国科学研究领域数量与质量之间的矛盾与问题，表现在高教领域主要有以下几点：

一是重数量，轻质量。当前的学术评价体系注重的是科研工作的“量化”结果，特别关注一个人在单位时间内发表的学术成果的多少、

① 教育部. 2015 年全国教育事业发展统计公报 [R/OL]. [2016-11-06]. http://www.moe.edu.cn/srcsite/A03/s180/moe_633/201607/t20160706_270976.html.

② 潘懋元. 规模、速度、质量、特色——中国当前高等教育发展中的若干问题 [J]. 河北师范大学学报（教育科学版），2007（1）：5-12.

③ 科学技术部创新发展司. 2014 年中国科技论文统计分析 [R/OL]. [2016-11-22]. http://www.most.gov.cn/kjtj/201602/P020160226400599683481.doc.

④ 国务院知识产权战略实施工作部际联席会议办公室.《2016—2017 年全球竞争力报告》述评 [R/OL]. [2017-04-29]. http://www.sipo.gov.cn/zlssbgs/zlyj/201704/t20170406_1309284.html.

发表成果的出版社或杂志的知名度的高低、获得经费的额度……而对研究成果的质量却缺乏考察。这样的结果就是“等于将教师变成一堆可以描述、算度，并能互相比较的数据。每个个体都在评审的法眼底下，受制于无形的规训权力”①。在这种功利化的制度压力下，教师在科研中不得不重量而非质，一年动辄发表几十篇论文和多部专著，而投入多和需时长的基础科研被冷落。这种体制除了迫使学术研究走向“快餐化”和“泡沫化”之外，别无益处，而“板凳须坐十年冷，文章不写一句空”的精神也几成绝响。下面某省文科副教授的评审条件正是这一现象的最好例证。

> 本科高校教师，任讲师以来具备下列条件中的 2 条以上（其中第 1 条为必备条件）：
>
> ——在 CN 学术刊物上发表本专业学术论文 6 篇以上，其中至少有 2 篇发表在国内核心学术期刊。
>
> ——1 项省、部级三等以上社会科学成果奖的主要完成人或省、部级二等以上教学成果奖的主要完成人；或 2 项省辖市、厅级一等以上科研成果奖的主要完成人（名次不限）。
>
> ——主持完成 1 项省、部级以上科研项目，或 2 项省、部级以上科研项目的主要完成人，并通过省、部级以上业务主管部门组织的鉴定。
>
> ——正式出版本专业的学术著作（本人撰写 5 万字以上）、译作（本人撰写 10 万字以上）；或参编省级以上统编教材（本人撰写 5 万字以上）。

尽管条件中还提出要对著作、科研项目、论文由专家进行水平认定，但在实际执行过程中，这一要求形同虚设，评委也只是在进行“数数”和“对号入座”式的审定。

二是重课题申报，轻过程管理。在科研管理上，较为重视科研项目立项和成果鉴定两个环节，对研究过程疏于监督和检查，虽有中期检查等形

① 华勒斯坦. 学科知识权力［M］. 刘健芝，译. 北京：生活·读书·新知三联书店，1999：139-140.

式，但影响不大。只要课题申请下来，鲜有鉴定未通过的。对此原科技部部长徐冠华曾说："我还没有参加过哪个失败项目的鉴定会，起码也是国内先进。"① 一个国家的科技部部长说出这样的话，的确耐人寻味。

三是重成果产出，轻规范养成。大学学术伦理和学术规范是社会道德规范的重要组成部分，并对社会风气具有强烈的示范效应。然而在数字化计量的科研评价中，为了"多快好省"生产科研成果，出现了许多投机取巧、弄虚作假、粗制滥造、低水平重复甚至抄袭剽窃等学术失范和学术不端行为，不仅浪费了有限的学术资源，而且败坏了研究风气，阻碍了学术进步，损害了学术形象。从 2002 年北京大学王铭铭的抄袭事件，到 2006 年上海交通大学陈进的"汉芯"造假案，再到 2017 年世界著名学术出版商斯普林格（Springer）宣布撤回旗下期刊《肿瘤生物学(TumorBiology)》发表于 2012 年至 2016 年的中国作者的 107 篇论文②，从未毕业的研究生到教授、院士，从普通青年教师到高校校长，高教领域的学术不端行为时有发生，学者们沉醉于成果炮制的迷雾中，似乎忘记了自己的社会责任和学术追求，以致抛弃了知识分子应有的涵养和操守。然而正如克拉克·克尔所说："如果高等教育机构正在寻求成为'民族的良心'，正如它们在某种程度上已经这样做了，那么，它们需要更加意识到如何表现出在促进这样一种作用。一种'任何事情都可以'的态度不够成为向导。"③

四是重知识意义，轻教育意义；重知识的手段意义，轻知识的实际价值。作为高等教育中的一项重要活动，科学研究既有促进教学的意义，也有发展知识的意义。并且从科研活动的产生来看，其最初目的重在教育意义，即使在科学研究被明确为高等学校职能的德国，"由科学而达致修养"也是德国古典大学观的核心理念。而现在教育的本义被疏远了，科研中非教育的意义被突出强调，科研的目的已经从更好地发展

① 晨光．原始性创新不能被"一票否决"［N］．北京科技报，2002-03-27（2）．

② 搜狐教育．悲哀！国际期刊撤稿 107 篇造假论文，全部来自中国［EB/OL］．［2017-04-29］．http://learning.sohu.com/20170422/n490165142.shtml．

③ 克尔．高等教育不能回避历史：21 世纪的问题［M］．王承绪，译．杭州：浙江教育出版社，2001：176-177．

知识以培养人才，而简单化为单纯地发展知识。当然，这也仅是从当前高等教育中科研活动的规模上而言，至于在质量上是否真正起到了发展知识的作用，恐怕我们还没有下这种结论的勇气。至少其在质量上对知识进步的意义远没有其表面上那么繁荣与统计数字上那般辉煌。实际上，现在的许多科学研究已经谈不上对知识发展有多少贡献，而退化为相关人员的一种谋生工具。

（四）社会互动上：过于追求现实功利

索斯坦·凡勃伦在《美国的高等教育：关于商人管理大学的备忘录》中曾对美国高等教育与社会的关系做出如下经典描述：盲目崇拜商业及其特别形式的成功，使美国的大学独立受到很大的伤害，认为资本主义的力量已经取代了宗教和政治的力量，成了独立思维生活的主要障碍。商业兴趣决定着大学的发展方向，大学良好的公共关系就是学术广告①。在我国类似情况同样存在，高等教育与社会的服务和互动中，现实的利益居于突出的地位。20 世纪 80 年代之前，高等教育更多地卷入众多社会问题的“政治性漩涡”之中，高等教育被看作社会革命和阶级斗争的主要阵地，政治服务功能居于高等教育功能的首位。改革开放以来，高等教育的社会服务实现了向经济抱负的转向，对经济利益的追求渐居上风。尽管在市场经济条件下，追求利益的最大化正在成为个人和组织行为的基本出发点和终点。但是，高等教育组织必须警觉，如果自己失去守望社会的责任，不能给人类以终极关怀，那么就会异化为追求利益最大化的另类机构，从而被边缘化，失去独立存在的基本理性。可悲的是，当前商业化正日益演化为高等教育系统日常的基本行为，影响着高等教育功能和使命定位、发展方向。表面上看，高校与社会各取所需，社会部门从高等教育中获得了技术支持，高校在社会服务中获得了办学经费，实现了双赢。但由于当前我国高等教育参与社会服务的方式杂乱、缺乏有效的规范，导致在社会服务中出现了重社会需求而轻自身基础、重经济效益而轻社会责任、重产业转化而轻人才输出等不良现象，

① 戈德法布．“民主”社会中的知识分子［M］．杨信彰，周恒，译．沈阳：辽宁教育出版社，2002：144.

其背后是对教学与科研的戕害和高等教育自身形象的损毁。

随着市场经济的蓬勃兴起，社会对经济、法律、管理人才的需求旺盛，于是许多高校不顾自身的能力基础，盲目迎合社会需要，随波逐流，趋势媚俗，出现了教育系开办公共关系专业、历史系开办市场营销专业、数学系开办经济管理专业、哲学系开办法律专业的混乱局面，这些罔顾高等教育本质和规律的做法，不仅没能为社会培养出急需的合格人才，反而对正常的高等教育活动形成了不小冲击，影响了一些基本功能的发挥。

同时，国民经济的主力军定位，科学技术是第一生产力观念的强制推进，使人们不是将高等教育看作自由的教学研究系统，看作与社会健全互动的创新之地，而是看作给社会带来现实的、直观好处的廉价组织。政府和社会给予高等教育系统一点投入，就强烈要求它成倍地以有形物质回报。于是基础研究被忽视、长远理想被讽刺、机制问题被悬搁，高等教育为经济发展服务被视为天经地义。高等教育机构建立起上市公司、科技园、培训机构，美其名曰“产、学、研合作”，尽管有一定的积极作用，但不可否认的事实是，高等学校有限的人力、物力、财力资源被分散、转移，直接影响了高等学校正常的教学与科研秩序。

高等教育固然要回应社会发展的需求，产、学、研合作也并无过错，关键是这种回应与合作应该是有条件、有限度的，高等教育为社会提供服务一定是以独立的姿态、中介的方式、主要由系统外的组织来进行，而不是直接参与社会经济活动，直接兴办高科技企业。否则不仅会影响这些企业自身的发展，而且产、学、研成为利益共同体，在产业目标的驱动下，不仅难保学、研的学术性、教育性，干扰高等教育基本使命的实施，更有甚者还会滋生腐败行为。因此，上海交通大学首位海外聘任院长郑元芳教授才在有关访谈中讲道①：

> 大学不应该成为产业中心，而应该是教学中心、研究中心。大学是学习知识和创造知识的地方，办产业与知识的创造和学习活动

① 熊丙奇．体制迷墙：大学问题高端访问［M］．成都：天地出版社，2005：114.

是完全不同目的的活动。产业是以追求利润为目的的，追求利润的紧迫感和压力，对知识的创造有很大的反作用，这是知识创造的大敌。知识的创造需要我们集中精力，付出艰辛和汗水，用很长时间才可能出成果。

然而，在这种集体行为转向的带动下和个体利益获取的驱动下，许多研究者更热衷于承接来自社会各界的“横向项目”。这些项目谈不上有何学术价值，却可以很快收到经济实效。于是就出现了许美德所说的，用世界银行资助买来的精密仪器设备是用来进行高质量基础研究的，这时却为了支付其日常维护费用并进一步带来经济收入而以高价租给商业人员使用，使那些为了搞学术研究需要使用这些精密仪器设备的学者们在一旁眼巴巴地等着①。

（五）文凭上：知识图腾的贬值

尽管古代中国科举制度已和国家管理与个人升迁密切相关，但那毕竟是少数人的事情，而今文凭成为全民性的生存符号资本，学历几乎成为个人实现社会分层和流动的首要条件。中国已经全面进入文凭社会和学历时代，对文凭的追逐从历年研究生报名人数的变化上可见一斑（见表 4-2）。

表 4-2　研究生报名人数统计表（2001—2016 年）②

年份	报名人数/万	报名增长率	录取人数/万	考录比例
2016	177.00	7.33%		
2015	164.90	−4.12%	63.00	2.6：1
2014	172.00	−2.27%	57.00	3.0：1
2013	176.00	6.30%	53.90	3.3：1
2012	165.60	9.60%	51.70	3.2：1

① 许美德．中国大学 1895—1995：一个文化冲突的世纪［M］．许洁英，译．北京：教育科学出版社，2000：161．

② 中国教育在线．历年考研人数与录取统计［EB/OL］．［2017-03-06］．http://www.eol.cn/html/ky/bmrs/．

续表

年份	报名人数/万	报名增长率	录取人数/万	考录比例
2011	151.10	7.90%	49.50	3.0∶1
2010	140.60	12.80%	47.40	2.8∶1
2009	124.60	3.80%	44.90	2.9∶1
2008	120.00	−6.80%	38.60	3.0∶1
2007	128.20	0.80%	36.10	3.5∶1
2006	127.12	8.40%	34.20	3.2∶1
2005	117.20	24.00%	31.00	3.6∶1

尽管考研热2007年达到“拐点”，开始降温，但3年后又重新开始升温，从报考人数的增幅上依然可以看出人们追求高学历的热情。其实人们对文凭和学历的热捧并不是完全出于学习知识和技术的愿望，只是因为高学历文凭是获得更高收入、地位和权力的敲门砖，用人单位对文凭的要求，不仅在于文凭背后代表的能力与素质，还有宣示单位地位和层次的意味，因此在这种唯学历论的时代，文凭作为有效的社会分层和流动工具出现了种种异常现象：

首先是学历歧视。由于高学历者的增多，用人单位对持有者获得学历的经历也开始从头考察。有些大学和科研机构在新进人员的时候，不但要看最后学历，还要看原初学历，本科如果不是出自名校，则很难得到录用。一些大学在公开招聘人员启事中即要求，第一学历为部属院校或“211工程”院校全日制普通本科。这种学历“查三代”的可笑现象一方面反映了人们对文凭（学历）的盲目崇拜，另一方面又折射出用人单位对文凭（学历）的不信任，这种不信任其实是对高等教育育人功能的不信任，既不相信一般高校的教育质量、人才培养水平，认为普通学校难以培养出高质量的人才，也对名校的教育质量和人才培养质量缺乏足够的信心，担心名校的研究生教育难将出身“微寒”的普通高校学生培养成才。

其次是文凭贬值。原来拥有的某类型某层次文凭已经不再使拥有者获得工作保障，文凭的效力缩水。于是各种新型文凭、更高层次的文凭受到人们的追逐，如外语等级证、计算机等级证、对外汉语资格证、导游证……以此来增加自己择业的筹码，由于越来越多的人要求得到更多的文凭，文凭膨胀也就不可避免。结果是文凭对于持有者身份和工作机会的价值也越来越低，出现人们戏称的“学士不如狗，硕士满地走，博士还可抖一抖”现象。原来受低层次教育者可以从事的工作现在要求由文凭层次高的人承担。这种现象在如今各单位的招聘要求中随处可见，例如，某高校招聘辅导员和行政人员一律要求硕士以上学位，有博士学位者优先考虑。

最后是文凭交易。正像科林斯所言：教育中所包含的各种文凭和文化资本已经成为获得更高收入和权力的工作的必要条件，因此对文凭的追求变得越加强烈，因为某个层次文凭价值的贬值，人们就会追求更多的文凭。而文凭毕竟属于社会高值稀缺资源，于是一些人为了获得高层次文凭，不惜通过权力、金钱等手段进行文凭交易。有钱的老板与有权的官员，弄一顶硕士、博士帽子，越来越成为学历社会的“风雅时尚”。于是产生了官员破格读博、高博班、课题经费协议生等多种非正常文凭教育，甚至出现了群体性、协议性文凭交易行为。

> 全国政协委员、清华大学人文学院经济研究所副所长蔡继明教授早在2007年向政协全会提交的《要遏制党政干部的文凭腐败》的提案中指出：相当数量已经获得和正在攻读研究生学位的党政干部，大都是利用自己的地位和手中的职权，动用公款，在职混取研究生文凭（和学位）。他建议教育部和中组部做出规定，严格限制党政干部在职攻读研究生学位。对于个人要求攻读研究生学位的，必须首先辞去现任职务，并由个人支付全部费用。这个提案真是一石激起千重浪，得到全国人民的喝彩。①

由政协委员提出提案，可见此类现象已很普遍，并影响极大。蔡元培先生多次强调：“大学为纯粹研究学问之机关，不可视为养成资格之所，亦不可视为贩卖知识之所。”然而这种“贩卖知识之所”的大学，以

① 蔡继明. 要遏制党政干部的文凭腐败［EB/OL］.［2007-11-06］. http://hn.rednet.cn/c/2007/11/19/1375269.htm.

及视大学为“养成资格之所”的学生，当今中国，确实不少。以至于陈平原先生说：“如果有一天，连学校里看大门的，也都有了博士学位，那绝不是中国人的骄傲。”① 果真如此，文凭所具有的社会流动和分层作用也就消失殆尽了。

（六）就业：人力资源应用受阻

按照人力资本理论的观点，人力资本的投资是收益最广、收益率最高的资本投入方式之一，由各种文凭所反映的人力资本的含量可以作为个人用以与雇佣者进行交换的资源。以此推论，受教育程度越高，拥有的人力资本越多，获得工作的机会越大，收益越高。然而我国劳动力市场的现实状况是高校毕业生的就业形势逐年严峻。如表 4-3 所示，从 2001 年到 2015 年，毕业的本专科生和研究生持续增长，2015 年的人数达到了 2001 年的近 7 倍，2008 年以前的年均增幅超过 20%，高校毕业生人数屡创新高，再加上近年来我国经济下行压力较大，因此造成毕业生就业形势严峻。

表 4-3　高等教育毕业生数量统计表（2001—2015 年）②

类别 年份	本专科生		研究生	
	人数/万	增长比例/%	人数/万	增长比例/%
2001	103.63	9.11	6.78	15.30
2002	133.73	29.05	8.08	19.17
2003	187.75	40.39	11.11	37.50
2004	239.12	27.36	15.08	35.73
2005	306.80	28.30	18.97	25.80
2006	377.47	23.04	25.59	25.87
2007	447.79	18.63	31.18	21.84
2008	511.95	14.33	34.48	10.58

① 陈平原. 作为一种生活方式的“读书”[N]. 文汇报，2005-12-25.

② 教育部. 全国教育事业发展统计公报（2001—2015）[R/OL]. [2016-11-06]. http://www.moe.gov.cn/jyb_sjzl/sjzl_fztjgb/.

续表

类别 年份	本专科生		研究生	
	人数/万	增长比例/%	人数/万	增长比例/%
2009	531.10	3.74	37.13	7.69
2010	575.42	8.34	38.36	3.31
2011	608.16	5.69	43.00	12.09
2012	624.73	2.73	48.65	13.13
2013	638.72	2.24	51.36	5.59
2014	659.37	3.23	53.59	4.33
2015	680.89	3.26	55.15	2.91

资料来源：根据教育部《全国教育事业发展统计公报》(2001—2015) 测算。

严峻的就业形势使大学生的期望薪资水平甚至还不及农民工。2006年的一项调查结果显示：进城务工农民的月薪平均预期是1 100多元，而应届大学毕业生对月薪的平均预期仅为1 000元①。市场用月薪这枚小小的砝码，称量着天之骄子们的自我估价。

就业困境除了短时期内高等教育供给迅速增多而又偏离社会需要造成结构性就业困难之外，还有毕业生主观上造成的“选择性就业难题”，即毕业生想去的地方或行业需求不足，而需求量大的岗位又难入其法眼，“宁要北京一张床，不要西部、基层一套房”就是这种选择性难题的典型表述。毕业生为了留在大城市和发达地区委身从事一些与专业无关、技术含量不高、报酬低的工作，造成了人力资源的极大浪费，难以通过高等教育活动的产品——毕业生充分发挥高等教育的功能。大学毕业生就业困难，不仅造成了巨大的教育资源浪费，而且会导致严重的社会问题，例如就业无着，会使许多家庭因教育投资回馈渠道受阻而产生因教致贫的反常现象；就业无着，会降低高等教育这条社会流动途径的有效性，最终影响到社会的有序流动；就业无着，会使人因理想与现实

① 傅剑锋，沈颖，朱红军，等．毕业了，我们的工作在哪里？——2006年大学生求职深度观察［N］．南方周末，2006-04-06．

的落差产生对社会不公的抱怨，长期积聚便影响到社会的稳定秩序。

三、功能结果的失调

由于前述功能取向、功能行动等方面出现了偏颇和偏差，才最终导致高等教育功能结果的失调，具体表现在：

（一）重社会整合，轻合理分化；重社会适应，轻社会引领

正常的社会秩序需要通过两个方面的条件：一是社会互动和交往中的平等互惠；二是必要的社会规范和角色规定。随着社会经济、文化交流，以及人们生活范围的日益扩大，社会规范和角色规定对社会秩序的维护越加重要。在这方面高等教育扮演着重要角色，按照美国结构功能主义社会学家帕森斯的观点，大学作为一种教育组织应该发挥社会的模式维系功能，也即维持社会共同价值观的基本模式①。事实上，我国高等教育正像帕森斯所说的那样表现出强大的社会结构复制和社会维持功能。首先，我国的高教体制决定了国家更容易通过对教师资格、课程选择及课程设置等方面的管理实行对教育过程中意识形态的控制，凭借高等学校达到了对社会权力的再生产与再分配，实现如同阿普尔所说的"国家再生产"。其次，在前文中我们分析了当前我国高等教育招生工作中的地区不均、阶层不均等现象，以及文凭膨胀和就业不畅等困境，这种教育活动中的种种异常现象影响了高等教育社会选拔与流动功能的公正性和科学性，导致底层人群子女享有高等教育机会和获得就业机会不均，从而限制和阻碍了底层人群向上流动的渠道，固化和再制了现有的社会分层，一定程度上出现了布迪厄所提出的"文化再生产"现象，即学校与其他社会机构通过教育使社会和经济的不平等代代相传②。无论是"国家再生产"还是"文化再生产"，其客观结果都是着眼于对现有社会结构的维持和复制，以利社会整合。

同时，面对科技迅速发展、经济全球化、信息网络化、政治多极化

---

① 帕森斯. 现代社会的结构与过程［M］. 梁向阳，译. 北京：光明日报出版社，1988：37-40.

② 布迪厄，华康德. 实践与反思：反思社会学导引［M］. 李猛，李康，译. 北京：中央编译出版社，2004：22.

与文化多元化的现代社会，高等教育机构不仅应成为社会物质领域的“创造源”、“人才库”与“孵化器”，更应成为社会精神领域的“思想库”、“评判场”与“导航灯”。但当前的高等教育受传统发展观和功利取向的影响，过分强调了对经济与科技发展的适应，虚化了对政治方向的引导，弱化了对不良文化的批判，忽视了对精神价值的追求，在一定程度上丧失了引领社会进步，推动政治、经济、社会、文化、生态文明协调发展的功能。正如在韦伯、哈贝马斯和其他法兰克福学派学者们的著述中所展示的那样，西方学者通常是对自己所处社会的最有权威的评论家，但遗憾的是，中国学者很难做到对社会的批判与引领，中国高等教育也离“明明德、亲民、止于至善”的传统目标渐行渐远。

（二）重政治、经济功能，轻文化、科技功能

政治取向和政治功能一直是我国高等教育的核心追求。《中华人民共和国高等教育法》规定“国家举办的高等学校实行中国共产党高等学校基层委员会领导下的校长负责制”，“高等学校的学生应当……树立爱国主义、集体主义和社会主义思想，努力学习马克思列宁主义、毛泽东思想、邓小平理论，具有良好的思想品德……”。党的十八大报告中也提出：“教育是民族振兴和社会进步的基石。要坚持教育优先发展，全面贯彻党的教育方针，坚持教育为社会主义现代化建设服务、为人民服务，把立德树人作为教育的根本任务，培养德智体美全面发展的社会主义建设者和接班人。”① 在这种历史传统、政策导向和办学体制下，高等教育在内容上有马克思主义哲学、邓小平理论概论等课程，在组织上有德育教研室、马列部等专门的教学机构和校院（系）班多级党团组织，在活动上有党团生活会等形式……这些都体现出我国高等教育具有重要的政治作用。

在我国传统高等教育中，经济功能一直不受重视。及至近代，国人才开始意识到高等教育所蕴含的巨大经济功能。特别是改革开放以后，

① 胡锦涛. 坚定不移沿着中国特色社会主义道路前进为全面建成小康社会而奋斗——在中国共产党第十八次全国代表大会上的报告［R/OL］.［2016-11-06］. http://cpc.people.com.cn/18/n/2012/1109/c350821-19529916.html.

高等教育同社会其他系统一样投身了经济建设的大潮中。国民经济的主力军定位，更使高等教育经济功能得到空前重视。如何推动产、学、研合作，在为社会提供技术支持的同时获得更多的经济利益成为许多高校领导的工作目标。于是，校办企业、公司大量涌现，与企业的横向课题日渐增多，MBA、EMBA等培训形式层出不穷，热门专业一拥而上……导致“在教育改革与发展中，片面关注和强调教育的经济效益和功能，在一定程度上轻视，甚至是忽视教育的社会文化效益与功能，以至于在某种程度上出现了教育的经济功能与社会功能之间不平衡的现象与问题”①。

对政治功能和经济功能的过分强调，极其严重地影响了高等教育功能的全面发挥。由于片面强调对政治和经济的服务性，高等教育系统已沦为现实生活的工具，忘记了其根本任务和终极目的是通过保留、传承、创造人类文明中真善美的东西，用它们来感染、美化、充实和塑造一切受教育者，并以此为中介来服务社会、批判社会和引领社会。政治和经济的巨大压力使高等教育系统作为知识传授与新知识领域开发的文化机制，已经朝着大型职业训练学校的方向演变，高等教育的文化功能萎缩，科技功能、生态功能、人口功能等其他功能的正常发挥也受到极大影响。

（三）重社会化功能，轻个性化功能

高等教育的社会化功能不可否认，许多社会学家都把教育过程看作是人习得社会规范、获得社会生存技能的社会化过程，譬如迪尔凯姆、帕森斯等。然而如果高等教育长期关注社会化功能，忽视个性化功能，在社会发展到一定程度时，必然会发生各种问题。正如日本临时教育审议会报告所指出的那样，日本高等教育“在战后教育改革之际虽然也强调个性，提倡自由，但是由于各种社会因素的影响，没有得到充分的贯彻，致使近年来日本的教育日益落后于时代的变化和社会的要求”②。我国当前的高等教育同样面临着重社会化功能、轻个性化功能的问题，社

① 谢维和．科学发展观与教育的改革［J］．清华大学教育研究，2004（2）：9-13．

② 杨一心．日本高等教育职能的演变［J］．上海高教研究，1996（6）：81-82．

会规范的灌输和职业资格的获得受到重视，而高等教育负有的开发人的潜能、弘扬人的个性、陶冶人的情操、提升人的生命价值等功能的释放受到阻碍。这种倾向的具体表现有下面三种：

首先是重成才教育，轻成人教育，使部分学生成为有高深知识却没有高尚人格的“片面人”。正如雅斯贝尔斯指出的那样，我们的教育看不到对整体精神培养的迫切性，认为只有对将来生活有用和为未来职业做准备的知识才是有用的。因此，就不断地在课程中塞进更多的材料，整体精神的传授越来越不起作用了。“像填鸭般地用那些诸如形而下之‘器’的东西，塞满学生的头脑，而对本真存在之‘道’却一再失落而不顾，这无疑阻碍了学生通向自由精神之通衢。”①

其次是重外部灌输，轻自我修习，使学生成为没有自主精神的“无心人”。如此随波逐流的被动教育可能导致这样一些消极后果：一是造就的只是一些唯命是从、唯书唯上的人，不利于造就有独立人格和自由个性的创造型人才；二是造就出阳奉阴违、言行不一、双重人格的伪君子；三是造就出什么都不信的道德虚无主义者②。

最后是重社会发展需求，轻个体成长需要，把学生当作社会发展的“工具人”。现代高等教育负载太多的外在目的，忽视了人的自我创造、自我发展和自我实现的内在需要，将传输合乎社会发展特别是经济发展需要的知识、技能、规范作为自己的主要目标，忽视了对人的道德、价值、文化、情感体验和人的生活意义等方面的教育和熏陶。

第二节　高等教育功能失调的危害

高等教育功能的失调不仅直接影响到高等教育的质量与和谐发展，而且作为社会之“公器”的功能缺失，还会给整个社会系统带来一定的不良后果，直接制约社会前进的步伐。概而言之，高等教育功能失调的

---

① 雅斯贝尔斯. 什么是教育 [M]. 邹进，译. 北京：生活·读书·新知三联书店，1991：33.

② 肖川. 大学的理想与使命 [J]. 高等教育研究，2000 (4)：16-19.

危害大致可以归纳为以下几个方面：

一、高教界：育人质量下降、整体形象受损

高等教育功能失调首先会给高等教育的自身发展带来一系列的消极影响，甚至会引发高等教育的生存危机。

（一）忽视学生成长，育人质量下降

高等教育作为社会的一个子系统，确有适应和服务社会的必要与义务，任何远离社会、自我封闭的高等教育都是注定要失败的。但这种适应和服务只是高等教育本身众多功能中的一个组成部分，而且并非最基本功能。如果只强调这种功能而忽略、抑制其他功能，甚至将它们互相割裂、对立起来，则必定导致高等教育功能的萎缩、本体的失落。高等教育的基本功能应该是育人功能，而我国当前高等教育功能的种种失调现象直接影响了高等教育育人功能的实现，导致育人质量的下降。

首先，压抑了学生个性的发展。当前的高等教育过于强调社会功能的价值取向，更多地着眼于社会经济、政治等方面的短期实际需要，定位于工具理性层面，培养符合社会需要的职业人，将作为社会发展主体的个人在德、智、体诸方面的全面发展，以及个性与共性等方面的协调发展降格为只重视职业技能、知识记诵的片面发展，学生的个性发展受到忽视，如此方式培养出来的学生像是一个模子拓出来的标本，在思想、观念、知识、技能甚至性格、气质等方面表现出极强的相似性，失去了教育对各具特色的人性的哺育与培养。

邓小平同志曾提出教育要面向现代化、面向世界、面向未来。这种思想至今仍然是办好各级教育的重要指南。然而在“教育适应社会需要”这一教育哲学占据主导地位的当代社会，许多高校根本无法真正地面向未来。为维持自身生存，各高校忙于“适应”社会的各种即时性需要，逐渐放弃了高等教育的长远理想与追求。“培养市场所需人才”、“产销对路”等商业用语，已成了一些高等学校的办学方针，道德教育、人格培养和个性发展被严重忽视。笔者在访谈中曾听某高校发展规划处处长讲道，高校应该走市场化道路，参考企业的运作模式，把学生看作学校的产品，市场需要什么，学校就应该生产什么。“满足市场需要”、

“满足社会需求”应成为判断高校办学的最终标准。这样的功能定位必然使高等教育的实践活动屈从于市场的实际需要，而不是遵循培养全面发展人才的客观规律。与此同时，在严峻的就业形势面前，人们似乎也心甘情愿地让人把自己和自己的孩子塑造、加工成机器，以供社会使用。对物质利益的疯狂追求和拜金主义让世人把一切与赚钱无关的事物视为无用而弃之如敝屣。先辈智慧和创造的结晶不再是人们完善自身的内在资源①。蔡元培先生曾经归纳了教育中所不可缺之理想，大要为：“一曰调和之世界观与人生观；二曰担负将来之文化；三曰独立不惧之精神；四曰安贫乐道之志趣。”蔡先生还针对那时候的情形一语中的地说：“夫以当今物质文明之当王，拜金主义之盛行，上述诸义，几何不被目为迂阔，然教育指导社会，而非随逐社会者也，则乌得不于是加之意焉。”② 这些近一个世纪之前说过的话，我们今天听来，依然有着醍醐灌顶、发人深省的意义。然而事实上“今天教育不仅完全放弃了指导社会的责任，而且反被社会上非理性的潮流所左右。这种现象已经开始成为全球性的了。教育给社会提供的不再是负责的、有理想的成员，而是冷漠的、对人类及其文明的命运漠不关心的‘单面人’”③。

其次，忽视了学生成就动机的培养。联合国教科文组织在《高等教育变革与发展的政策性文件》中曾指出：“人们普遍认为，高等教育中学生的质量首先取决于那些结束中等教育并希望继续高等教育学业的人所具有的能力倾向和动机。”④ 然而，当前高教投入中对“物”的偏执追求，忽视了关于学生成就动机、努力程度的重要作用，轻视了学生主体性的发挥和培养，许多学生上大学只是为找份“好”工作，混个学历、学位有利于个人升迁，缺乏社会责任感的培育，这种功利性的成就动机对学生的人生态度和价值观造成了持续的，甚至可能是终生的影响。

---

① 潘艺林．论高等教育的批判功能［D］．上海：华东师范大学，2001：64.

② 蔡元培．一九〇〇年以来教育之进步［M］//高平叔．蔡元培教育论著选．北京：人民教育出版社，1991：45.

③ 张汝伦．思考与批判［M］．上海：上海三联书店，1999：106.

④ 赵中建．全球教育发展的研究热点：90年代来自联合国教科文组织的报告［M］．北京：教育科学出版社，1999：165.

最后，淡化了学生理想人格的构建。高教活动中重科研、轻教学的取向，弱化了高等教育育人功能的关键途径。同时，在功利主义和实用主义的荡涤下，教学活动中重成才教育，轻成人教育，重知识灌输，轻心灵塑造、人格构建，忽视了人的精神潜能与智慧潜能的开发，淡忘了人的内在道德和精神世界，使部分学生成为有高深知识却没有高尚人格的“片面人”，有专业技能却没有理想追求的“空心人”。

此外，弱化了学生创新精神的培育。学科的精细划分，割裂了人类文化的整体性，由学科规训很容易转入学科的自我封闭，从而在专业训练、学科规范、师承家法等“学科范式”的影响下，固化学生的思维习惯，形塑学生的知识结构，禁锢学生的创新精神，使他们很难在走出校门之后再去主动、广泛、有效地接受新知识、新思想和新方法，去创造性地解决新问题，因为长期所受的教育根本就没有赋予他们进行综合交叉、大胆创新的勇气和能力①。

（二）缺乏独立意识，批判精神散失

高等教育系统汇集着人类的知识精英，既是各种思想交汇的前沿阵地，同时又是基于高深知识传授和创新、相对独立的文化组织，因而它具有社会批判和导引的先天优势和能力。从历史上看，中西方的高等教育也都曾发挥过这种社会批判功能，社会批判功能也因此成为高等教育社会功能的重要组成部分。联合国教科文组织 1998 年在巴黎发表的《21 世纪的高等教育：展望和行动世界宣言》中论及高等教育的使命和职责时就指出：高等院校及其师生应当“能够完全独立和充分负责地就伦理、文化和社会问题坦率地发表意见，成为社会所需要的知识权威，以帮助社会去思考、理解和行动；通过不断对新出现的社会、经济、文化和政治趋势进行持久的分析，加强自己的批判性功能和前瞻性功能，从而成为预测、警报和预防的中心”②。然而随着高等教育逐渐走向社会

---

① 张克非．试论高等教育的观念与功能转变［J］．兰州大学学报，2001（3）：121-125.

② 赵中建．全球教育发展的研究热点：90 年代来自联合国教科文组织的报告［M］．北京：教育科学出版社，1999：416.

的中心，这种批判功能日渐为社会政治、经济对高等教育的强大影响所遮蔽。这固然有着极其复杂的原因，但高等教育在适应论或工具论教育理念支配下，功能取向、行动和结果等方面的失调，以及由此导致的主体性丧失和大学理想的衰落，则是其中的主要原因①。

首先，社会政治、经济功能的强大需求，使高等教育的独立性受到冲击。政治需求过度使高等学校更像是“思想教育的传声筒”，整齐划一的标准、千篇一律的宣传和众口一词的唱合，只会形成伴有迷信和教条的单调重复，极易扼杀人的发散思维和批判意识。市场逻辑的介入使学校沦为“职业技术的养成所”，“在所有的教育工作中，经济的合理性将代替教育的规律。教育也将放弃‘培养人’的任务，最终将导致全社会精神和文化的堕落”②。流行文化的入侵则使高等学校成了“大众文化的跑马场”。高等教育“非但没有发挥对社会文化的批判功能，从而引导社会文化进步，反而产生了社会文化引导高等教育的现象”③。

其次，重理工轻社科、重实用轻人文的状况使批判思维的训练受到削弱。能快速带来效益的应用性学科和研究受人推崇，而对理智训练不可缺失却无法受到市场青睐的人文学科陷入了边缘化处境。人文知识的忽略和基础性研究的淡化，将直接导致判断力和批判思维的训练受到削弱。同时背离了人文主义传统的高等教育，也很容易失去批判社会的独立精神和历史责任感，以至于沦落为市场需求的供应商或现实政治的辩护士④。

最后，高教活动中对科研的功利性追逐，弱化了知识分子的责任意识和独立精神。当学术研究成为经费获取的手段时，其求“真”的研究

① 张应强．现代化的忧思与高等教育的使命［J］．高等教育研究，1999（6）：12-16．

② 陆有铨．躁动的百年：20世纪的教育历程［M］．济南：山东教育出版社，1997：481．

③ 张应强．现代化的忧思与高等教育的使命［J］．高等教育研究，1999（6）：12-16．

④ 展立新．科学主义与人文主义的对立统一及其对高等教育理论与实践的影响［J］．北京大学教育评论，2004（4）：66-74．

旨趣已经受到颠覆。知识分子在“权力”和“利益”面前逐渐遗忘了自己的独立精神。同时，学术界盛行的“你好我好大家好”的潜规则，使知识分子在本该充分发挥批判和质疑声音的场所失语，导致一种习得性、习惯性的“批判性缺乏症”。

“除非大学认真地把独立思想中心作为自己的使命，否则就没有希望。”① 高等教育独立性的退化，知识分子责任意识的虚化，以及高深知识结构中人文一维的弱化削弱了高等教育批判功能的基础。而一旦高等教育的批判功能受到削弱或剥离，整个社会的批判力量将被根本性削弱，其对社会发展的危害是不言自明的。

（三）整体形象受损，引发发展危机

但凡危机的出现，总是因为高等教育在协调自身及其与社会的关系上存在缺陷，在功能实现的某些环节出现了重大偏差，阻碍了功能的正常扩展或释放，由此引发了人们对高等教育的诟病。当前，我国高等教育功能失调虽然主要是因为社会转型过程中高教系统与社会互动之间的协调互动出现了偏差而导致的正常性功能失调，但因为功能取向、功能行动和功能结果均出现了较为严重的失调现象，与人们对高等教育的印象与期待相抵牾，不免会让人对高等教育的形象和声誉产生非议，若不能及时调适功能，重塑形象，社会就会逐渐失去对高等教育的依赖与信任，发生高等教育生存危机，也就成了早晚的事。

高等教育的整体形象建立在如下基础之上：一是培养人才的高质量、高层次。二是发展高深知识。传递和发展高深知识并维护自身作为知识权威的地位，始终是高等教育系统得以存在的基础。一旦偏离了这一点，就意味着高等教育危机的到来，欧洲 17 世纪科学院的产生便是明证。三是作为高等教育系统中个体形象的知识分子以及整体形象的大学对社会责任与历史使命的担当。李大钊曾言“铁肩担道义，妙手著文章”，反映了知识分子的社会作用和历史使命，也部分揭示了知识分子的品质和性格。我们可以为知识分子气质勾勒出这样一幅剪影：冷静理

① 赫钦斯．民主社会中教育上的冲突［M］．陆有铨，译．台北：台湾桂冠图书股份有限公司，1994：8.

性、充满理想、坚守原则、敢说真话、独立自由、实事求是、具有强烈社会责任感……这种气质和性格决定了他们能够在国破家亡、价值沦丧、公道不彰等社会异态下保持清醒的头脑和非凡的勇气去净化社会、唤醒民众。从“受过全面而一般的文化教养”的古希腊学者到反对教会势力和世俗势力的中世纪知识分子，从19世纪的纽曼到20世纪的赫钦斯，从中国古代的屈原到近代的鲁迅、闻一多到当代的季羡林，其思想都传递出对社会保持清醒和批判的责任意识。提及大学，人们更是充满景仰之情，将其视为社会的“思想站”、“人才库”、“导航灯”、“批判场”，正如金耀基先生所说：“大学应该是时代之表征，它应该反映一个时代之精神，但大学也应该是风向的定针，有所守，有所执着，以烛照社会之方向。”①

在社会转型与急速发展的时代，不仅对人才、知识的需求更为旺盛，而且因为社会变迁和社会流动日益加速，多元文化和多元价值共同存在，物质文明和精神文明、政治文明、生态文明远未同步。社会也部分呈现出哈贝马斯所做的如下描述：“陈腐不堪的内容与不真实的图像结合为一，板滞的习俗与高科技相拼凑融合，通俗文化的废墟跟高度个人化的、以消费主义方式装饰起来的荒诞之物掺杂结合。文明的垃圾堆用塑胶掩饰起来，普遍的实质溶化成自恋，一种完全失去个性、变成陈词滥调的自恋。”② 此情势下，高等教育更应该内外兼修，发挥更大的历史作用。

然而，因为功能失调而导致的育人功能萎缩，使高等教育不能提供更多高质量的、符合社会需要的大学毕业生。质量下降已成近年来人们批判高等教育的最主要问题。刘道玉先生曾举过这样一例，一家杂志社聘用了多名大学毕业生做编辑，但主编告诉刘先生，这些学生的水平还不如解放初期的高中毕业生③。同时，高等教育的目标日益褊狭，高等

① 金耀基．大学之理念、性格及其问题［M］//刘琅，桂苓．大学的精神．北京：中国友谊出版社，2004：108.

② 王岳川．后现代主义文化研究［M］．北京：北京大学出版社，1992：159.

③ 孙宏光．刘道玉：我国高等教育的三大危机［J］．同舟共进，2007（5）：12-15.

教育几乎退化为岗前培训，教给学生的恰恰是浅层次的、实用的知识，深层次的教育功能渐渐被淡忘，学生的思维能力、批判能力和创新能力培养不足，因此有研究者指出，现代教育已经失却了教育本应具有的深度，高等教育也不例外①。文凭的贬值与就业的困境，更拂去了大学毕业生身上“天之骄子”的面纱，在严峻的现实面前，他们甚至没有农民工的工资期望水平高，难怪有政协委员在今年两会期间提交议案——谨防新的“脑体倒挂”。

因为功能失调而导致的学术环境恶化，使得高等教育难以在发展、创造高深知识方面做出明显的贡献。中国大学一流研究成果的匮乏，已是不言之秘。人文学科没有提供新的研究范式姑且不说，即使全球化与本土化、现代与传统的基本关系也没有解释清楚。社会科学没有清楚解释中国现代变迁的鸿篇巨制。可是18—19世纪崛起的德国人却提供了崭新的现代人文社会科学成果。我们的边缘交叉科学（如管理学科）更是在一种粗浅地引进西方理论的境地中挣扎，自然科学的基础研究和工科提供的创新技术与科学技术发展需要相脱节②。

因为功能失调而导致的社会功能偏颇，使得高等教育日益为社会所俘虏，在批判和引领社会方面日渐失声。知识分子的独立性、原则性、理性日益退化，“御用文人”、“商用文人”渐渐增多。大学这个本该让社会敬畏的、大家都抱着虔诚的心去接受她所辐射的智慧的一类机构，却难在伦理、文化、社会等问题上发表意见，行使其智慧权威。大学与世俗融合在一起，分不清谁在批判谁、谁在引领谁。大学的商业化、官僚化、庸俗化日益蔓延，由文化场域、学术场域蜕变为商品场域、功利场域，难以引领社会在文明与野蛮、高尚与媚俗、进步与倒退之间做出选择。

因为功能失调，高等教育形象赖以建立的基础一一被消解，并日渐成为社会问题的焦点与人们讽刺的对象。在人们眼中，现在的大学不是追求大师、大学问的“大学”，而是追求名气之大、面子之大、面积之

① 石中英．试论现代教育的“深度”[J]．教育理论与实践，1998（3）：2-6.
② 任剑涛．大学危机之九大征兆[J]．南风窗，2003（7）：24-25.

大、官位之大、学生规模之大的“大学”，大学已经退化成为世俗的“名利场”、“资格养成所”和“‘人才’工厂”。大学作为知识与道德象征的形象正在消解。大众媒体将这块最不易沾上恶名的圣地的致命缺陷展示在世人面前，学阀、师德败坏、权学交易、钱学交易以及学生的“堕落”令人们不再以崇敬的目光看待大学、看待大学里的人。媒体上关于这方面的报道屡见不鲜，从不同角度揭开了高等教育光鲜外表下的种种“暗疮”和“毒瘤”。

与形象受损相伴随的是高等教育的社会满意度也在降低。2005 年，著名学者杨振宁和丘成桐曾就“中国大学是否办得成功”提出过截然相反的观点，为此新浪网和《中国青年报》2005 年 8 月联合进行了调查，在参与调查的 6 549 人中，有 5 941 人支持丘成桐，认为中国的大学办得不成功，比例高达 90.72%，也是在本次调查中，有 42.85%的人认为上大学“不值”[①]；而在 2006 年《中国青年报》进行的另一项调查中，显示出大学毕业生对母校的认同感和满意度也在降低。调查显示，在描述对大学母校的印象时，“失望”、“和想象中不一样”、“没感觉”、“可算离开了”这样的词汇使用率相当高，甚至个别的人干脆用了一个“烂”字来形容。在惊异和落寞之余，我们不禁要问：曾让老一辈大学生留恋终生的大学校园，为什么在现在的大学毕业生眼中却变得如此不堪？[②] 2007 年，吉林大学学生马亮亮的一篇《中国大学教育之批判》在网络上迅速传播，引起了很大反响，他以一名普通学生的身份对当前中国大学教育的种种不良现象进行了责问，在文中，他以深情的笔触写道：“我的内心充满着否定对立的复杂心理因素，一方面经过艰辛的‘高考’过程能够接受‘高等教育’，我对于大学是充满着深厚的感情的；另一方面经过几年的大学教育，我对于大学又满怀失望。”[③] 从专家

---

① 新浪——中青报调查．你觉得中国的大学办得成功吗？［EB/OL］．［2005-08-17］．http://edu.sina.com.cn/y/i/2005-08-17/155841880.html.

② 李松涛．调查显示青年对大学母校印象改变感情变淡漠［N］．中国青年报，2006-12-11.

③ 马亮亮．中国大学教育之批判［EB/OL］．［2007-07-01］．http://www.douban.com/group/topic/14192306/.

学者、社会公众，再到莘莘学子，他们的评价可以反映出当前我国高等教育的社会满意度正在降低。

高等教育整体形象的受损和社会满意度的下降，会影响到公众、社会对高等教育的信任，影响到高等教育与社会协调发展和互相促进的关系，导致高等教育与社会的背离，致使高等教育从社会获得的支持弱于应有水平与程度。如果让这种不信任现象继续蔓延，高等教育发展的环境将会更加恶化，最终将引发高等教育的生存危机。

二、学术界：学术道德滑坡、学术环境恶化

学术研究是崇高的事业，目的是追求真理，或领悟人生的真谛，它应当不为任何政党或宗教的势力所支配，也不为狭隘的功利所左右，从事着为学术而学术的活动[①]。布鲁诺宁愿被烧死也不愿附和教廷是为了追求“日心说”的“真”，马寅初甘心接受批判而不放弃学术立场是为了宣示“人口论”的“真”……古今中外学术界坚守“真”的范例不胜枚举。近年来，尽管我国学术研究事业取得了许多重大进展，但学人的学术道德和整体学术环境持续恶化也是不争的事实——剽窃、抄袭、造假等事例时有发生，买卖书号、项目垄断、虚假鉴定、内定奖项等现象也屡见不鲜。不断产生的官方政策、民间努力和业界呼吁[②]，昭示着学

① 张翼星．谈谈大学之所以为大——兼谈争创一流大学的基本方向［J］．现代大学教育，2006（1）：1-5．

② 近年来，官方出台的相关政策大略有：教育部2004年发布的《高等学校哲学社会科学研究学术规范（试行）》、2006年印发的《进一步加强学术道德建设的意见》、2016年印发的《高等学校预防与处理学术不端行为办法》，科技部2006年发布的《国家科技计划实施中科研不端行为处理办法（试行）》，中国科学院2007年发布的《关于科学理念的宣言》和《中国科学院关于加强科研行为规范建设的意见》；民间主要有“打假斗士”之称的方舟子和新语丝网站；业界做出的呼吁主要有：2008年《中国社会科学》杂志社发起、联合全国50家人文社会科学期刊共同发表了《关于坚决抵制学术不端行为的联合声明》，2006年美国印第安纳大学教授、清华大学兼职教授傅新元发起100多人签署公开信，对如何处理中国学术不端发表了建议和看法；2006年美国普林斯顿大学教授施一公等120名华人科学家联名致信中国有关部门，建议国内的高等院校和研究机构设立有关科学研究诚信的必修专门课程，给学生和科学研究工作者讲授有关科学诚信的道德规范和处理学术不端的适当程序，从而为国内的学术研究创造一个健康的环境。

术环境问题的严重性。种种弄虚作假、营私舞弊的学术行为不仅严重贬损了学术的崇高形象，阻碍了学术的健康发展，而且弱化了对高素质人才的培养，限制了国家创新能力和科技水平的提高。学术环境的恶化，除了体制制约等原因外，高等教育功能的失调也可谓其中的重要因素。

首先，功能价值取向上社会取向的一尊独大，使得学术研究逐渐为社会需要所“绑架”。为了迎合社会政治、经济的需要，大学和政府以及以营利为目的的企业之间的交流互动越来越频繁。在意识形态和功利主义的冲击下，高等教育中产生了学术自由和功利意识之间的矛盾。正如唐纳德·肯尼迪（Donald Kennedy）向人们警示的那样：“如果教授（或他们的机构）突然变得富裕和精明起来，象牙塔和普通公众之间融洽的社会契约就会破裂。”① 作为学术机构的大学与以营利为目的的商业活动相结合是很危险的，高等教育只考虑当前、局部利益，以自身学术资源的优势来牟取政治或经济利益，严重违背了其运行的客观规律，违背了高等教育存在的本质意义与价值，结果只能是学术精神和自由意志的进一步沦丧。

其次，高教活动中行政权力的主导地位，增加了学术活动中的许多不端行为。由于行政官员过分强调其行政权力，使一些职能部门“角色错位”，将服务职能转换成了指挥权力，致使“中国当下的许多与学术研究和教学活动紧密相关的政策和规定只适合于管理者的管理工作，但却不适合于被管理者（即广大的知识分子和教师）的学术实践和教学活动”②。一方面使研究者“削足适履”，为了获得立项和经费从事适合管理者需要的研究，更严重的是行政权力直接干预学术研究的全过程，极易滋生权学交易、内部指定、关系评审等恶果，助长学术界重权术而轻学术，唯“上”不唯“书”的不良风气。

最后，高教活动中重科研、轻教学的取向，以及对科研成果的评价

① 肯尼迪．学术责任［M］．阎凤桥，等译．北京：新华出版社，2002：156.

② 邓正来．学术规范化与学术环境的建构——对《高等学校哲学社会科学研究学术规范（试行）》之合法性的质疑［J］．开放时代，2004（6）：124-128.

重指标考核轻积累效应的做法，造成功利思想泛滥、泡沫学术盛行。“板凳须坐十年冷，文章不写一句空”的严谨态度、“吟安一个字，捻断数茎须”的求实精神不能很好地继承和发扬。功利学术、数字学术大行其道，著作等身、学术明星受人追捧。因为科研成果与待遇、奖金、地位、名誉的联系过于紧密，一些知识分子或者是主动地或者是“不得不”放弃了学术伦理而不择手段地用学术和教育资源去换取金钱、住房、职称、官位、奖品等。他们抛弃了知识生产所应当遵循的逻辑而采纳了市场商品生产所遵循的逻辑或者政治活动所遵循的逻辑，在与市场场域、社会场域或政治场域进行共谋的同时也出卖了学术的品格。从学者剽窃抄袭，到教授行贿丑闻；从考博成绩的操作，到文凭上的权钱交易；从个人学术履历和研究成果的伪造，到学术单位研究成果的谎报；从教师的“非学术”走穴和兼职，到教授的不教书却雇学生干活——种种学术浮躁和腐败现象使中国学术界的声誉受到了极大的损害，也对我国高等教育的和谐发展造成了极大阻碍①。早在 2006 年两会期间，全国政协常委公布了一个调查，在接受调查的 180 位博士学位获得者当中，60％的人承认他们曾经花钱在学术刊物上发表论文，相近比例的人承认曾抄袭过其他学者的成果。“2013 年 8 月，国家自然科学基金会通报学术不端典型案例 6 起，2015 年 1 月，国家自然科学基金会通报学术不端典型案例 9 起。当学术不端行为不断发酵成‘群体事件’，升级转变为一种甚嚣尘上，颇为各界所关注的社会现象时，在一定范围内冲击着大众的心理和学术的尊严。”② 以至于著名教育家、前武汉大学校长刘道玉不禁感慨道：“现在培养的十多万基本上不合格和学风不佳的博士，他们有一个博士的桂冠，所以他们将会充实到大学和科学研究机构，由这些不合格的博士再培养出更多不合格的博士，这就是一个恶性的循环怪圈。所以，我预计二十年以后，我国的教育和科学水平还要下降，与世

---

① 邓正来．学术规范化与学术环境的建构——对《高等学校哲学社会科学研究学术规范（试行)》之合法性的质疑［J］．开放时代，2004（6）：124-128.

② 万苏春．学术不端行为及其治理研究——以 2010—2016 年国内学界文献研究为综述对象［J］．宜春学院学报，2017（4）：111-116.

界先进水平的距离还要拉大。”①

本来，诚实守信、廉洁自律、独立自由、理想信念等道德与伦理底线在许多领域已被金钱与权力冲击得脆弱不堪，由知识分子组成的学术圈可以说是最后一道可以抵御金钱与权力腐蚀的防线，如果学术防线也为权势与利益所击溃，那无异于自毁长城，引年轻学子走向追求官位与金钱的歧途，也无异于自毁清誉，任世人蔑视科学、道德、人格和一切有品位的文化传统。如此下去，不仅无法培养出中兴学术的青年才俊，我国科教兴国与精神文明建设也成了空中楼阁。难怪有识之士疾呼，“反腐败包括反对思想腐败”②。

三、社会上：发展动力受限、前进步伐受阻

高等教育的发展与社会进步密切相关，高教功能的失调会影响社会发展的人才储备、科技基础、风气环境，进而阻碍社会的进步。

（一）功利思想泛滥，人文精神失落

在高等教育领域，理性主义和功利主义、人文主义和科学主义是两种不同价值体系的教育哲学。从历史发展来看，理性、人文与功利、科学相互交织、此消彼长，在不同时期对高等教育的发展起着支配性作用。在我国，市场经济的发展、科学技术的进步和社会现代化的要求导致高等教育倾斜到功利、科学的一方，过于追求对社会经济发展的适应，而忽视了对人的心智、理性和人文精神的培养。高等教育中存在着一种“重科技、轻人文”，“重专业、轻教养”的倾向，政治、经济等社会功能和社会化功能超越了文化功能和个性化功能，导致育人功能日益萎缩，人文精神日渐式微。

人文精神是一种普遍的人类关怀，表现为对人的尊严、价值的维护和关切，对人类遗留下来的各种精神文化现象的珍视和理解，对一种全面发展的理想人格的肯定和塑造，对社会发展的关心与责任，对各种生

---

① 张洁平，邴中校．揭开学术腐败，防止动摇国本［J］．亚洲周刊，2006（35）：12-13.

② 于光远．反腐败包括反对思想腐败［M］//何祚庥．伪科学再曝光．北京：中国社会科学出版社，1999：86.

命形式的尊重和善待。我国古代有着深厚的人文传统，不仅倡导“居庙堂之高则忧其民，处江湖之远则忧其君”的责任担当，拥有“老吾老以及人之老”的人性关怀，而且信奉“钓而不纲，弋不射宿”、“万物并育而不相害”的生态伦理，遵从“吾日三省吾身”的内心自察。而如今，在随市场经济发展而泛滥的功利主义思想荡涤下，“媚俗、浮躁、功利、浅薄，严重充斥着当今中国的大学校园”①。人的精神生活极度贫乏，人的理智与情感，心灵与肉体，物质与精神，知识与智慧出现了严重的分离。大学生的审美情趣急剧失落，文化底蕴不够丰厚，创新意识和挑战精神不强，社会责任感日益稀薄，心理、人格问题逐渐增多，不仅缺乏远大理想，更难具有宽容的胸怀。我们已经看到不少精于科学荒于人学，精于电脑荒于人脑，精于商品荒于人品的灵魂苍白的“空心人”，他们情感麻木，人格丧失，给社会带来的不是贡献而是危害。从 2002 年清华大学学生刘海洋伤熊，2004 年云南大学学生马加爵因泄愤锤杀同窗，到 2010 年西安音乐学院药家鑫驾车撞人后又将伤者刀刺致亡，2013 年复旦大学研究生林森浩向室友投毒……知识和智力如果没有道德和伦理约束，可能会走火入魔。特别对那些有知识和智力的人来说，一旦没有了道德约束，个人的欲望和野心就会产生巨大的破坏力。

更为重要的是，人文精神不仅是精神文明的主要内容，而且影响到物质文明建设。它是构成一个民族、一个地区文化个性的核心内容；是衡量一个民族、一个地区文明程度的重要尺度②。正如蔡元培先生所说，“国民人格的完善与否，则事关国家的隆盛”。高等教育已由社会生活的边缘走向社会生活的中心，逐渐成为社会精神领域的“评判场”与“导航灯”。高教领域人文精神的失落势必累及整个社会人文精神的不彰。在激烈的国际竞争中，一个国家或民族没有现代科学技术，一打就垮；而一个国家或民族假若忽视了优秀传统或人文精神，就必然导致社会精神文明的滑坡和社会群体行为的庸俗化，良知缺损和物欲膨胀就会像洪

---

① 张传燧．大学之“道”与大学之“器”——传统大学精神解读［J］．高等教育研究，2005（12）：8-11．

② 陈言，叶朗．人文精神的坚守与呼唤［N］．人民日报（海外版），2001-01-02（7）．

水一样泛滥，那么，这个国家或民族就会不打自垮。在我们努力全面建成小康社会，不断满足人民群众对美好生活向往的今天，拯救失落的人文精神刻不容缓，否则，社会发展越快，人与自然、人与社会、人与人之间的互动越多，矛盾也越多，人与自我内心的冲突也越多，没有人文精神的润滑与调和则“国家的和谐康泰越不可问”。

（二）机会分配不均，社会流动受阻

正如联合国教科文组织在《高等教育变革与发展的政策性文件》中指出的那样：“享受高等教育已不再仅仅是特定社会中社会与经济关系的反映，它已成为这种关系中的一个决定因素并对整个社会的发展产生影响。因此，高等教育在确保社会地位的向上流动及专业方面的平行流动方面可以发挥重要作用。公平要求为地位较低群体的成员接受优质教育课程计划提供更多的机会。由于各种教育、社会和经济原因，为人们，尤其是为年轻人接受高等教育创造可能的条件是十分重要的。然而，这些可能的条件的创造与整个社会对于高等教育的投资又是相联系的，这在有公共资金投入的情况下尤为如此。在许多国家，并不是所有学业上合格的人都享有学习的权利。”①

因此，一个和谐、公正的社会应该通过提供公平的高等教育机会，给底层人群建立向上流动的渠道，当底层人群公平地拥有改变命运的机会时，他们才会对未来充满希望。而正常的社会流动，可以使社会充满生机和活力，并能够有效维持社会的安定和团结。自古以来，教育就是社会底层人群向上流动的重要机制。即使在阶级社会里，通过教育来吸纳下层精英，并通过教育再制一种既定的社会结构，也是统治阶级维护自己优势地位的有效途径。何怀宏先生曾指出：“古代科举考试曾使入仕者中平民比例达到半数以上，在宋以后大多数情况下都至少保持在三分之一的水平，每次科举可以使统治层得到来自民间、下层三分之一以上的新血补充。”②

① 赵中建．全球教育发展的研究热点：90年代来自联合国教科文组织的报告［M］．北京：教育科学出版社，1999：164-165.

② 刘精明．转型时期中国社会教育［M］．沈阳：辽宁教育出版社，2004：54.

而高等教育资源地区分布的不均，招生中的地区不公、阶层不公，以及就业中的地域歧视、因教致贫等失调现象，却限制和阻碍了高等教育不发达地区人群和底层人群向上流动的渠道。和高等教育资源发达地区相比，高教资源欠发达地区的适龄青年在现行的招生体制下无法和高教资源发达地区的学生公平地竞争高等教育入学机会，而在毕业时，又会因为同样的地域问题造成就业机会获得的不公，例如北京、上海等城市就对外地生源的本城就业实行了许多限制性政策，使外地生源无法公平地和这些城市生源的毕业生竞争工作机会。由入学到就业，种种机会不均累积的结果就是，发达地区的毕业生获得了比欠发达地区毕业生更多的社会流动机会。

同样，和社会优势群体子女相比，底层人群子女在社会资本、经济资本等方面本已十分欠缺，通过教育提高自己的文化资本是他们与前者竞争、实现向上流动的有效途径。但招生中的隐形不公影响了他们向上流动的道路，而因教而致贫、因贫而失教更中断了他们实现有效社会流动的道路。在北京高校大学生中，20 世纪 80 年代，来自农村的学生占到 30%，90 年代中期只占到 17%，21 世纪初则低于 15%①。这意味着，农村孩子通过高考向上流动的渠道被缩窄。此类情况在城市低收入家庭子女身上同样存在。合理社会流动受阻会使阶层差异代际转移、社会结构断裂，并加剧社会排斥，致使一部分人被排斥在社会结构之外。教育就变成了再生产和复制社会的不平等，再生产和复制社会的阶层关系的工具。

（三）发展动力不足，前进水平受限

生产力是推动社会发展的根本动力，而人和科学技术又是生产力中最为主要的两个影响因素。其中科学技术是第一生产力，是人类文明的主要推动力，是经济发展和社会进步的源泉。在人类历史进程中，科学技术总是与生产和经济相依相伴、彼此促进，几乎每一次经济高增长期总是以科学技术的突破作为基础。特别是近代历史上三次技术革命带来的三次工业革命，使人类从此开启了现代文明的曙光。科学技术在生产

① 王石川. 有感于“一个学生让你家徒四壁”[N]. 工人日报，2006-02-16.

力中的地位越来越重要，科学技术进步在经济增长和社会发展中的作用越来越大。据有关资料统计，目前发达国家经济增长的60%～80%是由科技进步推动的。而人是生产力中最基本、最活跃、最关键的因素。综观人类文明史，影响社会进步和历史发展的因素很多，但真正起着基础性、战略性、决定性作用的因素是人。经济社会越发展，人的因素就越重要。高等教育是一种发展高深知识，培养专门人才，并以此为中介发挥特定社会作用的社会活动，对人才培养和科技进步的作用巨大，这一点毋庸赘言。

同时，明确的发展方向、良好的社会风气也是社会发展与进步不可或缺的方面，而高等教育既有能力又有责任对此有所担当，因为“教育既是社会的产物，又是社会的创造者”①。作为社会的产物，教育发展固然要置于社会发展的总目标之下，要适应社会；而作为社会的创造者，教育又必须塑造或引导社会。正如帕森斯所言：“大学教育之良窳足以影响乃至决定一个社会的文化与经济的盛衰。……将在形塑、改造和推动社会中扮演一个重要的角色。”② 在历史上，高等教育系统及其中的知识分子的确在引领社会、批判社会、净化社会等方面做出过历史性的贡献。在西方文艺复兴时期，高等教育系统就成为批判基督教文化和教皇统治的阵地，大批学者成为当时引导人们冲破宗教枷锁的思想先驱，如但丁（Dante Alighieri）、薄伽丘（Boccaccio）、加尔文（John Calvin）、哥白尼（Nicolaus Copernicus）、伽利略（Galileo Galilei）、牛顿（Isaac Newton）等成为欧洲文艺复兴、宗教改革、近代科学兴盛的开路先锋。德国则首先兴起大学的改革运动，使德国大学获得了“大学是民族精神生活的中枢机关”的称誉。中国“五四”时期的高等教育，更是批判落后文化、腐败政治，提倡民主和科学的“堡垒”，在某种意义上，它催生了马克思主义在中国的发展，影响了中国近代文化的历史走向③。由

---

① 联合国教科文组织国际教育发展委员会．学会生存：教育世界的今天和明天［M］．华东师范大学比较教育研究所，译．北京：教育科学出版社，1996：301.

② 金耀基．大学之理念［M］．上海：上海三联书店，2001：1.

③ 谭庭浩．大学有什么用？——访陈平原［N］．南方周末，1998-04-17；张应强．现代化的忧思与高等教育的使命［J］．高等教育研究，1999（6）：12-16.

此可见，高等教育系统始终展现着批判现实的勇气和引领社会的先声。

然而，当前高等教育因为功能的失调难以在人才、科学技术、引领社会方向等方面为社会发展与进步做出应有的贡献，从而限制了社会的发展水平。首先，在人才培养上，育人质量的下降使得一些受过高等教育的人既无大智慧，又没有健全的人格；既无深邃的洞察力，又没有高尚的道德境界；既缺乏理想信念，又不能踏实勤奋；既没有创新精神，又不能吃苦耐劳。人才的素质结构存在许多问题，使得人力资源匮乏，难以满足社会发展需要。其次，在科学技术上，学术环境的恶化使得原创性重大科研成果难以产生。机械制造专家、前国家科委科技干部管理学院院长施汉民先生曾说：20 年来，在所有的科技领域里，中国人没有做出过任何一项有价值的新概念、新体系，新方法①。尽管过于绝对、有失公允，但却揭露了我国原创科技发展不足的一些现状。再次，在引领社会上，批判精神的散失使得社会价值标准混乱。功利主义、现实主义、实用主义过度泛滥，追求利益的最大化正在成为个人和组织行为的基本出发点和终点。正义、道德、公平、关怀等“善”与“美”的目标遭到忽视，社会的价值取向日渐令人迷惑，社会发展的方向更加使人担忧。人才储备的不足和先进科学技术的缺乏必将导致社会经济前进乏力；而价值标准的混乱、发展方向的迷惘更是直接影响社会前进的秩序和目标的实现。因高等教育功能失调而导致的人才、知识、价值导引等方面的不足和缺位，最终会牵制社会前进的步伐，导致社会发展受阻。

第三节　高等教育功能失调的原因

如欲采取有效措施规避和矫正这种失常的高等教育现象，调适和优化高等教育功能，必须首先认清高等教育功能失调的症结所在。我们可以从高等教育内部和外部的影响因素入手审视高等教育功能失调的原因。

---

① 姚国华. 全球化的人文审思与文化战略：下卷——大学重建［M］. 深圳：海天出版社，2002：106.

一、社会环境的制约

高等教育作为社会系统中的一个子系统，其功能的实现状况必然受到社会系统中其他子系统，如政治、经济、文化的影响和制约，具体而言，社会环境对高等教育功能的制约表现在如下几点：

（一）体系再生产的规制

“体系再生产”理论认为地方性社会是一个独立的体系，同时也存在着超越地方性社会的更大的体系，甚至是一个全球性的体系。地方性体系有维持生存和延续的需要，也就是再生产的需求。而地方性体系的再生产在不同程度上依赖于它所在的更大的体系，依赖的程度取决于地方性的体系整合进更大体系的程度[①]。以此来分析，高等教育系统可看作一个地方性的体系，而社会被看作高等教育系统之外的更大体系，高等教育系统与社会关系的分析就成为这两个体系之间关系的分析。高等教育系统作为一个小的体系，其维持和延续需要与其所处的社会体系进行各种资源的交换，这种体系的自主性和对于更大体系的依赖取决于它整合进更大体系的程度。而我国高等教育机构具有“小社会型”的特征，表现出与社会的强烈同构，并完全整合进社会生产体系，成为培养和创造社会需要的人才和知识的一类组织[②]。因此，社会的需求决定了高等教育功能的价值取向，型塑了高等教育功能实现的可能及其领域。不同时期社会需求重心的转移便决定了高等教育功能的变迁，“文革”中政治功能特别突出，改革开放后经济功能日益凸显，这便是高等教育功能失调的体制宿命。

此外，若循此理论做进一步的分析，我们可以将单个的高等教育机构看作一个小体系，整个高等教育系统就成为涵括每个高等教育机构的更大体系。在我国集权制的高教体制和公立高校占绝大多数的高教体系里，单个的高教机构必须完全顺应与整合进整个高教系统的发展变迁中，遵循既

---

① FRIENDMAN J. Cultural identity and global process [M]. London: Sage Publications, 1994: 1-9.

② 郭建如. 从大学与校办企业关系的演变看大学的社会型塑：体系再生产的视角 [J]. 北京大学教育评论，2003 (4): 47-53.

定的发展规则行事。在整个高教系统都以社会服务为导向、遵循行政权力的逻辑、追求经济利益、强调科研数量、热衷与市场联姻、着意与政府同构的环境下，单个高校很难遗世独立，去追求不为体系内主流所认同的目标，于是这种同化和顺应就造成了整个中国高教领域面对高教功能失调的集体无意识。这也就不难理解为什么在理论上认同高等教育分类发展的同时，各高校还拼命地专升本、本升综、职变普、普求研了。

（二）经济环境的负面影响

自改革开放以来，经济建设成为我国社会发展的中心，随着计划经济体制向市场经济体制的转轨，经济思想和经济观念逐渐深入社会生活的各个角落。不可否认，市场经济的发展，对于优化资源配置、改善人民生活、优化高教资源确有显著之功。但同样不能回避的是，因为物质文明建设与精神文明建设的失谐，使得市场经济的一些负面因素逐渐膨胀，其中功利主义思想的蔓延就是其典型反映。功利主义是以实际功效或利益作为道德标准的伦理学说，其行为和实践的正确性与错误性只取决于这些行为和实践对受其影响的全体当事人的普遍福利所产生的结果。尽管在契约社会里，功利主义有其存在的合理性，但功利主义的泛化和蔓延则会给社会带来利益至上的不良冲击。不幸的是，随着我国市场经济的发展，本应坚守"真理至上"的大学校园，也形成一股功利性的办学和学习风潮，并且制度化成为群体意识与社会结构，高度压迫着高校的办学方针和个人的学习乐趣。

这种功利之心动摇了高等教育功能发挥的基础，具体表现如下：一是教育目的偏移。大学的"基本精神在于学术之发展、人格之养成、心智之畅悦"①，然而现今的大学逐渐成为时尚学术的创造地、职业技能的训练所、社会文化的跑马场。许多学生接受高等教育的目的只在于习得一种资格，获得一纸文凭，谋得一份工作，于是实用知识大行其道、考级拿证成为时尚、人格修养少有问津。二是知识基础失衡。高等教育对高深知识的探求和传递发生了巨大转向，凭借"闲逸的好奇心"维持的

① 张应强. 现代化的忧思与高等教育的使命 [J]. 高等教育研究，1999 (6)：12-16.

基础性研究日渐萎缩，对理智训练不可缺失却不为市场钟爱的人文学科陷入了边缘化处境。而科技知识和实用知识大受青睐，能够增加经费的应用性研究广受欢迎，技术至上已日益成为社会主流价值观念，致使科学技术发展所带来的负面效应呈恶化的趋势。在技术至上的社会中，高等教育的文化功能在不断退化，正在异化为另一类技术至上的机构①。当然，这不是我们一国之特例，而是一种全球风潮，譬如加拿大安大略省省长甚至说要将大学里的人文科目“统统砍掉”，因为“它们完全不合经济利益”②。三是知识分子意识退化。在功利主义思想下，学术研究演变为经费获取的手段，知识分子进行学术研究的根本旨趣已经受到颠覆。为了获取各种纵向、横向课题，许多知识分子被迫以自己的社会责任和自由精神为代价，在利益的裹挟下从事伪学术价值或高经济价值的研究。四是高等教育独立性萎缩。在高等教育为经济服务的导引下，市场逻辑以合法化姿态进入高等教育机构内部，冲击着高等教育基于组织特色建立起来的系统独立性，这使得高等教育机构在实现自身独立发展和承担社会责任两个方面都陷入困境。一旦高等教育从内部管理到外部关系上都无法保持相对独立性，其对社会客观的审视和批判也将化为乌有③。上述高等教育功能基础不同程度的消解必然影响到功能结果的全面与协调。或者说，这种功利主义思想的蔓延是高教领域育人功能失落、人文科学旁落、社会导引和批判功能退化，乃至学术浮躁和学术腐败的原因和温床。

（三）文化传统的羁绊

文化是一个地区或民族在长期的社会生活中形成的生活方式的总和，其中包括人们的思维方式和行为方式。文化传统对高等教育特别是高等教育观念影响深远。厉以贤教授曾指出：“高等教育的观念，受制于一

① 王英杰．大学危机：不容忽视的难题［J］．探索与争鸣，2005（3）：34-38.

② 史密斯．全球化与后现代教育学［M］．郭泽生，译．北京：教育科学出版社，2000：40.

③ 康瑜．试论全球化视角下高等教育的社会批判功能［J］．比较教育研究，2005（9）：7-10.

个民族的历史传统文化观念，根植于历史传统的文化观念。”[①] 我国是一个历史悠久的国家，历经几千年发展演变，以儒家文化为核心的传统文化至今仍在我们的社会生活中发挥着巨大影响，其中也包括高等教育。传统文化对高等教育的影响既有积极的一面，又有消极的一面。其积极的一面在于，传统文化源远流长，其中有许多思想至今仍具光彩，例如“尊师重教”、“教化人格”、“内省自察”等对维护高等教育秩序、促进个体修养都具有积极功能。其消极的一面在于，传统文化在教育价值取向上推崇“学而优则仕”、“官本位”，认为“万般皆下品，唯有读书高”；在教育管理上，表现为“家长作风”、“长官意志”等。随着时代的变迁，尽管人们的思想观念发生了很大变化，但传统文化经过几千年的沿袭，许多方面甚至内化成一种民族性格，其消极方面仍然对高等教育改革和功能实现构成一定阻碍。例如，中国人一向有追求“大而全”的传统心理，这种心理促使一些高等学校不顾自身基础，盲目攀高、升格。一时间，大学规模越办越大，大学城建设越建越多，升格之风愈演愈烈，“跨越式发展”的口号愈喊愈响，结果造成竞争失序、专业重复设置、办学效益不高，直接导致我国高等教育结构的失衡[②]。又如，“政教合一”是我国传统文化的重要特征，政治与教育高度统一、教育的政治功能受到高度重视也是中国传统教育的重要特征。因此直到现在，政治取向和政治功能依然是高等教育的核心追求。再如，中国传统文化强调“同一”、“和合”、“群体”、“规范”，受此影响，我国高等教育在人才培养上重视学生社会规范的习得和社会化的完成，忽视学生主体性的培养和个性的完善。还有，儒家思想中从“他律”到“自律”转变的“慎独”主张，对人的心理形成一种潜在的、自觉的规训和控制，它会使人从众、随大流、牺牲个性、追求社会化效果，同样也不利于学生的个性化发展。

---

① 建设有中国特色社会主义高等教育理论研究课题组．建设有中国特色社会主义高等教育理论研究［M］．北京：高等教育出版社，1996：84．

② 施晓光．美国大学思想论纲［M］．北京：北京师范大学出版社，2001：228-229．

二、政府管理的缺陷

作为一种“准公共产品”，高等教育提供者的意识和责任对其功能发挥也有关键性影响，然而当前政府在高等教育管理中的一些缺陷却造成了高等教育功能的失调。

（一）“小社会型”组织的束缚

新中国成立后，政府通过控制财政、领导体制、人员编制等途径将高等教育机构整合进政府的基本架构中，成为社会的一个基本生产与管理单位，并且高等教育组织在结构和功能上表现出和社会大系统的强烈“同构性”。同时，政府在高等教育活动中的缺位，使得高等教育机构承担了许多本来应该由政府或社会担负的职责，使高等教育机构呈现出“小社会”的特征。在结构上，我国高等教育系统具有下列几类机构：一是教学研究机构（包括各教学院、系、部、所，研究院、中心、所，图书馆等），二是行政机构（包括学校办公室、人事处、财务处、科研处、教务处、学生处、基建处、保卫处、离退休处、外事处、后勤管理处等），三是党群机构（包括党委办公室、纪委、组织部、宣传部、监察处、审计处、统战部、武装部、学生工作部、团委、工会等），四是后勤与产业机构（包括附属学校、幼儿园、医院、车队、饮食中心、招待所、校办工厂等）。

这种多元组织结构决定了其功能结构是一种扩大化的功能结构。我国高等教育机构不仅需要发挥育人功能、文化功能，还要发挥如下功能：一是直接的政治功能，例如通过党团系统对师生员工的思想政治教育和管理。二是功利的经济功能，例如创办校办工厂，以补充办学经费，增加职工福利。三是繁重的生活服务功能，例如大学职工的生、老、病、死、孩子上学、住房、医疗乃至娱乐活动和职工纠纷都要学校来管理和解决。四是社会分流功能，例如接收和安置国家统一分配的转业军人等人员。这种“学校办社会”的“功能泛化”现象使高等教育机构承担了许多其他社会组织应该行使的非教育性功能，使高等教育背负了沉重的负担，同时也增加了极高的办学成本，甚至由于这些方面比重太大而削弱了高等教育机构的教学和研究工作，疏离了高等教育的本质功能。许多高校的教职工代表大会所收集的提案，大多与教学科研无关，很大一部分是关于职工生活服务方面的问题。

（二）行政化体制的制约

学校本应是一个学术单位，不应有行政级别的利益、诱惑与约束。它需要一定的教育标准、学术标准来评价。但我国近代高等教育机构具有“后发外生”型特征，特别是新中国成立以后，公立高等教育机构是在旧大学基础上经过社会主义改造由政府建立的，在集权制的社会管理体制下，“高等教育已经是整个国家机器中一个完全协调和统一的部件，它本身对于社会和经济发展的要求的适应，从某种意义上说，也不是一种真正意义上的适应，而只是执行国家的要求而已”①。因此，高等教育机构被视为国家行政系统在高等教育领域的延伸，它的组织结构与国家的行政结构有很强的同构性，管理与政府管理趋同，管理人员被视作国家干部来任免和管理。所有公立高等教育机构都被纳入行政的条块分割中，异化为以官僚机构模式运转的另类机构，因而具有明显的行政属性与官僚色彩，具体表现为：一是集权化。国家不仅决定着高等教育的各项政策，而且控制了高校财政，统一了教材和教学大纲，并用“编制”的办法把人员束缚于某个单位中。尽管高等教育管理体制改革进行已有时日，但到目前为止，我国高等教育的办学自主权依然集中在各级教育管理部门手中，高校作为行政机关附属机构的地位没有从根本上改变。二是等级性。我国高校具有鲜明的等级性，表现在各级高校及其内部组织对应于其他社会单位的行政级别设置，分为副部级高校、正厅（局）级高校、副厅（局）级高校，高校内部又有处级单位、科级职务等区别。这种等级化的安排人为地设置了高校之间不平等竞争的制度基础。

高等教育机构“行政化”的膨胀，妨碍了大学成为独立的学术组织。正如杨德广教授所言，学校应该是学术性组织，但长期以来，在高度集权的计划经济体制下，学校成为一个行政组织，学校必须跟着政府走，跟着权力走，导致高校不同程度地缺乏学术批判和学术精神，缺乏学术

① 谢维和．论高等教育对现代社会的适应［J］．北京师范大学学报（社会科学版），1998（4）：5-12．

自由和学术民主，缺乏办学的独立性和自主性。行政规律代替了学术规律，行政权力取代了学术权力①。更为隐蔽和严重的是，这种行政化、集权化的意识已经内化到高等教育系统的大部分个体，成为群体性的心理认同。制度决定高教活动，观念指导个人行动，在行政化思想的导引下，高教功能必然追求与政府愿望的同构，如果政府意愿出现偏差，高教功能产生偏移和失调是自然而然的事情。

（三）政府投入的不足与失衡

国家作为发展高等教育事业的第一责任人，在教育成本的分担上作用发挥不够，对高等教育的投入不能满足事业快速发展的需要：在2001年到2007年间，我国国家财政性高等教育经费占GDP的比例始终在0.60%至0.65%间徘徊，直到2011年，这一指标首次突破了0.80%，但到2013年该指标始终未超过0.90%②，而当前经济合作与发展组织（简称OECD）成员国家的这一比例平均值为1.50%③。同时，高等教育作为“准公共产品”，本着“谁收益谁投资”的原则，个人承担教育成本的一部分无可厚非。但在我国，政府投入的不足直接导致个人承担的高等教育成本过高。2003年，全国高等教育收费约400亿元，同期国家对高等教育的财政投入700亿元，家庭分担的高等教育年度投入比例达到36%，大大超过1993年颁布的《中国教育改革与发展纲要》中25%的设计比例④。近年来上调公办普通高校学费的省份越来越多，各地普遍强调，学费的涨幅考虑了居民的经济承受力，同时会加大对困难学生的补助。但据2016年《中国青年报》社会调查中心通过民意中国网和问卷网对2 000人进行的一项在线调查结果显示，14.5%的受访者认为当前大学的学费十分高，61.5%的受访者认为比较高，48.1%的

① 熊丙奇. 体制迷墙：大学问题高端访问［M］. 成都：天地出版社，2005：34.

② 教育部财务司，国家统计局社会科技和文化产业统计司. 中国教育经费统计年鉴［M］. 北京：中国统计出版社，2014：1-19.

③ OECD. Education spending［EB/OL］.［2016-12-25］. http://data.oecd.org/eduresource/education-spending.htm.

④ 国家教育研究发展中心. 2000年中国教育绿皮书［M］. 北京：教育科学出版社，2001：98.

受访者能接受学费上涨20%以下，33.5%的受访者不能接受任何涨幅[①]。这种失衡的成本分担直接影响了低收入人群的高等教育入学机会，造成因教失学、因教致贫现象，不仅堵塞了社会流动的合理途径，甚至造成更为严重的后果。

然而就是这些并不充足的国家教育经费，也由于既有的重点高校制度和建设一流大学的需要，更多地投给了一些重点大学，例如从1999年起，国家有关部门先后为北京大学、清华大学增加拨款18亿元，而复旦大学、上海交通大学、中国科技大学、浙江大学、西安交通大学、南京大学、哈尔滨工业大学等各获得12亿元[②]。而一般普通高校每年仅从国家获得几千万元拨款，在近些年扩招、扩建、并校等运动中，大批高校不得不走向学校和银行合作之路，由此背上了沉重的债务。据不完全统计，我国公立高校共计欠债2 000亿到2 500亿元，高校的债务平均达到每所学校上亿元[③]。债务缠身之下，许多高校只得朝着“创收”的方向发展，进一步陷入功利主义的泥淖，而弱化了对育人功能和社会责任的担当。

三、高教自身的不足

高等教育自身的不足和缺陷是造成功能失调的直接原因，具体表现在如下几点：

（一）泛政治化的教育观念

诚然，教育具有阶级性。但这并不意味着因此可以在所有的教育层级、教育领域的任何活动中都要采取政治化的思维。正如董云川先生所言，在中国，自古以来，高等教育就具有强大的政治化基因，“学在官府、政教合一”的组织形式使中国高等教育自诞生之日起便打上了鲜明的政治印记，“学而优则仕”的思想成为学术御用倾向的一贯传统，到了“文革”期间，高等教育领域更是形成了空前绝后的政治替

① 王品芝. 76%人认为当前大学学费高，近5成接受涨20%以下［EB/OL］.［2017-02-28］. http://edu.sina.com.cn/gaokao/2016-07-18/doc-ifxuapvw2195844.shtml.

② 熊丙奇. 大学有问题［M］. 成都：天地出版社，2004：150.

③ 熊丙奇. 高校要靠治理能力去债务［N］. 中国教育报，2016-06-24（2）.

代运动。纵观历史，中国政府与高等教育的关系呈现出高度的控制性特征，集权风格突出，以官办性质为主，政教合一贯穿始终。政治的晴雨表就成了政府的晴雨表，政府的晴雨表又成了高等教育政策的晴雨表①。

高等教育受政治影响至深，导致在办学实践中采取泛政治化的观念，并以此指导行动，具体表现在：一是组织泛政治化。高等教育机构参照行政级别设置，纳入行政管理序列，大学领导者和地方单位领导者可以在党委组织部门的领导下实现无障碍的任职交流，许多本与高等教育毫不相关的干部担任大学领导；工会和共青团等社会团体进一步成为党的群众和青年工作部门；在学校里建立了各种学生组织，其结构如同政治组织的缩影。阿妮达·陈在分析这些组织的作用时说："就像一只手套的几个手指一样，它们结合在一起发生作用。这些学生组织提供了多种手段，通过这些手段，同辈集团可以成为他们自身政治社会化的推动者和监督者。"② 二是教育内容泛政治化。以道德教育为例，在泛政治化影响下，道德教育与政治教育相混淆，道德教育的个体性功能为社会性功能所替代。结果造成"小学生学习共产主义，大学生学习文明礼貌"的奇怪现象。很多人既失去了做人的道德，也失去了政治觉悟。其实，道德的觉悟乃是比"政治觉悟"更重要、更根本的"吾人最后觉悟之最后觉悟"③。没有道德觉悟，政治觉悟也是不存在的。三是活动泛政治化。在高等教育活动中，一些管理者和决策者政治敏感度高，学术敏感度低，口号喊得多，政绩夸得大，领导和管理高教工作的方式却时常带有过去计划经济的色彩。从 20 世纪 90 年代开始的合校、到后来的扩招乃至本科教学评估……我们不难发现其中明显的指令式的、运动式的痕迹。尽管这些"运动"不乏积极作用，但其中表现的政治化特征显而易见。

此外，在高教活动中还表现出学术泛政治化，政治因素影响甚至

① 董云川. 中国高等教育政治化基因浅析 [J]. 教育发展研究，2002 (11)：84-86.

② 阿妮达·陈. 毛主席的孩子们：红卫兵一代的成长与经历 [M]. 史继平，田晓菲，程建新，译. 天津：渤海湾出版公司，1988：33.

③ 陈独秀. 陈独秀文章选编：上册 [M]. 上海：上海三联书店，1984：109.

控制着学术活动的诸多环节，包括研究方向的确定、立项资金的审批、具体课题的选定、研究方法的采用，以及学术成果的发表、评估、应用等。高等教育的泛政治化观念使政治因素直接或间接地渗透于高等教育的全过程，并拥有绝对权威的统治地位，使教育活动和学术研究在整个活动中处于被动地位，极有可能部分乃至完全地丧失其自主性、独立性与科学性，从而产生失调现象，不利于学生的创造力、个性和品德培养，更不利于自由的、原创性科学研究的进行，这一切都会导致高等教育功能的不完善发展。

（二）高教资源建设与应用的偏差

高等教育的资源存量及其应用情况是决定功能实现的基础性因素。当前我国高等教育系统中对教育资源的认识、建设和使用的偏差也是造成功能失调的部分原因。主要体现在资源投入上重物本、轻人本，重硬件、轻软件。过于重视高等教育发展中物质的投入，而轻视文化资源、人力资源、精神资源等软件资源的建设；过于看重政府的教育经费投入，而对高等教育制度体现的制度文化、高等教育管理者的理念文化建设重视不够；重视楼堂馆所和仪器设施的硬件投入，而对校训、学风等凝聚的理念文化，图书馆、大礼堂等标志性建筑代表的标识文化有所忽视。从聊城大学耗资数千万的豪华校门到中国人民大学三层食堂的观光电梯，无不传达着一种物质主义的气息。在个人资源方面，家庭对学生的学习、生活条件充分关注，而对学生的学业成就动机、努力程度等精神资源的挖掘不够。而大学总要体现一种除却可知可见的物质之外的精神内涵，使人身在其中能有所思有所感，能够自加压力积极奋进，能够在精神气质甚至言行举止上有所提升，以至实现个人整体的超越。

（三）高等教育结构的失衡

高等教育的功能及其发挥与高等教育的结构关系密切。不同的高等教育结构分别制约着不同高等教育功能或功能的某些方面及其发挥。新中国成立以来，我国高等教育结构虽几经调整，但近年来高等教育领域存在的重物轻人的取向、急功近利的心态，加上国家宏观调控的不足和微观指导的乏力，导致我国高等教育结构的失衡。从层次结构上看，本科教育发展过快，但专科教育独立性不强，研究生教育发展还显滞后；从类型结构上看，民办高等教育发展先天缺失，后天不足；成人高等教育的发展也因取向偏颇、资源短缺而令人担忧；从区域结构看，东部与西部高等教育资源配置极不平衡，中心城市与非中心城市的高校差距越来越大①；从形式结构上看，非正规高等教育和非正式高等教育发展缓慢，前景不畅。结构失衡是高等教育难以适应社会需求的重要表现，也是造成招考不公、文凭缩水、教学质量下降、高才低用、学非所用等一系列功能行动失调的重要原因，直接制约着高等教育功能的发挥。以高等教育宏观结构中层次结构与类型结构为例，可更深入地了解当前高等教育结构中存在的制约功能实现的不足之处。

从层次结构看，一是各层次比例不尽合理。自 1998 年以来，随着我国高等教育的快速发展，普通本专科、研究生的比例得到了一定优化和调整，但整体来看我国研究生、本科生、专科生三级高教结构的比例关系基本上是中间大、两头小，且本科占比偏大。以 2015 年为例，其中本科（1 576.68 万人）比例占 55.98%，而研究生（191.14 万人）和专科生（1 048.61 万人）比例较小，分别占 6.79%和 37.23%②。二是缺乏层次特色。专科教育办学特色不明，培养模式向本科看齐，部分高等专科学校盲目攀高、升格，“以致人们往往把高等专科教育视为本科教育的压缩型，无非是本科课程学浅一点，学少一点。这样培养出来的专科毕业生，‘理论水平不如本科，动手能力不如中专和职业高中’”③。本科教育专业划分过细，缺乏宽厚的基础知识教育，教育规模偏大且拓展迅速。研究生教育本科化现象严重，研究生的研究水平和创新能力有待提高。层次特色的缺失使得在人才市场上，不同层次的人才竞聘同一岗

① 温家宝. 提高认识，统一思想，牢固树立和认真落实科学发展观［N］. 人民日报，2004-03-01.

② 教育部. 2015 年教育统计数据：高等教育学校（机构）学生数［R/OL］.［2016-11-06］. http://www.moe.edu.cn/s78/A03/moe_560/jytjsj_2015/2015_qg/201610/t20161011_284371.html.

③ 潘懋元. 高等教育大众化的教育质量观［J］. 清华大学教育研究，2000（1）：11-15.

位的现象普遍存在，说明研究生、本科生、专科生之间的可替代性较强①。这显然与社会的需求结构相矛盾，不仅造成就业的混乱，更不利于高等教育功能的分层释放与整体效应的发挥。三是层次结构地区趋同。高等教育的层次结构和区域经济发展应该有着很强的相关性，区域经济发展水平低，区域教育层次的重心也就比较低；区域经济发展水平高，层次结构的重心相应也较高。1998 年，发达地区、中等发达地区和欠发达地区②高等教育中专科的比例是依次增大的，依次为 29.8%、31.5%和 40.4%，在一定程度上反映了这些地区社会经济发展程度的差异和一定的相关性。而 2004 年三类地区专科生比例分别是 42.2%、42.8%和 43.2%③。在三类地区社会经济发展差异性没有显著降低的情况下，层次结构的趋同性却显著上升。这种趋同性不仅影响到这些地区高等教育与地方社会经济之间的良性互动，还会造成欠发达地区毕业生因与当地社会经济发展需求的弱契合性而向其他地区流动。

从类型结构看，一是民办高等教育发展不足。2015 年全国普通高校 2 560 所，其中民办高校 734 所，占 28.67%；普通高校本专科在校生 2 625.30 万人，其中民办高校学生 610.90 万人，占 23.27%，校数占比与在校生占比相差 5 个百分点④。同时，我国民办高校大多分散经营，各自为战，尽管数量多，但教育资源分布不均，校均实力弱，办学效率不高。二是成人高校发展令人担忧。长期以来，我国成人高校普遍存在

---

① 陈厚丰. 中国高等学校分类与定位问题研究 [M]. 长沙：湖南大学出版社，2004：80-81.

② 按照中国现代化报告课组在“中国现代化报告”中采用的分类方法，根据现代化发展水平可把我国 31 个省市划分为发达地区（北京、天津、上海、辽宁、江苏、广东和浙江）、中等发达地区（山西、福建、黑龙江、陕西、湖北、山东、河北、吉林和重庆）和欠发达地区（海南、贵州、西藏、内蒙古、河南、安徽、甘肃、宁夏、湖南、江西、四川、广西、新疆、青海和云南）。

③ 文雯，李乐夫，谢维和. 中国高等教育大众化初期的层次结构变化 [J]. 中国高等教育，2007 (9)：27-29.

④ 教育部. 2015 年全国教育事业发展统计公报 [R/OL]. [2016-11-06]. http://www.moe.gov.cn/srcsite/A03/s180/moe_633/201607/t20160706_270976.html.

“重创收、轻管理，重数量、轻质量”的倾向，相当一部分成人高等学校没有形成稳定的教师队伍，办学严重依赖于普通高等教育系统。在大规模扩大招生的形势下，目前我国成人高校的师资问题尤为突出。2015 年我国成人高等教育学校共 292 所，比 2008 年的 400 所减少了 108 所，专任教师 3.02 万人，比 2008 年的 5.32 万人减少 2.3 万人，在校生 635.94 万人，比 2008 年的 548.29 万人增加了 87.65 万人，由 2008 年平均为 13 707 人/校，上升到 21 779 人/校，生师比由 103∶1 上升为 211∶1①。成人高校在校生规模在扩大，师资力量却在萎缩，加之管理人员的数量与管理的质量上存在着众多的问题，成人高校的发展前景令人担忧②。三是各类高等教育目标趋同。高等教育系统应该有明确的层次和类型分类，如综合性大学、单科性大学、专科性学校，又如成人教育与普通教育，而且民办教育与公办教育应该有各自的功能定位。近几年，在各种“工程”的影响下，高等教育机构合并、改名、升格、扩招，彼此盲目地攀比，尽管各自水平不同，但是各校的办学理念、办学模式等方面日渐趋同，以致有人戏称中国大学是“千校一面”、“万人一格”③。如此趋同的高教体系自然无法适应多元化的社会需求。

（四）高教运行机制的缺失

体制是机制的基础。20 世纪 80 年代以来，高等教育体制的变革一直是高等教育发展的焦点问题。虽然这一变革已取得令人瞩目的成就，但因受政治体制与经济体制的制约太深，这一改革并未完结，集权与分权、规范与放开、强制与自主，至今仍然是高等教育体制改革的主要矛盾。这一体制现状使我国高等教育运行机制至今仍然存在诸多缺损，比

---

① 教育部. 2008 年全国教育事业发展统计公报［R/OL］.［2016-11-06］. http://www.moe.gov.cn/s78/A03/ghs_left/s182/moe_633/201002/t20100205_88488.html；教育部. 2015 年全国教育事业发展统计公报［R/OL］.［2016-11-06］. http://www.moe.gov.cn/srcsite/A03/s180/moe_633/201607/t20160706_270976.html.

② 董泽芳，李晓波. 试析我国高等教育分流中的结构失衡问题［J］. 教育研究，2003（10）：25-30.

③ 刘道玉. 中国高校功能定位刻不容缓［J］. 高教探索，2007（1）：5-7.

如国家宏观调控乏力、区域统筹低效、市场调节失衡、社会参与有限等。在高等教育系统内部则表现为：一是自主办学有限。经过多年的体制改革，高校的自主权有所扩大，但依然有限，主要表现在招生办法自主有限、专业设置权力有限、教师评聘与干部选调权力有限、学校机构设置与调整权力有限、教师学术自由与精神独立有限等。二是自我发展无力。还没有能够在办学部门—管理部门—用人部门三者之间形成利益关系链，高等学校对外部市场变化的敏感度不够，不能够自加压力，主动调整教育内容、方法，革新研究手段，变革互动方式，落后于时代发展的需要。三是评估激励不当。家庭、用人单位无法有效参与高等教育的评估和监督，而教育中介组织普遍存在定位不准、专业性差、独立性不强、公允性差等问题，也难以真正参与高教的监督和评估活动之中。于是，当前的高等教育评估、监督、检查等活动，依然重复着“运动员”和“裁判员”合而为一的模式，这种由政府主管部门负责的评估难以真正达到评估的监督、激励效果，第一轮本科教学评估结果的“倒金字塔”结构便充分反映了这一点。四是自我调控低效。受办学体制等多方面的限制，一方面高等学校无法及时根据社会发展对人才、知识等方面的需求做出反应和调整，另一方面高等学校也缺乏对社会需求的深入调查和研究，不能有效地调整办学模式的目标、结构与功能。高等教育的功能是通过人才培养、科学研究、社会服务以及招生、就业等体现的。运行机制的缺损直接影响到上述功能行动的方向与效果，牵制着高等教育功能的实现。以就业工作来看，如果高等教育自我调控机制有效，能够主动回应时代挑战与基本需要，不断调整传递给学生的价值、知识与技能的基本构成，不断调整自身的层次与类别结构，那么就不会在就业中同时出现结构性的人才奇缺与人才过剩现象；同时，如果自我发展机制良好，能够在高教系统和社会之间建立稳定和谐的合作关系，学生拥有社会实践的广泛机会与基地，实践能力和自身素质将会得到很大提高，就不会出现社会需求与人才供给之间的巨大矛盾，从而造成教育浪费，影响社会流动，甚至危及社会稳定。

第五章　高等教育功能调适的实践方略

当前我国高等教育功能的失调主要是因为社会转型过程中高教系统与各功能主体间的协调互动出现了偏差而导致的正常性功能失调。从失调的成因看，既有高等教育外部政治、经济等方面的影响，又有内部结构、机制等方面的制约；从失调的指向看，高等教育功能在外适功能、个适功能和自适功能上都存在不同程度的偏差；从失调的现实状况看，功能取向、功能行动和功能结果均出现了全面的失调现象，并且在程度上已经成为影响个体成长、知识进化、社会发展以及高等教育自身和谐发展的较为严重的功能失调，若不能得到有效矫正，势必会引发高等教育的信任危机与发展危机。因此，必须对当前我国高等教育的功能进行必要的调适。这种调适应该是一种整体性的全面调适，需要对影响功能实现的因素和环节进行全面的调整和变革，重塑功能取向，变革功能行动，从而实现功能结果的重大转向；这种调适还应该是一种超越性的调适，不仅能够满足当前各功能主体的发展需求，还应该立足长远，增强高等教育规范和引导各功能主体需求的能力。同时，在方法上，既注重功能的整合，以促进各功能之间的协调与同步，又注重功能的合理分化，在不同高等教育机构之间进行功能的合理选择、定位与分类，从而实现高等教育功能部分效益的最大化和整体优化。

在我国社会转型和高等教育跨越式发展的特殊时期，高等教育的发展面临着难得的发展机遇和更为复杂的挑战，因此对高等教育功能进行调适和优化需要研究的具体问题和需要做的实际工作很多，包括有关社会环境、思想观念、管理体制、教育目标、教育方法、课程体系、科研考核等在内的一系列调整与改革，而这些又势必牵涉有关各方面的利益，问题相当复杂。其中，社会是高等教育系统的母体，其发展变化对高等教育功能起着方向性的引导作用；政府是我国高等教育的管理主体，是影响高等教育功能发挥的重要因素；而高等教育系统的自身建设是决定功能实现与发挥的关键因素。因此，我们主要从上述三个方面入手研究高等教育功能调适的现实策略，并着重探讨高等教育系统自身建设对高等教育调适的影响。

第一节　调节社会需求，扩大社会参与

"校外的事情比校内的事情更重要"，这是萨德勒爵士100多年前做出的一个判断。依当前的形势看，调节需求和扩大社会参与是"校外事情"中对高等教育功能调适较为关键的两点。

一、调节社会需求

当前，高等教育功能失调很大程度上是社会需求压迫的结果。当需求主体片面强调或者夸大某些需求的意义，只从社会或者国家的需求着眼，就可能违背高等教育功能演变的自然逻辑，漠视个人对高等教育的某些合理需求。而且，由于政策、舆论导向的不同，可能片面强调高等教育满足经济发展的需求或维护政治的需求，忽视社会其他领域对高等教育的功能需求，只顾当前利益，不顾长远利益。当前，我国高等教育功能的失调在一定程度上反映了这种状况。为此，我们需要对各功能主体的需求进行适当的调节和控制，为高等教育功能的协调发挥优化舆论环境。

首先，要平衡各功能主体的需求，避免社会需求的"一尊独大"。即高等教育要对个人、文化、社会三主体的功能需求做出适当反映，不能过于重视某一主体的功能需求而轻视其他功能主体的功能需求。我国科教兴国战略的实施和社会经济的快速发展为高等教育提供了良好的发展机遇，但面对多元化的机遇和选择，把握不当，高等教育就会误入迷途，淡忘自身的根本使命。当前社会需求商业化正日渐侵蚀高等教育，高等教育需要严肃面对，不能为社会需求所俘虏，屈从于市场和短期利益，热衷于开办公司、企业联姻、技术转让、专业咨询等社会活动，而应该在合理满足社会、市场需要的同时，不忘自己的育人使命和文化使命，

同时对社会、市场的需求不仅要适应、满足，而且更要超越、引导，以使高等教育功能取向中的个人取向、文化取向和社会取向均得到应有的重视。正如康坦斯丁在《大学与未来》中指出的那样："大学在与它为之服务的社会的复杂关系中，应该面向两个重要问题，能否解决这些问题将决定大学的前途。第一是它适应社会要求的能力，第二也是最重要的，看它有没有能力超越单纯的适应阶段，在全世界发挥创造与革新的作用。"① 高等教育只有在满足个体、知识发展的根本需求基础上，实现自身的根本功能——育人功能和文化功能，才能以此为基础对社会需求做出更为有效的反应。这一点，柏林大学的创立及其带来的德意志中兴是一个很好的历史例证。19世纪初的德国，是在普法战争失败后割地赔款的情势下创办的柏林大学，其初衷并非出于社会实用的动机，而是德皇威廉三世提出的："国家必须用脑力来补偿在物质方面所遭受的损失。"② 柏林大学的创办者洪堡也坚信，对科学真理的自由探求，能导致最重要的实用知识的发现，并能服务于社会，在自由的科学目标实现的同时，也就在更高层次上实现了国家的目标③。在这样的历史背景和理念下，洪堡在创办柏林大学时提出了"通过研究进行教学"和"教学与研究统一"等办学原则，德国高等教育的文化功能空前加强，同时柏林大学也没有遗忘个体的发展需求，作为古典大学观之一的"修养"理念直指学生个体的道德修养和心智训练，而"科学"理念本身就具有涵养品质和促进修养的作用，并被看作修养的必由之途。因此，德国大学"培养了数量不少、改革者们所设想的那种有修养的'通才'"，尽管这些"通才"在统计意义上不能代表普通大学毕业生，但又绝不能忽视。因为他们构成德国大学培养的标准，体现了学生培养的规范④。洪堡也

① 龚静. 论现代大学的社会责任［J］. 武汉科技大学学报（社会科学版），2005（3）：63-66.

② FALLON D. The German university：a heroic ideal in conflict with the modern world［M］. Denver：Colorado Associated University Press，1980：9.

③ 夏之莲. 外国教育发展史料选粹（上）［M］. 北京：北京师范大学出版社，1999：422-423.

④ 陈洪捷. 德国古典大学观及其对中国的影响［M］. 北京：北京大学出版社，2006：71.

指出，新人文主义学校的教育目的在于陶冶人成为完整的人，而不是特别职业的公民，发展学生的完整的品格是比获得知识更为紧要的事情①。因此，利奥塔在其《后现代状况：关于知识的报告》中对洪堡的大学构想进行深入分析后指出："这种教育不仅要让个人获得知识，而且还要为知识和社会建构合法的主体"，它清楚地表明德国大学的原则是"把知识、社会和国家的发展建立在实现'主体的生命'（费希特称之为'神圣的生命'，黑格尔称之为'精神的生命'）这一基础上"②。德国大学精神的一个隐含意义就是通过知识化、民族化个体的培育，作为实现国家目的和知识发展的中介与桥梁。正是因为德国高等教育妥善处理了个体、知识和社会需求的关系，才使得其各项功能都得以有效发挥，因此，战败了的德国高等教育最终远远超过了胜利者法国的高等教育，并迅速实现了经济、社会的复兴。

其次，要控制功能主体需求的范围，满足社会的根本需求。过于复杂的需求不仅会影响高等教育的质量，而且可能造成高等教育的功能泛化，以至于"捡了芝麻、丢了西瓜"。随着高等教育功能的不断扩张，高等教育也不断地被拉向社会生活，甚至混同于社会生活，丧失了它的独立个性，以至于我们常有意无意地把高等教育的社会功能理解为直接参与社会目标的完成，把所要达到的结果当作高等教育的直接具体行为，甚至用社会的具体目标完全取代高等教育自身的目标。为了实现政治功能，我们的教育就直接参与政治生活，而不是侧重通过育人功能和传递政治文化的功能来为政治服务。为了实现经济功能，院系办各种辅导班、研究生班，集体搞创收，甚至在专业设置上市场营销、经济管理、国际贸易专业遍地开花，而不是通过培养高素质的经济建设后备人才间接地参与经济生活③。随着高等教育功能的泛化，人们赋予高等学

---

① 滕大春. 外国教育通史：第6卷［M］. 济南：山东教育出版社，1990：234.

② 利奥塔. 后现代状态：关于知识的报告［M］. 车槿山，译. 上海：上海三联书店，1997：69-70.

③ 张斌贤. 社会转型时期的教育定位［J］. 教育科学，1995（1）：5-9；雷鸣强. 教育功效观［M］. 长沙：湖南师范大学出版社，1999：25-26.

校的职能被不断扩展①，高等教育的本质功能反而被忽视或弱化，有人戏称是“种了人家的田，荒了自己的地”。高等教育应该做自己最擅长的事，而不是对社会的所有需求都有所反应，其他工作和功能应由其他社会机构去履行。因此，对社会主体的功能需求，一要取舍，即满足那些符合高等教育发展规律与自身基础的合理需求，抛弃不切实际、超越高等教育能力范围的过度需求；二要压缩，即把各种近似的合理需求汇集起来，概括为一种总需求。只有这样，高等教育才能集中精力，实现自身肩负的本职功能，实现功能的最优化。

最后，要控制功能主体需求的程度，满足社会的合理需求。即引导社会主体将自身的功能需求控制在符合高等教育、社会发展的实际情况以及主体的客观需要基础上，避免不切实际地拔高对功能的需求程度。如随着大学毕业生的增多，一些单位人为提高了对教育程度的需求标准，这种行为不仅造成了人力资源的浪费，而且直接导致文凭贬值、社会选拔弱效、社会流动失衡等功能失调现象。

二、扩大社会参与

高等教育作为社会的一个子系统，与社会有着密切的关系。一方面社会作为一个大系统，为高等教育提供了目标方向，高等教育活动要为社会发展服务，另一方面社会要为高等教育提供实施活动的环境和必要的物质、精神等条件，任何社会的高等教育都不可能离开一定的社会环境和条件而孤立存在。高等教育功能的实现与发挥不仅取决于社会的需求，还受制于社会的供给。例如，培养学生只是高等教育育人功能实现的第一步，而进一步的功能发挥就取决于社会的人才环境——人才制度影响着人才能否专业到位；人才待遇影响着人才能否思想稳定；人才观

① 除传统的三大职能外，学者们提出的新职能主要有：改造社会（眭依凡，1995）；国际交流与合作（或交往职能）（高耀明，1996；陈昌贵，1998；杨德广，2000；唐玉光，2000；章仁彪，2005；陈超，2004）；技术创新（或创造职能）（方展画，2000；杨德广，2000）；创造新产业（或产业职能）（朱国仁，1999；杨德广，2000）；自我维持（荣光宗，2005）；文化交融（胡显章，2006）；预警（胡弼成，2001）等。

念影响着人才能否发挥潜能①。然而，如今高等教育与社会的和谐互动存在很大偏差，人们很难将高校看作自由的教学研究机构，看作与社会健全互动的创新之地，而是看作给社会带来现实的、直观好处的廉价机构。我们似乎没有明白，优质的高等教育和协调的功能实现乃是社会支持的产物，需要对中国高等教育应获得充足的舆论、人力、物力、财力支持形成社会共识。否则，我们讲高教功能调适，就不过是表达一种发展的远期理想而已。因此在精神上，要给高校松绑，给予它自由闲逸思考的空间，把对高等教育期望的目光从短期的技术和人才拉向长远的思想与智慧，使高等教育重拾对人类的终极关怀，确立“社会之明灯”、“社会精神文化之中心”的定位，树立超脱于社会的理想气质，能够对自身应该发挥什么功能做出独立的学理预测和理性期望。

高等教育作为一种社会现象，既植根于现实，又超越于现实，是现实和理想的有机结合。理想性是高等教育的永恒特性。如果高等教育完全成为现实的奴隶而丧失了崇高的理想，那就无异于丧失了生命。因此，洪堡在谈到大学理想时才说：“现实任何时候也不会成熟到使人类最高和最美的精神之果得到理解的地步，理想将永远作为不可企及的榜样存在于创造者内心。”② 高等教育的理想可以帮助高等教育摆脱过分现实的功能需求纠缠，使高等教育不至于沦为现实主义的附庸，从而保有高等教育烛照社会、引领社会的独立地位。越是在经济发达、需求旺盛、急功近利的社会，越是需要高等教育系统保持冷静头脑，发挥价值判断的功能。越是这时候，高等教育及其功能的崇高理想越显得重要。

随着时代的变迁，社会对高教功能的需求也日渐增多和复杂，因此也对高教功能赖以发生的各项条件提出了更高的要求，粉笔加教材的教学模式无法适应时代需求，两耳不闻窗外事、一心只读圣贤书的学习方式也日渐落伍。而在我国当前的国情下，功能实现所依赖的物质条件的

① 吴康宁．教育社会学［M］．北京：人民教育出版社，1998：35，411．

② 韩骅．柏林大学的传统及其对我国高教改革的启示［J］．高等教育研究，1997（1）：98-102．

完善仅靠政府与高校的努力远远不够，必须发动社会相关行业、部门及个人参与高等教育的资源建设，使高等教育的物质条件不断地在量的投入和质的提升上加以改善，以更为充足和完备的资源为高等教育活动的展开和功能的实现服务。此外，在行动上，社会各界要通过董事会、校友会、校企沟通、区校互动等途径参与高等教育活动。通过基金会、捐赠助学等形式，实现对高等教育的物质反哺。加强办学活动监督，积极参与学校办学，用人单位全面地回馈有关人才培养的信息，学校所处的社区努力营造良好周边环境，合作企业积极参与实习、训练和实验基地的建设，最终形成“双向参与、互利互惠、接受监督、共同发展”的新型关系[①]。

第二节　协调管理关系，健全宏观调控

英国教育家洛克曾经指出：“当立法权与行政权集中在同一个人或同一机关手中时，自由便不复存在了。”长期以来，我国政府集大学的举办者、办学者和管理者三种身份于一身，政府角色多重。这种多重合一的政府角色所造成的直接后果就是政府权力过于集中、政府与高校的关系混乱，政府在高等教育管理中的越位、错位、缺位现象时常出现。因此，协调政府与大学之间的关系、进行合理分权、实现宏观调控、优化资源配置既是政府在高等教育管理改革中所做的关键调整，也是影响高等教育功能实现的首要因素。

一、实施分权策略

当前，集权式的高教管理体制使得几乎所有高等教育权力都集中在国家手里，但是国家又没有足够的能力实现权力的合理使用，权力的越位与缺位不仅限制了高等学校的办学自主性，而且影响了社会中介组织在高等教育活动中的应有作用。在市场经济体制下，政府需要按照“政

---

① 王冀生. 现代大学的本质和主要特征 [J]. 电子科技大学学报（社会科学版），1999 (2)：1-6.

事分开”原则和《中华人民共和国行政许可法》，将其手中的权力进行适度调整，通过取消、归还、下放、转移、强化等方式，进一步理顺、建立中央政府、地方政府、社会组织及大学之间在高等教育活动中的新型权力关系①。

具体而言，第一，政府应该尽快取消一部分权力，包括计划体制下派生出来的某些权力和官僚主义机构制造出来的权力。例如，应取消高等教育机构的行政级别，减少政府管理部门在高等教育机构中的延伸组织，淡化高等教育机构的行政色彩，强化其教育机构和学术机构的本色，只有这样才有助于恢复高等教育机构独立、自由而理性的精神，使高等教育机构能够立足于自身的资源特色与根本使命，科学确立自身的功能取向，采取合理的功能行动，进而有效地实现对个体成长、文化繁荣与社会进步的多项功能。第二，政府应该归还一部分权力，即本来属于独立的高等学校所固有的而被政府行使了的权力，应当毫无保留地、实实在在地还给高校，如自身发展规划权、专业设置和调整权、自主招生权、人事分配权、经费自筹自用权、机构设置权、国际合作交流自主权、教学科研、职称评定、基建等自主权，从而使高校真正成为一个独立的法人实体，有自己自由治理之权力，“能够完全独立与负责地发挥其基本职能，对伦理、文化、社会问题发表意见，行使其智慧权威”②。第三，政府应该下放一部分权力，即把过分集中在中央的权力下放给下级地方政府，以形成合理的政府间的权力分配，促进以地方政府为主的高等教育管理体制的形成，从而调动地方政府的积极性和责任心，使地方政府从促进地方高等教育与社会经济发展和谐互动出发，既管理又服务，重统筹缓控制。面对我国高等教育功能失调的特殊情况，地方政府更应该强化责任意识，主动为区域内高等教育创造和谐发展的条件。例如主动给高校减负，改变高校的“学校办社会”的现状，把高等教育的

① 张俊宗．现代大学制度：高等教育改革与发展的时代回应［M］．北京：中国社会科学出版社，2004：292-293．

② 国家教育发展研究中心．2000年中国教育绿皮书［M］．北京：教育科学出版社，2000：145．

非教育性功能承接下来或安排到其他社会部门，发挥服务职能，当好高等教育的“后勤部长”，降低非教育性工作对高等教育人力、物力、财力的消耗，使高校能够更加专心于教学、研究与社会服务工作，更好地发挥高等教育功能。第四，政府应该转移一部分权力，如质量监督、政策研究、发展战略研究等。随着中介组织的兴起与市场机制在调节高等教育行为方面作用的日益体现，政府应当把由这些组织能更好地行使的权力，从过去属于自己的权力范围内转移出去，由这些组织和市场去执行。同时，规定相关教育中介组织的地位与作用，在政府和大学之间建立安全阀。第五，政府应该强化一部分权力，社会主义市场经济的发展给高等教育带来了许多新的问题，需要政府强有力的调控，这是过去计划经济条件下所不需要的，也是政府比较生疏的领域，在这方面政府的管理能力不仅应强化，而且应当有较高的水平。

通过分权策略的实施，在政府和高校之间建立新型的管理与互动关系，明确高校不是政府的附属机构，肯定高校的法人地位，与政府保持平等的法律关系，将政府的行政管理权力范围限定于高校的内部管理之外。政府作为公立高校举办者的权力主要是制定大学章程，任命学校决策机构成员，核准或任命高校校长。其需承担的责任主要是为高校提供必要的和稳定的办学经费，改变以往直接运用行政手段实施高度集权的管理方式，以宏观调控为主。作为高校行政管理者，各级政府的主要责任是依法治教、教育服务。这种新型“府校”关系，有助于为高校保有学术自由和管理自由的净土，有助于改变学校必须跟着政府走，跟着权力走的被动局面，有助于发挥高校办学的自主性与积极性，有助于发扬学术民主，培育批判精神，使高校能够更多地依据教育规律而不是政府命令开展教育活动，从而实现自己的基本功能。

二、健全宏观调控

宏观调控是指中央政府从使用行政干预、计划命令直接管理高等教育活动，转为采用政策指导、组织协调、信息服务与评估监督等手段进行间接管理。宏观调控既可以保证政府对高等教育事业的领导，使高等教育的目标、活动、功能等与社会发展的需求相适应，又可以改变过去管理中强调统一控制、服从指挥等刚性要求，有助于发挥高校以及师生员工的积极性、自主性和能动性。具体而言，政府转变职能、实现宏观调控可以采取以下几种方式：

第一，制定教育法规和相关政策。教育法规是国家对高等教育系统运行进行调节的重要途径。通过教育法规，有助于明确高等学校的独立法人地位、自主权以及对社会应尽的责任，可以使高等学校清晰地把握自己的职责与权限，自主采取确定而有效的行动实现既定的功能目标，有助于摆脱政府和社会对高等教育功能的过分挟制。政府可以通过制定适当的劳动、教育、就业、人事、工资等政策以及调整社会经济发展目标、宏观经济政策和产业政策来调节高等教育系统的运行。这些政策影响到劳动力市场对人才、科学技术需求的数量、质量等方面的变化，从而可以调节高等教育的招生规模、教育内容、科研方向、社会服务方式等相关功能行动。另外，国家应颁布《考试法》、《学位法》等法规对高等教育招生等环节进行强制规范，减少政策漏洞，维护社会公平。

第二，加强教育信息统计与服务。政府应建立起完备的信息网络，为有关方面提供充分的信息资源，包括对高等教育毕业生的供求信息和就业信息，高等院校的招生、办学条件、师资状况和毕业生收益信息等。这样可以增加高等教育和劳动力市场的透明度，引导求学者对高等教育的选择更加理性，更加符合社会经济发展的客观需要，从而调控高等教育的规模和结构，实现高等教育功能的优化。

第三，强化财政、税收等经济杠杆的调节作用。政府应加大对基础研究、人文社会科学研究的投资力度，以及文史哲等基础学科人才培养的投资力度，以此优化“冷门”领域的知识和人才供给；政府可以通过调整高等教育的投资强度和拨款政策来影响个体为接受某些专业领域高等教育而支付的直接成本，如学费和生活费，从而影响个人的高等教育收益率，进而调整和优化高等教育人才培养的数量、结构与质量，使高等教育的功能实现与社会发展更加适应。例如 2007 年开始实行的免费师范生教育政策，不仅给那些家庭贫困的优秀学子降低了接受高等教育的成本，而且有助于提高师范生培养质量，改善农村基础教育的师资力量。同时，政府应该对低收入阶层家庭子女通过减免学费、发放助学金和助学贷款等方式进行适当经济补偿，促进高等教育机会在全体社会成员中的公平分配；通过对企业和居民个人实行鼓励对教育投资的税收减免政策，引导社会资源配置、增加高等教育投入，优化高等教育功能实现条件①。

第四，运用质量评估等质量监督手段。在充分尊重高等学校办学自主权的前提下，发挥政府宏观的监督职能，建立有效的质量评估机制，以教学质量、办学条件、师资水平、知识产出和毕业生为社会发展所做的贡献作为衡量学校办学质量优劣的标准。有效的评估有助于矫正各高等学校在功能取向、行动等方面的偏差，使其能够依循高等教育的本质，实现自身应有的功能。我国已结束的第一轮本科教学水平评估，尽管因政策和纪律等方面的缺陷而存在着一些弄虚作假、豪华接待等不良现象，但其对师资队伍的优化、教学设施的改善、教职员工责任心的强化和教学水平的提高等方面的积极作用不容忽视，客观上对高等教育育人功能的实现与优化起到了一定的积极作用。

三、优化资源配置

资源是保障高等教育功能实现的基础。政府应该采取多种措施，优化高等教育的资源配置。首先，要加大政府对高等教育的经费投入，实现合理的成本分担。20 世纪 90 年代以来，高等教育需求扩大的无限性和政府对高等教育资源供给能力的有限性之间的矛盾日益突出。许多高校面临巨大的经费压力。尽管可以贷款办学，但债务缠身之下，难免导致高教行为的功利化；尽管可以从企业、市场中取得一部分支持，但学术研究，特别是大量非商业性的研究，仅靠民间的资金支持是不可能的，必须得到国家的支持。“目前中国社会经济发展的强势状态与教育经费短缺的鲜明对比，与日本处于疲弱停滞的社会经济状态而绝不减少大学与研究机构的经费开支，恰好说明两国在教育资源配置上的巨大差异，更足以解释两国得到的科研收益的巨大差别。”② 因此，国家应该加大对高等教育的投资，因为国家的投资对高等教育的发展是主要的、关

① 闵维方．社会主义市场经济条件下高等教育运行机制的基本框架 [J]．高等教育研究，2001 (4)：28-34.

② 任剑涛．大学危机之九大征兆 [J]．南风窗，2003 (7)：24-25.

键的①。特别是我国目前处于社会主义初级阶段的国情，决定了大多数家庭尚处于生存消费而非发展消费阶段，在此条件下，根据“能力支付的原则”，国家的支付能力明显大于个人的支付能力，所以国家应当负担高等教育投资的主要责任，切实履行财政性经费增长的承诺，坚守国家财政性教育经费支出占GDP的比例4%的最低目标且逐步提高，并能够在各级教育中合理分配。可以考虑制定《教育投入法》，明确各级政府在教育中的职责，确保政府对高等教育的经费投入，这是高等教育功能实现的条件保障。其次，建立政府投入与高等学校经费使用的问责机制和平衡机制，确保国家有限的教育经费能够用到实处，发挥最大的效益。当前，尤其要平衡中央政府和地方政府在高等教育投入中的责、权、利关系，纠正重点大学日趋增长的招生本地化倾向，保障教育公平和社会公平。最后，在逐步加大高等教育经费投入的同时，政府还应该进一步完善以奖学金、学生贷款、勤工助学、特殊困难补助和学费减免为主体的、多元化的资助贫困家庭学生的政策体系，特别是要着力推动国家助学贷款工作的开展；通过相关政策督促金融机构、高等学校和相关政府职能部门，使助学贷款发放的规模能够逐步适应当前高校规模与贫困家庭学生的需求，使国家助学贷款发展成为我国高等教育系统资助贫困家庭学生政策体系的主体，为学生获得公平、公正的教育机会提供社会保障机制。

第三节　加强自身建设，夯实高教基础

社会和政府只是影响高等教育功能的外部因素，实现高等教育功能的调适，根本上还要从高等教育自身建设入手。具体而言，包括如下几方面内容：

一、更新教育观念，重塑大学精神

思路决定出路，观念支配行动。社会的变革需要观念上的转变，教

① 赵中建. 21世纪世界高等教育的展望及其行动框架——'98世界高等教育大会概述［J］. 上海高教研究，1998（12）：4-11.

育的变革同样需要教育观念的转变。我国高等教育功能中存在的问题都直接或间接地与高等教育观念上的问题相关。高等教育功能的优化也需要从教育观念的转变入手，摈弃落后思想，树立科学观念，从而为高等教育功能的优化与发挥提供正确的指导思想。

第一，由功利性的高等教育价值观转向人本性的高等教育价值观。即改变过去高等教育活动中急功近利或过于功利化的思想，将个人发展目标与社会发展目标结合起来。个人发展与社会发展是相辅相成的，个人的发展推动着社会的发展，社会的发展不仅制约着个人的发展，而且最终目的也是为了个人的发展。因此，高等教育的价值不仅限于满足经济、科技发展或政治发展的需求，而应立足于促进人的和谐发展来推动社会的协调发展。从我国当前来看，尤其要防止出现教育是为了培养单纯的“经济人”或“政治人”的价值取向，不能以牺牲人的和谐发展为代价来满足社会的某些需求。第二，由重数量、统一性的高等教育发展观转向重质量、有特色的高等教育发展观。即改变当前高等教育中对规模、速度与数量的片面追求和各类高等学校高、大、全的发展目标，确立规模、速度、数量与结构、效益、质量统一和多样化的高等教育发展观，培育各高等学校的个性与特色，在满足社会对高等教育功能多样化要求的同时，形成不同功能的多样、分层结构，使各高等学校的教育活动可以实现功能互补与协调。第三，由专才式的高等教育人才观转向专通兼顾的高等教育人才观。即改变对专业人才素质中只重“才”不重“人”的狭隘理解，从人的全面发展或全面素质培养的角度来认识高等教育所要培养的专业人才，既重“才”又重“人”，既追求作为社会发展主体的个人在德、智、体诸方面的全面发展，又追求个性与共性等方面的共同发展，还追求个人与社会的协调发展。第四，由既成的、传递性的高等教育知识观转向开放式、创造性的高等教育知识观。即从重视知识的客观性、普遍性、公共性、传递性走向重视知识的理解性、境域性、个体性和创造性，既重视既成知识的习得，更重视学生自学、发现、创造和批判能力的培养。第五，由精英化高等教育质量观转向大众化高等教育质量观。精英教育和大众化教育的教育质量标准是不同的，精英教育的质量观着意在培养追求高深学问的学术性专门人才，大众化的高等教育质量观是面向人才市场培养“适销对路”的、多样化的人才。要改变用高深尺度来衡量“适销对路”的多样人才，转变传统的唯知识的教育观念和西方流行的唯能力的质量观和单一化的质量观，形成包括知识、能力在内的素质质量观和多样化的质量观①。

“从高等教育历史发展来看，高等教育与社会现实文化结合得过于紧密时，总是预示着大学精神的衰落。”② 而当前高等教育功能的失调，很大程度上正是源自我国大学过于紧跟现实而带来的精神危机。为此，我们需要重振大学精神，为高等教育功能的协调发挥奠定精神基础。

首先，高等教育系统应该树立远大理想，克服狭隘的功利主义和短视思想。高等教育系统要有社会责任感和使命感，追求真理，培育人才，肩负起教化社会、泽被人类的历史责任，以榜样示范于社会。从起源的角度看，高等教育源于社会生产和社会生活的需要；从发展的角度看，社会各界的投入是高等教育发展的基础，其需求变化是高等教育发展的动力，因此高等教育自然地应该承担起对社会的责任。对此，博克有过精彩的论述，他认为高等教育承担直接的社会责任基于如下理由：一是大学近乎垄断了某些类型的有价值的资源，例如，可使学生获得理想职业所必不可少的学位；二是这些资源所赋予的专门知识和教学、科研能力是其他社会机构难以达到的；三是高等教育机构接受了政府的大量经费补贴，这些资助的钱来自纳税人，因此大学有理由承担自己的义务，帮助解决社会问题，以回报社会③。但是高等教育应该超越短期的被动适应思想，担负起促进社会可持续发展的长远使命。因为高等教育机构不仅是科学技术创新的中心，而且是人类文明的宝库、精神的家园。高等教育不仅要创造知识，还要守望社会，警惕技术至上对人类的异化、对社会的伤害，引领社会在文明与野蛮、高尚与媚俗、进步与倒

① 潘懋元．规模、速度、质量、特色——中国当前高等教育发展中的若干问题［J］．河北师范大学学报（教育科学版），2007（1）：5-12.

② 张应强．现代化的忧思与高等教育的使命［J］．高等教育研究，1999（6）：12-16.

③ 博克．走出象牙塔：现代大学的社会责任［M］．徐小洲，陈军，译．杭州：浙江教育出版社，2001：73.

退之间做出选择[①]。

其次，高等教育系统应理智地保持独立意识，保持与社会一定的距离。高等教育系统要有一种世人皆醉唯我独醒的气概，做民族的“额头”而不是社会政治、经济的附庸。越是在一个变革的时代，越是需要守护一方宁静的校园。正像金耀基所说的那样：“大学不能遗世独立，但却应该有它的独立与自主；大学不能自外于人群，但却不能随外界政治风向或社会风尚而盲转、乱转。大学应该是时代之表征，它应该反映一个时代之精神，但大学也应该是风向的定针，有所守，有所执着，以烛照社会之方向。”否则就会“学术窒息，知识堕落，成为社会政治的附件，而不成为大学了”[②]。高等教育功能固然应该考虑社会责任，经常给予社会一些东西以满足社会的需求，但高等教育的功能结果所提供的并不仅仅是社会想要的，更重要的是社会所需要的。在高等教育不断社会化，并逐渐从社会边缘走进社会中心的过程中，高等教育功能所体现的社会责任应该是一种主动的功能释放，而不是被动的功能强加。这种社会责任上主动的功能释放具有以下特征：其一，自觉的功能释放，即高等教育系统具有明确的理想和信念，富有社会责任感和使命感，勇于肩负起自身的历史责任。其二，有前提的功能释放，即高等教育在适应社会需要的同时，必须遵循高等教育的本质和规律，必须与社会生活保持适当距离，拥有相对独立性和办学自由，以保证高等教育有可能的时间和空间对社会现实做出审慎的思考。其三，有选择的功能释放。高等教育不能也不可能对所有的社会问题都有所担当，而应该在自身资源与能力的基础上，即知识和思想资源的基础上，发挥自己的社会功能，避免承担其他社会组织同样能够做得好的任务。其四，有方向的功能释放，即面对多种功利诱惑的现实社会，高等教育应永远不忘自身的育人导向、对高深知识的探究及其对真、善、美的不懈追求。适当超然于现实生活，超脱于特定经济利益，对社会的不当需求坚决抵制，并敢于进行社会批判、主导社会潮流、维护社会正义、推进社会公平，做社会发

① 王英杰．大学危机：不容忽视的难题［J］．探索与争鸣，2005（3）：34-38．
② 金耀基．大学之理念［M］．上海：上海三联书店，2001：14．

展方向的引领者。因为“大学教育之良窳足以影响乃至决定一个社会的文化与经济的盛衰。……将在形塑、改造和推动社会上扮演一个重要的角色”①。

最后，高等教育系统应该秉持学术自由的品质。学术自由，是高等教育创造新思想、新文化的先决条件。“人们所以普遍认同学术自由思想是基于一种信念，即认为只有学术探讨不受国家、教会和各种特殊利益集团的限制，知识才能得到最好的发展；而只有在知识得到最好的发展时，社会的长远利益才能得到最好的保障。”② 但人们又时常担心“没有限制的学术自由是否会像没有限制的经济上的不干涉主义一样成为灾难”③。可见，学术自由作为高等教育功能发挥的重要影响因素，如果使用不当，也可能成为高等教育功能缺失的借口。因而，“在现实性上，应该使学术保持同社会现实之间的合适距离，既不漠视现实，又不逢迎现实，……这种现实性的学术自由，是促使高等教育在与社会生活保持适当距离的状态下，创造新思想、新文化，从而引导社会进步的基本条件”④。

二、采取多种途径，丰富高教资源

办学资源是高等教育功能发挥的前提和保障，针对当前我国高等教育资源投入中的诸多问题，我们认为高等教育系统自身应从以下几个方面加强资源建设：

首先，要拓宽筹资渠道，提高资源效益。一方面高校要“开源”，正如伯顿·克拉克 2000 年 9 月在经济合作与发展组织会议上指出的：“我们必须明白：依赖单一资金来源是不能建成真正自立的大学的。政府的注意力的改变很容易改变受政府资助的大学的发展。正像个人投资一样，资金来源多样化是至关重要的。为什么要把宝一直押在一匹

① 金耀基. 大学之理念 [M]. 上海：上海三联书店，2001：1.

② 冒荣. 真理标准讨论与学术自由 [J]. 上海高教研究，1998 (10)：25-28.

③ 布鲁贝克. 高等教育哲学 [M]. 王承绪，郑继伟，张维平，译. 杭州：浙江教育出版社，2001：45.

④ 张应强. 现代化的忧思与高等教育的使命 [J]. 高等教育研究，1999 (6)：12-16.

马身上呢？”[①] 除了国家投入、家庭和学生承担部分教育成本之外，高校还要多渠道地筹措资金，特别是要扩大社会力量对高等教育的投入。现行高等教育成本分担体系中，社会团体和公民办学经费、社会捐资和集资办学经费，占高等教育经费的比例都低于5%，远低于西方发达国家[②]。高校可以通过技术转让，合作研究，设立冠名奖学金、助学金，专项教育活动资助等方式，吸引社会资金的注入。另一方面高校要“节流”，要深化高校人事制度、教学制度、管理制度等方面的改革，精简机构，厉行节约，改变高等学校人员超编、人浮于事、管理效率低下、设备利用率低、培养人才效率不高等弊端，提高既有资源的使用效率，使有限的经费和设备效益最大化。

其次，要重视非物质资源建设，激发高等教育活力。在中国高教史上，西南联大具有重要的影响和历史地位，尽管当时物质匮乏、条件艰苦，但依然人才辈出、成果卓著。由此可见，非物质因素在高等教育发展中也具有非常关键的作用。因此，我们在关注高等教育物质资源的投入时，还应该注意非物质资源的建设。一是要加强师资建设。梅贻琦曾提出，所谓大学者，非谓有大楼之谓也，有大师之谓也。高等教育的基本使命是创造知识、培养人才。因此从点上讲，大学必须要有一个学术核心，以吸引人才，发挥其学术能量。伯顿·克拉克把“激活的学术心脏地带”作为建立创业型大学的重要条件，充分说明了学术核心的重要性。要在制度、事业、待遇、感情等方面采取措施培养学科带头人，并形成一支可持续发展的学术梯队，使学科永远成为“学术心脏地带”[③]。从面上讲，要优化教师的学历、学缘、年龄、职称结构，加强职后教育和培训，不断提高教师的教学、科研能力。要通过培训、参观考察等手段不断更新管理人员的管理思想、提高管理水平，为教学、科研工作服

① 克拉克．自主创新型大学：共治、自治和成功的新基础［J］．清华大学教育研究，2000（4）：1-8.

② 杜瑞军．从高等教育入学机会的分配标准透视教育公平问题——对新中国50年普通高校招生政策的历史回顾［J］．高等教育研究，2007（4）：29-35.

③ 顾明远．世界高等教育发展的基本趋势和经验［J］．北京师范大学学报（社会科学版），2006（5）：26-34.

务。二是要加强高等学校校风、校史的研究与宣传，增强师生的学校归属感，使其能够以主人翁的意识和姿态参与学校的教育活动，注重学生学习态度和成就动机的启发和引导，从而培养良好的教风、学风、校风，形成奋发向上、自主高效的办学活力。

三、完善功能行动，增强活动效果

伯顿·克拉克认为："大学并不是一个被动的、无助的机构，认为大学的命运由不可抗拒的外部需要所决定（是错误的）。大学远没有这样简单。""当今社会对大学的多种需求和挑战本身并不会决定大学的命运，大学应对这些挑战的对策和实际行动才是问题的核心。"① 从招生、培养、就业诸环节，教学、科研、社会互动等活动的变革入手，是实现高等教育功能调适与优化的决定性举措。

（一）改革招生方法

一方面，应在高等教育的招生环节中，坚持"素质本位"、"优胜劣汰"的原则，给综合素质较高者以更多、更好的发展机会；另一方面，要依法保障每个人参与公平竞争与自由选择接受不同形式、不同类型高等教育的权力，真正做到适应差别、合理分流。同时在制度设计上，除了学术质量标准外，还应该借鉴西方大学对"多样性"的强调，对因地缘、经济、种族、性别等原因造成的弱势群体给予适当倾斜，从社会各个阶层选拔优秀人才。使用奖学金、国家贷款等手段，改善贫困学生的入学机会，杜绝因贫失教的发生。这样，既可以扩大优秀人才选拔的社会基础，努力在更高程度上实现教育机会均等、社会公正与社会平等，又可以使更多的优秀人才冲破客观条件的阻碍得到进一步的教育，有利于国家人力资源的开发②。此外，还要科学调配招生计划，使招生的数量、层次、类型安排与社会发展相协调，避免学而无用、结构性失业等不正常现象的出现。

---

① 克拉克．自主创新型大学：共治、自治和成功的新基础［J］．清华大学教育研究，2000（4）：1-8.

② 王晓阳．大学社会功能比较研究［M］．北京：高等教育出版社，2003：337.

（二）坚持教学中心

首先要坚持教学的中心地位，把“教与学的活动”作为高等教育的主要任务。如果违背了这一基本规律，教育质量必然下降，高等教育的功能发挥必然受到影响。其次要调整教学内容。拓宽专业，整合课程，重视基础知识，使学生具有宽厚的知识和广阔的视野，同时增加启发学生创新思维、培养学生创新能力的教学内容，以培养学生获取知识、创造知识的能力。正如美国高质量高等教育研究小组 1984 年的报告《投身学习：发挥美国高等教育的潜力》中所指出的：“谁也不能确切地知道，新技术将会怎样影响我们未来劳动力所要求的技能和知识。因此，我们的结论是：为未来的最好的准备，不是为某一具体职业而进行面窄的训练，而是使学生能够适应不断变化的世界的一种教育。”① 再次要革新教学方法。增加启发性讲授、探索性实验、研究性考试、创造性实习等方法的使用，同时将科学研究引入教学过程，提高学生的参与、探究、创造能力。哈佛大学名誉校长陆登庭（Neil Rudenstine）2002 年在北京中外大学校长论坛上说：“哈佛大学的教学从以知识‘传授’为基础，转变为教师指导下的学生‘自我教育’。虽然这是一个简化，但是它却抓住了事物的本质。”因为“大学的主要努力方向就是使他们能够成为参与发现、理解和创新知识或形成新思想的人”②。可见方法改革对人才培养转型的重要作用。此外，应大力发展远程高等教育，利用网络信息技术扩大高等教育教学的范围，使更多的人能够接受高等教育，以此促进高等教育机会均等以及高等教育大众化、终身化的实现。

（三）革新科学研究

第一，实现教学与科研的紧密结合。使教师一面从事教学工作，一面参加科学研究，并能够在科研方向与教学内容之间建立紧密联系，实现教学与科研的统一。这不仅有利于教学质量的提高，而且有利于研究

① 国家教育发展研究中心．发达国家教育改革的动向和趋势：第 1 集［M］．北京：人民教育出版社，1986：62.

② 陆登庭．一流大学的特征及成功的领导与管理要素：哈佛的经验［C］//教育部中外大学校长论坛领导小组．中外大学校长论坛文集．北京：高等教育出版社，2002：19.

工作质量的提高。第二，调整科学研究体制。国家应在重视科学院等专门研究机构之外，加大对高等教育机构科学研究的支持力度，在经费、项目等方面增加投入，为科学研究提供充裕的物质保障。第三，注重学生在科学研究中的作用。学生思维活跃、敢于拼搏，他们可以成为科学研究中的一支特殊力量，做出不可预料的贡献。斯坦福大学校长杰拉德·卡斯帕尔（Jerhard Casper）特别重视这一点，他在北京中外大学校长论坛上说："我不知道应该再如何强调这一点的重要性。从长远来看，任何领域的学术和科学如果没有学生尽早的积极的参与都不可能繁荣。"① 第四，加强科学研究的协作与联合，实现学科的交叉、综合，研究的联合、协作，进一步加大高校之间，高校与科研机构、企业之间的合作研究。正如麻省理工学院 1953 年—1954 年基利安（Kilian）校长报告指出的那样："学系在独立性和创造性上仍会很强。但是同时它们正在对跨学科活动和新的专业模式做出反应。工业、教育中许多前沿领域正在突破传统的学系界限，学系的传统专业模式正变得越来越模糊。"② 麻省理工学院为了适应大学科研的迅速发展、学科综合化、人才培养宽广知识面的需要以及校外合作的需要，建立了许多跨学科研究中心以及校外合作机构，20 世纪 90 年代末，该校的跨学科中心、实验室、项目达 50 多个。第五，调整各类研究比例。在进一步加强基础研究的同时，高校应积极扩大应用研究与技术开发，推动"科学→技术→生产"过程的加速发展③。

（四）完善社会互动

首先，高等教育必须面向社会。随着时代的发展，高等教育机构逐渐走向社会的中心，如果不与社会和企业联系就难以生存和发展。特别是在我国高等教育地方化特征渐趋明显的趋势下，高校更应该开放相关资源，直接为区域经济和社会发展服务，成为一个地区的经济、科技、

---

① 卡斯帕尔．成功的研究密集型大学必备的四种特性［C］//教育部中外大学校长论坛领导小组．中外大学校长论坛文集．北京：高等教育出版社，2002：108.

② 王晓阳．大学社会功能比较研究［M］．北京：高等教育出版社，2003：331.

③ 胡建华．知识经济时代的大学三职能［J］．南京理工大学学报（社会科学版），2001（2）：77-81.

教育、文化中心，成为地区产（经济）、学（教育）、研（科技）的结合点，成为地区综合实力的标志和对外开放的窗口，成为区域学习化社会构建的主阵地。同时，通过有效的社会服务能够获得社会的认可、理解与支持，优化高等教育与社会之间的互动。其次，高等学校要自主办学。高校应该在遵循学科及其知识发展的规律、教育对象的身心发展规律以及高等教育活动演变的内在特性基础上，坚持科学的办学方向，为社会服务但不为社会俘虏。正如牛津大学校长卢卡斯所说："社会如果过分强调大学在推动经济发展中的作用，就可能产生许多负面影响。若过分强调可转化为技术的应用研究，容易导致对基础理论的研究的忽视；而过于依赖政府、企业或个人所提供的研究经费，则会使研究者在研究方向和成果等方面承受多种压力。"① 高等学校要在远大理想的指引下，服务区域社会的同时，具有一定的超越意识。

（五）维护学历标准

首先，要实现学历层次、类型、种类的多样化，增加职业性、技术性文凭的种类和数量，满足人们日益增长的学历需求。其次，制定相应的学力标准，并严格按照各标准进行学历、学位的授予资格审查。再次，杜绝学历腐败。高校在招生、毕业等环节，应严守国家有关法规；教育主管部门应会同纪委、公安、新闻等部门以及社会各界代表，对相关环节严格监控，增加招生、学位授予的透明度，杜绝权力、金钱在文凭获得上的寻租行为，维护文凭的信度与效度。

（六）健全就业机制

除了政府加强宏观调控、社会规范就业市场以减少就业的结构性矛盾，实现人才的合理使用与流动外，高等学校应主动出击，通过媒体、校友等途径，加强与用人单位的沟通，加大学校、毕业生的推介力度；通过网络、短信等途径，及时公布就业信息，通过召开毕业生招聘会等方式提供就业服务，使就业能够发挥其正常的人力资源转化和社会分流功能。此外，还要开展就业教育，培养学生正确的就业观念和择业观

---

① 储召生，刘继安. 大学应为社会繁荣稳定做贡献［N］. 中国教育报，2002-07-24.

念，鼓励大学毕业生进行自主创业，增强就业的灵活性，提高就业率，使教育投资能够获得有效回报，增强个体尤其是弱势群体进入高等教育的信心，保障高等教育在社会流动中的正常作用。

四、加强调查研究，调整高教结构

高等教育结构是功能实现的有效实体，只有建立合理的高等教育结构，实现与自身发展逻辑和社会发展需求的协调与契合，才能使高等教育的功能得到调适与优化。因此，我们必须加强调查研究，调整高等教育结构。

合理的高教结构应该适应社会发展带来的人口结构、产业结构、就业结构的变化需要，应该适应基础教育，特别是高中教育发展的需要，应该适应高等学校自身发展状况的需要。因此，高等学校必须加强对上述三方面的调查研究，以此为基础进行科学的结构调整。

首先，要加强关于社会发展对人才需求的调查研究。社会发展对人才需求的变化直接影响高等教育的规模、层次和类别，通过对社会经济、文化和人口发展的调查，掌握社会人口结构、产业结构、就业结构等方面的变化，做出对人才需求数量和质量的科学预测，以此调整人才培养结构。其次，要加强对中等教育发展情况的调查和预测。教育系统中各级教育之间联系紧密，赫胥黎（T. H. Huxley）曾对高等教育与中小学教育的关系做过精辟描述："中小学是为进入大学做准备的，而大学是这幢已由中小学打好基础的大厦的顶端。"[①] 高等教育功能的实现也深受教育系统的其他各级教育的影响与制约。例如，高等教育的育人功能直接受中等教育发展的制约，中等学校毕业生的数量和质量，直接影响着高等学校专业人才培养的数量和质量。如果不顾中等教育规模而片面扩大高等教育专业人才培养的规模，高等学校会因生源质量下降而降低教育的质量，最终影响向社会输出的专业人才的质量，我国 20 世纪 50 年代末的高等教育"大跃进"就是这方面的典型教训[②]。因此，应该

① 赫胥黎．科学与教育［M］．单中惠，平波，译．北京：人民教育出版社，1990：154-158.

② 朱国仁．论高等学校职能的限度［J］．教育研究，1999（1）：41-48.

加强对全国以及本地区中等教育发展状况的调查，了解其发展规模、质量和接受高等教育的意愿，唯此才能保证高等教育结构与中等教育结构相协调。再次，要加强对高等学校发展状况的调查研究。一方面要了解全国高等学校的整体发展状况，把握我国高等教育整体的发展趋势；另一方面各高等学校要加强对各自办学能力、办学方向等的调查研究，明确自身基础；再一方面要加强各高等学校与地方社区的互动情况调查，把握地方对高等学校的需求度、支持力，明了高等学校的具体生存环境。在对高等教育整体、局部和自身基础与发展状况深入调查的基础上，各高等学校才有可能进行科学的分类和功能定位①。

在深入调查和科学预测的基础上，各高等学校应该遵循合理分工、整体优化的原则，调整高等教育结构。所谓“合理分工”，是指各级各类高等教育机构应根据社会发展的需求和自身的办学基础及条件，在多元化的目标选择中，明确自己的目标定位，找准自己的发展空间，确定自己的育人重点，形成自己的办学特色。所谓“整体优化”，是指各级各类高等教育机构虽各有定位，但又不彼此割裂，而是一个相互联系的有机整体，其功能的发挥不体现为某一机构的作用，而体现在通过各类高等教育之间资源的合理配置、结构的整体调适而达成的整体的和谐运转。根据这一原则，我国现阶段高等教育结构调整的主要任务是：在层次结构上，大力发展专科（高职）教育，稳步控制本科教育，积极扩大研究生教育，严格控制高等教育机构盲目升格现象。同时要在不同性质的高等教育机构之间实现不同的分类和定位，研究型高校以研究生和本科教育为主，且研究生比例应大于本科生比例；教学科研型高校本科生比例应大于研究生比例；教学型高校以本科与专科为主，且以本科生为主体，开展少量的研究生教育；应用型高校以专科为主。在类型结构上，鼓励、支持和规范民办高等教育与独立学院的发展，努力提高成人高等教育和高等职业教育质量，一方面吸引社会力量参与高等教育以缓解当前资源不足的现状，另一方面可以扩大教育机会，使更多的人能够

① 陶能祥. 高等教育内分流模式研究［D］. 武汉：华中师范大学，2006：117-118.

接受高等教育；在形式结构上，在保持正规高等教育持续高效发展的同时，大力推动非正规和非正式高等教育发展；在区域结构上，要坚持分类指导、加强宏观调控，实行向高等教育不发达区域适度倾斜的政策，鼓励高等教育发达地区以多种形式实现对落后地区的支援，努力促进高等教育区域间的均衡发展。在高等教育机构内部学科结构上，在发展新兴学科和社会急需学科的同时，注意扶持传统学科和弱势学科，在发展理工学科和应用社会学科的同时，注意扶持基础学科、人文学科，实现新兴与传统、急需与冷门、基础与应用、科学与人文的协调发展；在人员构成上，加大人才引进与培养的力度，推进人事制度改革，使教职员工在年龄、性别、学历、职称等方面比例协调；在权力配置上，使行政权力与学术权力之间既有明确分工，又能相互统一。只有实现了高等教育结构的相对均衡，才能使各级各类高等教育机构之间具有多元化的功能定位，并通过功能互补来实现高等教育整体功能的优化。

五、改革管理体制，健全运行机制

体制是机制的基础。如欲健全运行机制，必先改革管理体制。只有实现了体制的革新与机制的健全，才能保障高等教育的和谐发展与功能调适。因此，我们需要从以下几方面进行高等教育体制的改革与创新：

从宏观层面看，一是在管理体制上，通过立法明确政府、高等教育机构与社会的关系及各自的义务、权利与责任，并通过健全各种监督、评估制度，规范政府宏观管理行为，落实高等学校办学自主权。二是在办学体制上，应通过有关的法规与制度建设，鼓励社会办学，形成以政府办学为主，社会广泛参与的多元化办学形式。三是在投资体制上，应强化和保证政府投入的主体作用，扩大社会资金的注入，同时鼓励高等学校通过合法、正当的行为多渠道筹集资金。

从微观层面看，一是要健全和完善高等学校内部领导体制。进一步理顺校内党、政、群之间的关系，使学术权力和行政权力适当分离，使党组织的政治核心作用、校长的指挥和管理作用、教授委员会的学术领导作用、教代会的民主管理和监督作用都能得到加强。党组织、校长、教授委员会、教代会能在一定程度上充分发挥各自的功能和作用。在学校的领导体制中建立一种相互支持、相互监督、相互制约、协调一致的关系，以保证学校领导与决策机制运行正常①。二是要完善高校内部的组织管理体制。一方面要采取合并、撤销、裁员等方式，大力精简高校的机构设置，裁减行政人员，减少非教育性组织在高校中的机构延伸，使高校能够集中更多的人力、物力资源做自己的本职工作，实现基本功能。另一方面要突出院系的实体地位，实现管理权力的下放。即变学校的集中管理为分权管理，使院系作为教学、科研的实体可以实现实体化运作。如东北师范大学实行“教授委员会集体决策基础上的院长（系主任）负责制”，将学科建设、专业发展、预算、人事等方面的权力下放到院系，实现了由高度集中管理模式向集中与分散相结合的模式转变，实现了行政权力与教授参与决策权力的有效制衡②。再一方面要实现学术权力的回归，进一步健全学术委员会、学位委员会等学术组织，扩大其在专业设置、课程安排、教学督导、职称评审、科研奖励方面的权力。三是要推进人事、分配、教学、科研等具体管理体制的改革，使教师、管理人员、后勤服务人员能够各安其位，实现能、绩、位相称，责、权、利一致。使学生能够通过选课制、学分制、学分累积和互换制、转学转校制等方式，接受更为灵活、高效的教育。例如，北京师范大学、中国政法大学等 8 所北京高校联合推行“联校选修课”项目，实现了不同学校间教育资源的共享，拓宽了育人的资源与途径，深受学生的欢迎。通过这些系统内部微观体制的改革，实现高校教学、科研、社会服务等方面的有效管理和运行，保证各项功能充分协调发挥。

在高等教育体制革新的基础上，还应该树立统筹协调、持续有序的目标，健全高教运行机制。“持续”就是高等教育发展永远充满生机与活力，持续的前提是有序。“有序”就是影响高等教育运行的各个要素，以及高等教育自身系统的各个要素之间定位有规范，运行有章法，变革有计划，活动有准则，也就是指高等教育运行机制健全。要形成这样健

① 唐玉光，房剑森. 高等教育改革论［M］. 桂林：广西师范大学出版社，2002：249.

② 刘微. 教授委员会：管理体制改革的探索［N］. 中国教育报，2002-03-29；曾毅. 教授治学的力量——东北师大教授委员会带来的启示［N］. 光明日报，2003-12-11.

全运行的机制，必须树立“统筹协调”的发展观，统筹是手段，协调是目的。“统筹”即通盘筹划之意。统筹既是一种思想，即运用系统论的观点来认识和看待某一事物；统筹又是一种方法，即以系统论为指导，以优化结构与提高效益为目标，对高等教育的发展进行必要的调控；统筹还是一种行为，即系统内涉及的各种行为主体在行为的目标、对象与方式上的协调性。因此，健全高等教育的运行机制，必须在统筹协调的观念指导下，进一步理顺中央政府、地方政府、市场、高校和社会五个行为主体之间的关系，实现政府调控有力、区域统筹有效、市场调节有度、社会参与有序、高校自主有方的和谐运行局面。从高等教育系统自身而言，就是要使高等学校在获得一定办学自主权的基础上，进一步深化内部改革，完善自主适应机制。

首先，完善自主办学机制。宏观管理体制的改革给予高校更多的自主权，因此高校应根据市场需求、区域经济和社会发展的需要，及时灵活地设计和调整自己的功能目标、专业设置、招生规模、办学形式、科研方向、服务方式等，从而使自己的各项功能协调发挥。其次，通过改革考试和招生制度，健全自我选择机制。高等教育的育人功能，关键在于培养人才的质量，而人才质量既取决于培养过程，也与高等教育系统在生源选择上是否具有自主权紧密相关。自主招生权力的扩大，有利于各高校选拔适合自己的生源，有助于学生个性特长的培养。因此，应进一步扩大高校的招生自主权，实行学校单独招生或若干所学校联合招生。这样，既保证了学校对人才的自主选拔，还可带来学校之间的合理竞争与积极协作，进而推动各高校努力提高教育质量与社会声誉，有助于高等教育功能的优化。再次，通过提高教育质量，健全自我发展机制。当前高等教育功能中个体功能的失调固然有很多原因，但学生的知识面窄、缺乏竞争性、主动性与个性是一个主要的原因。为此要调整培养目标、革新教学内容与方法，培养学生的创新精神与创新能力，发展学生的个性，不断提高育人质量，增强学生的外部适应性与竞争性，从而通过教育质量的提高，增强高等学校自我发展的动力。最后，健全自我激励、自我约束与自我调控机制。长期以来，我国高校内部管理实行的是高度集权的管理体制，其结果是以服务为主的职能部门拥有较大的权力，它们实际上成为推行集权的重要手段，并且往往异化成对院系的领导，院系权力较少，部门的行政权力超越了院系的学术权力。当教学和科研等专业活动处于行政权力而不是学术权力的领导之下时，背离规律、出现偏差是很正常的事。因此，改革高校内部管理体制，形成权力系统（如党委系统、行政系统、学术委员会等）之间的约束机制、管理阶层（如学校与院系、行政处室与院系等）之间的约束机制、学校各利益集团（如代表学生利益的学生会、代表教职工利益的工会与教职工代表大会等）之间的约束机制，形成对学校自主权的制约力量，避免盲目发展，防止行政腐败。同时，通过教职工的人事和分配制度、学生的奖学金制度、中期筛选制度等具体制度的改革，充分调动教师和学生的积极性，这样就可以通过学校自身内在的激励与约束力量来调整高等教育活动，自觉规范个体和部门行为，形成有效的激励、约束和调控机制。而高校自主办学、自我选择、自我发展、自我调控等自主适应机制的完善，使高等教育机构的自主权、自主性和自主力不断扩大，能够主动、灵活、高效地对社会的发展变化做出反应，因而可以及时调整自身取向、行动上的偏差，为社会提供优质的人才和知识产品，实现高等教育功能与时代、社会发展的同步调适。

结语　高等教育不能回避历史

教育是"人类最后和最好的希望之一"。事实上，人们对以大学为代表的高等教育从来都是充满虔敬与希冀，人们用许多美好的词汇来形容代表高等教育的大学——摇篮、圣地、象牙塔、加速器、动力站，等等。英国诗人约翰·曼斯菲尔德（John Masefield）曾经写道："世间再无堪与大学相媲美的事物。在国破家亡、价值沦丧之时，在大坝坍塌、洪水肆虐之时，在前途暗淡、了无依赖之时，不论何地，只要有大学存在，它就巍然屹立，光芒四射。只要有大学存在，人的自由思想、全面公正探索的冲动仍能将智慧注入人们的行为之中。"① 然而，正如赫拉克里特斯（Heraclites）所言，一切都是不断消长，没有东西停着不动。在发展历程中，高等教育是否一直能够名副其实，坦受赞誉呢？答案显然是否定的。克尔在《高等教育不能回避历史：21世纪的问题》一书中，坦承其接受了赫拉克里特斯的"斗争是世界的公正原则"，其实质与社会冲突理论的理念相吻合，他看到"前面有很多矛盾和冲突困扰着高等教育，正和它们在过去曾经常常困扰高等教育一样"，"高等教育如何参与这些矛盾和冲突的解决，将决定高等教育的未来如何发展"，因此分析高等教育面临的"主要问题和趋于一致的解决方法"不能回避②。

毋庸讳言，当前中国高等教育存在着许多矛盾和冲突，在诸多问题中，包含着高等教育"是"与"应是"、"所为"与"应为"的矛盾。这

① 伯恩鲍姆. 大学运行模式——大学组织与领导的控制系统［M］. 别敦荣，译. 青岛：中国海洋大学出版社，2003：6-7.

② 克尔. 高等教育不能回避历史：21世纪的问题［M］. 王承绪，译. 杭州：浙江教育出版社，2001：4-6.

些矛盾和冲突是中国高等教育发展历程不能回避的历史的一部分。不仅不能回避，还要正视，不仅要正视，更要解决。而且在当前世情、国情、教情的背景下，高等教育“何为”问题显得尤为急迫和突出，因为其“所为”失常，招人诟病。因此，本研究主要围绕当前我国高等教育功能的失调与调适展开，并对高等教育功能的相关理论问题和历史演变进行了一定探讨和梳理，通过研究与考察，本研究集中澄明了如下观点：

首先，研究高等教育功能的逻辑起点应立足于高教活动的原始需求和生存价值，基于此，本研究认为高等教育功能的逻辑起点为人、文化和社会三者。整个高等教育活动都应该由此产生、发展、演变。高等教育功能正是基于这三重功能主体的需求变化，在不同的价值取向导引下，采取相应功能行动，产生功能结果的动态发展的过程。

其次，培养人才、发展科学和为社会服务是高等学校的三大职能，个体功能（如个体的社会化、个性化功能）、社会部分功能（如政治功能、经济功能、文化功能等）、社会整体功能（如社会选拔、社会流动、社会分层等）是高等教育的功能，二者既有区别又有联系。高等学校的职能是高等教育功能的一种存在状态，职能是功能制度化的结果。人类的任何一项活动，都具有某种客观的功能，但只有这项活动与某些社会机构建立了某种制度化的联系以后，这项活动所具有的功能才可能成为这些社会机构必须完成或实现的职责，从而转化成机构职能。高等教育活动先天具有某些不言自明的功能，如育人功能、社会选拔功能、文化传播功能、创造功能、促进经济发展功能等，在不同的历史时期，因不同的社会或政府导向，高等教育功能的不同方面依次转化为高等学校的职能，并相应地引起高等教育结构的变革。高等教育功能向高等学校职能的转化过程，或者说高等学校职能的演变过程，以及高等教育的变革过程，与社会经济发展的历程相适应，表现为高等教育从社会边缘走进社会中心、高等教育不断社会化的过程。高等学校三大职能相继出现的根本原因在于，随着生产力水平的提高、科学技术的进步和社会形态的变革，人们对高等教育功能的认识不断深化，需求更为直接，从而使得高等教育功能得以更大范围地发挥和彰显。后出现的职能并不否定先前已经存在的职能，而是和原有的高等学校职能一起展现高等教育的功能。高等教育功能的一些方面向高等学校职能的逐渐演变，使高等教育的实为能力转向应为能力，由此大大提高了功能的强度。高等教育功能与高等学校职能之间共存共荣、不断发展，且永不终结。

再次，高等教育功能在一定历史阶段会发生失调，甚至可能导致高等教育的发展危机。高等教育功能的演变是一个高等教育与其内外部影响因素之间“协调—失调—调适—再失调—新的调适”的螺旋式动态发展过程。高等教育功能的失调源于高等教育功能的释放与人、文化和社会发展要求的失谐，以及自身存在的应然面与实然面之间的矛盾。正是这种供给与需求、应然与实然之间的张力构成了高等教育功能发展的动力，在张力的平衡、失衡与趋衡变化中，决定了高等教育功能协调、失调与调适的状态转化。高等教育功能的失调与调适是高等教育功能演变的基本方式，正是在功能的不断失调与调适中，实现了高等教育与社会发展的协调与契合。时代在进步，也不断地对高等教育提出新的要求，高等教育只有不断调整自身功能实现中的偏差，才能真正承担起历史赋予的使命。

最后，当前我国高等教育功能实现过程中存在着失调现象，这是社会转型时期高等教育内外部环境变化与高等教育功能演变之间缺乏协调、互动失序的客观后果，是高等教育功能实现与各功能主体发展需求之间矛盾运动中的一个客观环节。但是这些功能失调现象已经给社会和高等教育自身带来了较为严重的影响，若不能及时调适，必将危及高等教育的和谐发展与社会进步。我们需要从高等教育功能实现的结构性影响因素与过程性实现环节入手，进行针对性的调适，但调适必须立足于高等教育自身的资源特性和内在逻辑，对各功能主体的需求做出自主性回应，而不是无选择地一味顺从。

以上对本书所研究问题的出发点及相关研究结论做了简略说明。然而功能问题是高等教育领域一个宏大的基础理论问题，鉴于个人思维深度与认识广度的有限性，本书也存在诸多困惑与不足之处：

第一，研究中采用“过程—影响因素”的分析模式，高等教育功能的实现过程由功能取向、功能行动与功能结果三个环节以及若干要素指标构成，影响因素也涉及社会、高等教育自身等若干方面，分析框架虽然全面立体，但也可能会使研究显得内容庞多，重点不突出，陷入全面而不深入的窠臼。

第二，本研究对于高等教育活动、高等学校职能以及高等教育功能的内涵辨析与关系界定，固然有一定的理论基础与逻辑依据，但传统的“三职能（功能）说”历时日久，几成定论，如此区分，难免有自说自话之嫌。并且这种区分直接决定着后续研究的展开，因此不仅关系到文章论点的可接受程度，而且也使整个研究面临着一定的理论风险。

第三，功能是本质的外化，若想了解功能，必先了解本质。而研究中并没有对高等教育本质的专门讨论，虽然在文中有所穿插，但类似这种理论反思的缺乏使得研究的理论深度不够。

第四，高等教育功能的失调究竟该如何衡量？功能调适的措施如何落实？本研究中体现的多是一种理想的理论对照与策略构建，而高等教育功能问题是一个实践性很强的问题，如何处理好理想与现实的偏差，更为准确而有效地为我国高等教育功能把脉，文中思考得尚不深入。

理论往往是灰色的，而实践之树常青。只有面对活生生的高等教育实践，理论研究者才能真正体会到自己的价值所在和目标所在。尽管近年来我国高等教育取得了相当显著的成就，但繁荣的背后需要我们以理性的思考为其持续发展把脉和定轨。我们不难看到：面对社会的功利熏染和权力的强势渗透，高等教育系统的自治传统正在消失，而行政权力却日渐膨胀；学者的淡泊名利、独立求真精神容易为浮躁情绪和功利思想所影响；高等教育机构日益沦为事业性的科研院所或人才培训机构。在功利主义的诱惑下，高等教育逐渐为社会所俘虏，丧失了自己的独立立场，淡忘了自己的本质使命，消散了特有的文化气质，忘却了对社会的精神指引。林立的大楼与先进的设施无法掩饰其人文精神的失落和济世情怀的萎缩，高等教育正走向褊狭与贫瘠，人类思想、精神、知识的动力源泉正日渐枯竭。若不能充分认识当前我国高等教育功能中的偏差、弱化、失用等失调现象并加以调适，必将给高等教育的发展带来新的更为严重的危机，更会直接阻碍社会的繁荣与进步。因此我们必须直面现实，全面警醒，用理性的思考与探索为人类社会发展的知识之灯拨亮灯捻，使其重新焕发耀眼的光辉，使高等教育真正成为社会物质领域的“创造源”、“人才库”与“孵化器”，精神领域的“思想库”、“评判场”与“导航灯”。

参考文献

一、中文类

[1] 黑格尔. 逻辑学：上卷 [M]. 杨一芝，译. 上海：商务印书馆，1977.

[2] 雅斯贝尔斯. 大学之理念 [M]. 邱立波，译. 上海：上海世纪出版集团，2007.

[3] 雅斯贝尔斯. 什么是教育 [M]. 邹进，译. 北京：生活·读书·新知三联书店，1991.

[4] 韦伯. 新教伦理与资本主义精神 [M]. 于晓，陈维纲，译. 上海：生活·读书·新知三联书店，1987.

[5] 韦伯. 韦伯论大学 [M]. 孙传钊，译. 南京：江苏人民出版社，2006.

[6] 韦伯. 社会科学方法论 [M]. 杨富斌，译. 北京：华夏出版社，1999.

[7] 迪尔凯姆. 社会学方法的规则 [M]. 胡伟，译. 北京：华夏出版社，1999.

[8] 涂尔干. 社会学研究方法论 [M]. 胡伟，译. 北京：华夏出版社，1988.

[9] 涂尔干. 教育思想的演进 [M]. 李康，译. 上海：上海人民出版社，2003.

[10] 朗格朗. 终身教育引论 [M]. 周南照，陈树清，译. 中国对外翻译出版公司，1985.

[11] 纳普尔，克罗普利. 高等教育与终身学习 [M]. 3 版. 徐辉，

陈晓菲，等，译. 上海：华东师范大学出版社，2003.

[12] 利奥塔. 后现代状态：关于知识的报告 [M]. 车槿山，译. 上海：上海三联书店，1997.

[13] 福柯. 规训与惩罚 [M]. 刘北成，杨远缨，译. 上海：上海三联书店，1999.

[14] 布迪厄，华康德. 实践与反思：反思社会学导引 [M]. 李猛，李康，译. 北京：中央编译出版社，2004.

[15] 布迪厄，帕斯隆. 再生产 [M]. 邢克超，译. 北京：商务印书馆，2002.

[16] 范富格特. 国际高等教育政策比较研究 [M]. 王承绪，等译. 杭州：浙江教育出版社，2001.

[17] 杰弗里. 全球化与后现代教育学 [M]. 郭泽生，译. 北京：教育科学出版社，2000.

[18] 许美德. 中国大学 1895—1995：一个文化冲突的世纪 [M]. 许洁英，译. 北京：教育科学出版社，2000.

[19] 范德格拉夫. 学术权力：七国高等教育管理体制比较 [M]. 王承绪，译. 杭州：浙江教育出版社，2001.

[20] 联合国教科文组织国际教育发展委员会. 学会生存：教育世界的今天和明天 [M]. 华东师范大学比较教育研究所，译. 北京：教育科学出版社，1996.

[21] 联合国教科文组织总部. 教育：财富蕴藏其中 [M]. 联合国教科文组织总部中文科，译. 北京：教育科学出版社，1996.

[22] 帕森斯. 社会行动的结构 [M]. 张明德，夏遇南，彭刚，译. 南京：译林出版社，2003.

[23] 阿妮达·陈. 毛主席的孩子们：红卫兵一代的成长与经历 [M]. 史继平，田晓菲，程建新，译. 天津：渤海湾出版公司，1988.

[24] 布鲁姆. 走向封闭的美国精神 [M]. 缪青，宋丽娜，译. 中国社会科学出版社，1994.

[25] 克拉克. 高等教育新论：多学科的研究 [M]. 王承绪，徐辉，郑继伟，等译. 杭州：浙江教育出版社，2001.

[26] 克拉克．探究的场所：现代大学的科研和研究生教育［M］．王承绪，译．杭州：浙江教育出版社，2001.

[27] 赫梅尔．今日的教育为了明日的世界［M］．王静，赵穗生，译．北京：中国对外翻译出版公司，1983.

[28] 哈斯金斯．大学的兴起［M］．王建妮，译．上海：上海世纪出版集团，2007.

[29] 博克．走出象牙塔：现代大学的社会责任［M］．徐小洲，陈军，译．杭州：浙江教育出版社，2001.

[30] 阿特巴赫，马越彻．亚洲的大学：历史与未来［M］．邓红风，译．青岛：中国海洋大学出版社，2006.

[31] 阿特巴赫．比较高等教育［M］．符娟明，陈树清，译．北京：文化教育出版社，1985.

[32] 库姆斯．世界教育危机［M］．赵宝恒，译．北京：人民教育出版社，2001.

[33] 菲利普．社会科学中的整体论思想［M］．吴忠，陈昕，刘源，译．银川：宁夏人民出版社，1988.

[34] 赫钦斯．民主社会中教育上的冲突［M］．陆有铨，译．台北：台湾桂冠图书股份有限公司，1994.

[35] 华勒斯坦．学科 知识 权力［M］．刘健芝，译．北京：生活·读书·新知三联书店，1999.

[36] 戈德法布．“民主”社会中的知识分子［M］．杨信彰，周恒，译．沈阳：辽宁教育出版社，2002.

[37] 亚历山大．社会学二十讲：二战以来的发展［M］．贾春增，等，译．北京：华夏出版社，2000.

[38] 科尔．大学的功用［M］．陈学飞，译．南昌：江西教育出版社，1993.

[39] 克尔．高等教育不能回避历史：21 世纪的问题［M］．王承绪，译．杭州：浙江教育出版社，2001.

[40] 钦斯．美国高等教育［M］．汪利兵，译．杭州：浙江教育出版社，2001.

[41] 默顿．社会理论和社会结构 [M]．唐少杰，齐心，译．南京：译林出版社，2006.

[42] 伯恩鲍姆．大学运行模式——大学组织与领导的控制系统 [M]．别敦荣，译．青岛：中国海洋大学出版社，2003.

[43] 默顿．论理论社会学 [M]．何凡兴，译．北京：华夏出版社，1990.

[44] 默顿．社会研究与社会政策 [M]．林聚任，等译．北京：生活·读书·新知三联书店，2001.

[45] 亨特．社会研究方法新论 [M]．郑建宏，译．武汉：华中理工大学出版社，1989.

[46] 奈勒．世界教育概览 [M]．吕千飞，张曼真，等译．北京：知识出版社，1980.

[47] 特纳．社会学理论的结构 [M]．6版．邱泽奇，张茂元，译．北京：华夏出版社，2001.

[48] 肯尼迪．学术责任 [M]．阎凤桥，等译．北京：新华出版社，2002.

[49] 弗莱克斯纳．现代大学论：美英德大学研究 [M]．徐辉，陈晓菲，译．杭州：浙江教育出版社，2001.

[50] 布鲁贝克．高等教育哲学 [M]．王承绪，郑继伟，张维平，译．杭州：浙江教育出版社，2001.

[51] 杜德斯达．21世纪的大学 [M]．刘彤主，译．北京：北京大学出版社，2005.

[52] 纳伊曼．世界高等教育的探讨 [M]．令华，严南德，译．北京：教育科学出版社，1982.

[53] 富永健一．社会学原理 [M]．严立贤，等译．北京：社会科学文献出版社，1992.

[54] 青井和夫．社会学原理 [M]．刘振英，译．北京：华夏出版社，2002.

[55] 康斯坦丁诺夫．世界教育史纲：第3册 [M]．北京：人民教育出版社，1954.

[56] 列宁．黑格尔《逻辑学》一书摘要 [M] //列宁全集：第 55 卷．北京：人民出版社，1990.

[57] 加塞特．大学的使命 [M]．徐小洲，陈军，译．杭州：浙江教育出版社，2001.

[58] 阿什比．科技发达时代的大学教育 [M]．滕大春，滕大生，译．北京：人民教育出版社，1983.

[59] 贝尔纳．历史上的科学 [M]．伍况甫，译．北京：科学出版社，1983.

[60] 朗特里．西方教育辞典 [M]．杨寿宁，杜维坤，译．上海：上海译文出版社，1988.

[61] 亨克尔，里特．国家、高等教育与市场 [M]．谷贤林，译．北京：教育科学出版社，2005.

[62] 赫胥黎．科学与教育 [M]．单中惠，等译．北京：人民教育出版社，1990.

[63] 纽曼．大学的理想 [M]．徐辉，顾建新，何曙荣，译．杭州：浙江教育出版社，2001.

[64]《辞海》编辑委员会．辞海：缩印本 [M]．上海：上海辞书出版社，1980.

[65] 中共中央马克思恩格斯列宁斯大林著作编译局．马克思恩格斯全集：第 46 卷 [M]．北京：人民出版社，1979.

[66]《中国教育年鉴》编辑部．中国教育年鉴（1949—1981）[M]．北京：中国大百科全书出版社，1984.

[67] 安文铸．现代教育管理学引论 [M]．北京：北京师范大学出版社，1995.

[68] 别敦荣．中美大学学术管理 [M]．武汉：华中理工大学出版社，2000.

[69] 北京大学校长办公室．21 世纪的大学：北京大学百年校庆召开的高等教育论坛论文集 [C]．北京：北京大学出版社，1999.

[70] 蔡昉．中国人口与劳动问题报告：人口转变与教育发展（人口与劳动绿皮书）[M]．北京：社会科学文献出版社，2004.

[71] 蔡元培．蔡元培全集：第3卷［M］．北京：中华书局，1984.

[72] 陈独秀．陈独秀文章选编：上册［M］．上海：上海三联书店，1984.

[73] 陈桂生．教育原理［M］．上海：华东师范大学出版社，1993.

[74] 陈洪捷．德国古典大学观及其对中国的影响［M］．北京：北京大学出版社，2006.

[75] 陈厚丰．中国高等学校分类与定位问题研究［M］．长沙：湖南大学出版社，2004.

[76] 陈平原．大学何为［M］．北京：北京大学出版社，2006.

[77] 陈平原．中国大学十讲［M］．上海：复旦大学出版社，2002.

[78] 陈学飞．美国、德国、法国、日本当代高等教育思想研究［M］．上海：上海教育出版社，1998.

[79] 《辞海》编辑委员会．辞海［M］．上海：上海辞书出版社，1989.

[80] 储朝晖．中国大学精神的历史与省思［M］．太原：山西教育出版社，2006.

[81] 单中慧．外国大学教育问题史［M］．济南：山东教育出版社，2006.

[82] 单中慧，杨汉麟．西方教育学名著提要［M］．南昌：江西人民出版社，2000.

[83] 董宝良．中国近现代高等教育史［M］．武汉：华中科技大学出版社，2007.

[84] 董泽芳，沈百福．百川归海：教育分流研究与国民教育分流意向调查［M］．武汉：华中师范大学出版社，1999.

[85] 董泽芳．大学的理念与追求［M］．武汉：华中师范大学出版社，2003.

[86] 董泽芳．教育社会学［M］．武汉：华中师范大学出版社，1990.

[87] 董泽芳．人力资源开发与管理［M］．武汉：华中师范大学出版社，2000.

[88] 杜时忠．科学教育与人文教育［M］．武汉：华中师范大学出

版社，1998.

[89] 房建森. 高等教育发展论 [M]. 桂林：广西师范大学出版社，2001.

[90] 符娟明. 比较高等教育 [M]. 北京：北京师范大学出版社，1988.

[91] 傅维利. 教育功能论 [M]. 沈阳：辽宁教育出版社，1990.

[92] 高平叔. 蔡元培教育论著选 [M]. 北京：人民教育出版社，1991.

[93] 高奇. 中国高等教育思想史 [M]. 北京：人民教育出版社，2001.

[94] 国家教育发展研究中心. 发达国家教育改革的动向和趋势：第1集 [M]. 北京：人民教育出版社，1986.

[95] 国家教育发展研究中心. 2000 年中国教育绿皮书 [M]. 北京：教育科学出版社，2000.

[96] 国家教育委员会教育发展与政策研究中心. 当代国际高等教育改革的趋向 [M]. 北京：高等教育出版社，1988.

[97] 韩延明. 大学理念论纲 [M]. 北京：人民教育出版社，2003.

[98] 郝克明. 当代中国教育结构体系研究 [M]. 广州：广东教育出版社，2001.

[99] 何坎，等. 高等教育功能论 [M]. 广州：广东高等教育出版社，1994.

[100] 何祚庥. 伪科学再曝光 [M]. 广州：中国社会科学出版社，1999.

[101] 贺国庆，王保星，朱文富. 外国高等教育史 [M]. 北京：人民教育出版社，2006.

[102] 贺国庆. 德国和美国大学发达史 [M]. 北京：人民教育出版社，1998.

[103] 侯定凯. 高等教育社会学 [M]. 桂林：广西师范大学出版社，2004.

[104] 胡建华. 现代中国大学制度的原点：50 年代初期的大学改革

[M]．南京：南京师范大学出版社，2001.

[105] 胡建华，王建华，王全林．大学制度改革论 [M]．南京：南京师范大学出版社，2006.

[106] 黄福涛．外国高等教育史 [M]．上海：上海教育出版社，2003.

[107] 黄济．教育哲学通论 [M]．太原：山西教育出版社，1998.

[108] 黄藤．校教育基本功能研究 [M]．西安：陕西人民教育出版社，2006.

[109] 黄延复，刘述理．梅贻琦教育论著选 [M]．北京：人民教育出版社，1993.

[110] 建设有中国特色社会主义高等教育理论研究课题组．建设有中国特色社会主义高等教育理论研究 [M]．北京：高等教育出版社，1996.

[111] 教育部中外大学校长论坛领导小组．中外大学校长论坛文集 [C]．北京：高等教育出版社，2002.

[112] 金一鸣．中国教育类别与结构的研究 [M]．上海：上海教育出版社，1999.

[113] 雷鸣强．教育功效观 [M]．长沙：湖南师范大学出版社，1999.

[114] 李文长，朱国仁．高等教育科学发展研究 [M]．北京：光明日报出版社，2000.

[115] 刘宝存．大学理念的传统与变革 [M]．北京：教育科学出版社，2004.

[116] 刘精明．国家、社会阶层与教育：教育获得的社会学研究 [M]．北京：中国人民大学出版社，2005.

[117] 刘精明．转型时期中国社会教育 [M]．沈阳：辽宁教育出版社，2004.

[118] 刘琅，桂苓．大学的精神 [M]．北京：中国友谊出版公司，2004.

[119] 刘献君．大学之思与大学之治 [M]．武汉：华中科技大学出版社，2000.

[120] 鲁洁. 教育社会学 [M]. 北京：人民教育出版社，1990.

[121] 陆学艺，景天魁. 转型中的中国社会 [M]. 哈尔滨：黑龙江人民出版社，1994.

[122] 陆有铨. 躁动的百年：20 世纪的教育历程 [M]. 济南：山东教育出版社，1997.

[123] 马和民. 新编教育社会学 [M]. 上海：华东师范大学出版社，2002.

[124] 毛礼锐，瞿菊农，邵鹤亭. 中国古代教育史 [M]. 北京：人民教育出版社，1983.

[125] 毛礼锐，瞿菊农，邵鹤亭. 中国古代教育史：第四卷 [M]. 北京：人民教育出版社，2005.

[126] 毛礼锐. 中国教育史简编 [M]. 北京：教育科学出版社，1984.

[127] 闵维方. 高等教育运行机制研究 [M]. 北京：人民教育出版社，2002.

[128] 潘懋元，王伟廉. 高等教育学 [M]. 福州：福建教育出版社，1995.

[129] 潘懋元. 多学科观点的高等教育研究 [M]. 上海：上海教育出版社，2001.

[130] 潘懋元. 中国高等教育百年 [M]. 广州：广东高等教育出版社，2003.

[131] 裴娣娜. 教育研究方法导论 [M]. 合肥：安徽教育出版社，2000.

[132] 钱理群，高远东. 中国大学的问题与改革 [M]. 天津：天津人民出版社，2003.

[133] 钱民辉. 教育社会学：现代性的思考与建构 [M]. 北京：北京大学出版社，2004.

[134] 曲士培. 中国大学教育发展史 [M]. 北京：北京大学出版社，2006.

[135] 全国十二所重点师范大学. 教育学基础 [M]. 北京：教育科

学出版社，2002.

[136] 冉云飞. 沉疴：中国教育的危机与批判［M］. 海口：南方出版社，1999.

[137] 施晓光. 美国大学思想论纲［M］. 北京：北京师范大学出版社，2001.

[138] 石鸥. 教学病理学［M］. 长沙：湖南教育出版社，1999.

[139] 石中英. 教育哲学导论［M］. 北京：北京师范大学出版社，2004.

[140] 宋林飞. 西方社会学理论［M］. 南京：南京大学出版社，1997.

[141] 苏力. 法律与文学：以中国传统戏剧为材料［M］. 北京：生活·读书·新知三联书店，2006.

[142] 孙绵涛. 教育管理学［M］. 北京：人民教育出版社，2007.

[143] 台湾师范大学教育研究所. 西洋教育思想：下［M］. 台北：伟文图书出版社有限公司，1979.

[144] 谭光鼎，王丽云. 教育社会学：人物与思想［M］. 台北：台湾高等教育出版公司，2006.

[145] 唐玉光，房剑森. 高等教育改革论［M］. 桂林：广西师范大学出版社，2002.

[146] 滕大春. 外国教育通史：第6卷［M］. 济南：山东教育出版社，1990.

[147] 田正平，商丽浩. 中国高等教育百年史论［M］. 北京：人民教育出版社，2006.

[148] 涂艳国. 走向自由：教育与人的发展问题研究［M］. 武汉：华中师范大学出版社，1999.

[149] 涂又光. 中国高等教育史论［M］. 武汉：湖北教育出版社，1997.

[150] 汪永铨. 教育大辞典：第3卷［M］. 上海：上海教育出版社，1991.

[151] 王道俊，郭文安. 主体教育论［M］. 北京：人民教育出版

社，2005.

[152] 王道俊，王汉澜. 教育学 [M]. 北京：人民教育出版社，1989.

[153] 王坤庆. 教育哲学：一种价值视角的研究 [M]. 武汉：华中师范大学出版社，2006.

[154] 王伟廉. 高等学校教学改革的理论研究 [M]. 北京：人民教育出版社，1993.

[155] 王晓阳. 大学社会功能比较研究 [M]. 北京：高等教育出版社，2003.

[156] 王亚朴. 高等教育十论 [M]. 上海：华东师范大学出版社，1992.

[157] 王英杰，刘慧珍. 2005 中国教育发展报告：高等教育的发展、问题与对策 [M]. 北京：北京师范大学出版社，2005.

[158] 王岳川. 后现代主义文化研究 [M]. 北京：北京大学出版社，1992.

[159] 吴康宁. 教育社会学 [M]. 北京：人民教育出版社，1998.

[160] 吴康宁. 课堂教学社会学 [M]. 南京：南京师范大学出版社，1999.

[161] 吴式颖. 外国现代教育史 [M]. 北京：人民教育出版社，1997.

[162] 席宣，金春明. “文化大革命”简史 [M]. 北京：中央党史出版社，2004.

[163] 夏之莲. 外国教育发展史料选粹 [M]. 北京：北京师范大学出版社，1999.

[164] 厦门大学高等教育研究所. 高等教育论文集 [C]. 厦门：厦门大学出版社，1989.

[165] 肖海涛. 大学的理念 [M]. 武汉：华中科技大学出版社，2001.

[166] 谢安邦. 比较高等教育 [M]. 桂林：广西师范大学出版社，2002.

[167] 谢立中. 西方社会学名著提要 [M]. 南昌：江西人民出版社，1998.

[168] 谢维和. 教育活动的社会学分析：一种教育社会学的研究 [M]. 北京：教育科学出版社，2000.

[169] 熊丙奇. 大学有问题 [M]. 成都：四川出版集团，天地出版社，2004.

[170] 熊丙奇. 体制迷墙：大学问题高端访问 [M]. 成都：四川出版集团，天地出版社，2005.

[171] 熊明安. 中国高等教育史 [M]. 重庆：重庆出版社，1983.

[172] 徐小洲. 高等教育论：跨学科的观点 [M]. 北京：人民教育出版社，2003.

[173] 薛天祥. 高等教育学 [M]. 桂林：广西师范大学出版社，2001.

[174] 薛涌. 谁的大学 [M]. 昆明：云南人民出版社，2005.

[175] 阎光才. 识读大学：组织文化的视角 [M]. 北京：教育科学出版社，2002.

[176] 杨东平. 大学精神 [M]. 沈阳：辽海出版社，2000.

[177] 杨东平. 大学之道 [M]. 上海：文汇出版社，2003.

[178] 杨东平. 2005：中国教育发展报告 [M]. 北京：社会科学文献出版社，2006.

[179] 杨东平. 中国教育公平的理想与现实 [M]. 北京：北京大学出版社，2006.

[180] 杨汉清，韩骅. 比较高等教育概论 [M]. 北京：人民教育出版社，1997.

[181] 杨宏进. 以知识为基础的经济 [M]. 薛澜，译. 北京：机械工业出版社，1997.

[182] 杨小微. 教育研究方法 [M]. 北京：人民教育出版社，2005.

[183] 姚启和. 高等教育管理学 [M]. 武汉：华中科技大学出版社，2000.

[184] 叶澜. 教育研究方法论初探 [M]. 上海：上海教育出版社，1999.

[185] 余立. 中国高等教育史：下册 [M]. 上海：华东师范大学出版社，1994.

[186] 袁振国. 当代中国教育思潮 [M]. 上海：上海三联书店，1991.

[187] 张德祥，周润智. 高等教育社会学 [M]. 北京：高等教育出版社，2002.

[188] 张俊宗. 现代大学制度 [M]. 北京：中国社会科学出版社，2004.

[189] 张念宏. 教育百科辞典 [M]. 北京：中国农业科技出版社，1988.

[190] 张人杰. 国外教育社会学基本文选 [M]. 上海：华东师范大学出版社，1989.

[191] 张汝伦. 思考与批判 [M]. 上海：上海三联书店，1999.

[192] 张维迎. 大学的逻辑 [M]. 北京：北京大学出版社，2004.

[193] 张应强. 高等教育现代化的反思与建构 [M]. 哈尔滨：黑龙江教育出版社，2000.

[194] 张应强. 文化视野中的高等教育 [M]. 南京：南京师范大学出版社，1999.

[195] 赵文华. 高等教育系统论 [M]. 桂林：广西师范大学出版社，2001.

[196] 赵中建. 全球教育发展的研究热点：90 年代来自联合国教科文组织的报告 [M]. 北京：教育科学出版社，1999.

[197] 郑登云. 中国高等教育史：上册 [M]. 上海：华东师范大学出版社，1994.

[198] 中国大百科全书编委会. 中国大百科全书·教育卷 [M]. 北京：中国大百科全书出版社，1985.

[199] 中国教育与人力资源问题报告课题组. 从人口大国迈向人力资源强国 [M]. 北京：高等教育出版社，2003.

[200] 中国社会科学院语言研究所词典编辑室．现代汉语词典[M]．北京：商务印书馆，2001.

[201] 中央教育科学研究所．中华人民共和国教育大事记（1949—1982）[M]．北京：教育科学出版社，1983.

[202] 朱国仁．高等学校职能论 [M]．哈尔滨：黑龙江教育出版社，1999.

[203] 克拉克．自主创新型大学 [J]．清华大学教育研究，2000，4.

[204] 特罗．从精英向大众高等教育转变中的问题 [J]．外国高等教育资料，1999，1.

[205] 别敦荣．从高等教育角度简评教育功能论争 [J]．中国电力教育，1995，2.

[206] 别敦荣．大众化与高等教育组织变革 [J]．清华大学教育研究，2006，1.

[207] 别敦荣．学科规训与大学教育功能 [J]．黄冈师范学院学报，2006，5.

[208] 陈平原．作为一种生活方式的“读书”[N]．文汇报，2005-12-02.

[209] 陈伟．论高等教育的学术产业化功能 [J]．国家教育行政学院学报，2000，2.

[210] 陈学飞，雷静．国际化：90 年代国际高等教育发展的一大趋势 [J]．有色金属高教研究，1994，4.

[211] 陈言．叶朗．人文精神的坚守与呼唤 [N]．人民日报（海外版），2001-01-02.

[212] 储召生，刘继安．大学应为社会繁荣稳定做贡献 [N]．中国教育报，2002-07-24.

[213] 邓耀彩．个人与文化：高校社会职能的两个出发点——兼与徐辉同志商榷 [J]．高等教育研究，1995，1.

[214] 邓正来．学术规范化与学术环境的建构 [J]．开放时代，2004，6.

[215] 董云川．中国高等教育政治化基因浅析 [J]．教育发展研究，

2002，11.

[216] 董泽芳，李晓波. 试析我国高等教育分流中的结构失衡问题 [J]. 教育研究，2003，10.

[217] 董泽芳，张国强. 科学发展观与高等教育和谐发展 [J]. 高等教育研究，2006，1.

[218] 董泽芳. 高等教育公平观与高等教育分流 [J]. 中国地质大学学报（社会科学版），2003，5.

[219] 杜瑞军. 从高等教育入学机会的分配标准透视教育公平问题：对新中国 50 年普通高校招生政策的历史回顾 [J]. 高等教育研究，2007，4.

[220] 段景智，姜守厚. 试论高等教育的批判、前瞻功能 [J]. 中国高教研究，2000，1.

[221] 方红. 高等教育国际化的发展特点与趋势 [J]. 江西社会科学，2007，2.

[222] 方展画. 在社会经济发展背景下对高等教育功能的再认识：马丁·特罗高等教育发展阶段论批判 [J]. 比较教育研究，2004，9.

[223] 傅剑锋，等. 毕业了，我们的工作在哪里：2006 年大学生求职深度观察 [N]. 南方周末，2006-04-06.

[224] 高耀明. 高等教育功能与高等学校职能探新 [J]. 高等师范教育研究，1996，4.

[225] 顾明远. 世界高等教育发展的基本趋势和经验 [J]. 北京师范大学学报（社会科学版），2006，5.

[226] 郭建如. 从大学与校办企业关系的演变看大学的社会型塑：体系再生产的视角 [J]. 北京大学教育评论，2003，4.

[227] 国务院新闻办公室. 中国性别平等与妇女发展状况 [N]. 光明日报，2005-08-25.

[228] 韩骅. 柏林大学的传统及其对我国高教改革的启示 [J]. 高等教育研究，1997，1.

[229] 何齐宗. 当代学校教育若干问题评析 [J]. 江西师范大学学报，2002，4.

[230] 贺德方. 从科技论文世界排名提升看中国科技核心竞争力 [N]. 科技日报，2006-11-08.

[231] 贺国庆. 近代德国大学科学研究职能的发展和影响 [J]. 河北大学学报（哲学社会科学版），1996，4.

[232] 胡建华. 知识经济时代的大学三职能 [J]. 南京理工大学学报（社会科学版），2001，2.

[233] 胡锦涛. 高举中国特色社会主义伟大旗帜为夺取全面建设小康社会新胜利而奋斗：在中国共产党第十七次全国代表大会上的报告 [N]. 人民日报，2007-10-25.

[234] 黄鹂. 浅析大众化高等教育的功能 [J]. 黑龙江高教研究，2003，1.

[235] 纪宝成. 我国高等教育大众化进程中的挑战与对策 [J]. 高等教育研究，2006，7.

[236] 蒋南翔. 纪念我国无产阶级教育家吴玉章同志 [N]. 人民日报，1984-01-14.

[237] 康瑜. 试论全球化视角下高等教育的社会批判功能 [J]. 比较教育研究，2005，9.

[238] 雷嘉. 调查显示工科大学生就业率最高 [N]. 北京晨报，2006-03-25.

[239] 李爱民. 对中国公立大学组织的社会学分析 [J]. 现代大学教育，2007，3.

[240] 李培林. 另一只看不见的手：社会结构转型 [J]. 中国社会科学，1992，5.

[241] 李松涛. 调查显示青年对大学母校印象改变感情变淡漠 [N]. 中国青年报，2006-12-11.

[242] 刘道玉. 中国高校功能定位刻不容缓 [J]. 高教探索，2007，1.

[243] 刘佳，谢秋争，等. 透视考研热降温 [N]. 北京商报，2007-01-23.

[244] 刘微. 教授委员会：管理体制改革的探索 [N]. 中国教育报，2002-03-29.

[245] 刘尧. 高等教育功能和高等学校职能研究要科学化 [J]. 清华大学教育研究, 1996, 2.

[246] 陆有铨, 潘艺林. 21 世纪的行动: 增强大学的批判功能 [J]. 教育发展研究, 1999, 3.

[247] 冒荣. 真理标准讨论与学术自由 [J]. 教育发展研究, 1998, 10.

[248] 闵维方. 发展知识经济的关键与大学的使命 [J]. 教育研究, 1998, 9.

[249] 闵维方. 社会主义市场经济条件下高等教育运行机制的基本框架 [J]. 高等教育研究, 2001, 4.

[250] 闵维方. 知识经济时代大学的社会服务功能: 以北京大学为例 [J]. 国家教育行政学院学报, 2006, 9.

[251] 缪新忠. 社会学视野下的教育功能分析: 兼论高等教育的扩张 [J]. 天府新论, 2006, 6.

[252] 潘懋元, 朱国仁. 高等教育的基本功能: 文化选择与创造 [J]. 高等教育研究, 1995, 1.

[253] 潘懋元. 高等教育大众化的教育质量观 [J]. 清华大学教育研究, 2000, 1.

[254] 潘懋元. 规模、速度、质量、特色: 中国当前高等教育发展中的若干问题 [J]. 河北师范大学学报 (教育科学版), 2007, 1.

[255] 潘懋元. 全面深入地认识教育的文化功能 [J]. 教育研究, 1996, 11.

[256] 潘懋元. 新世纪高等教育思想的转变 [J]. 中国高等教育, 2001, 3.

[257] 潘艺林. 批判功能是高等教育的亲本功能 [J]. 华东师范大学学报 (教育科学版), 2002, 4.

[258] 朴雪涛. 制度变迁视角下的三种大学类型 [J]. 辽宁教育研究, 2004, 4.

[259] 任剑涛. 大学危机之九大征兆 [J]. 南风窗, 2003, 7.

[260] 石鸥，王昌善．高校教学及其管理的病症探查与成因解读：大学教学病理研究之一［J］．湖南师范大学社会科学学报，2005，1.

[261] 石中英．论现代教育的深度［J］．教育理论与实践，1998，3.

[262] 宋林飞．中国社会转型的趋势、代价及其度量［J］．江苏社会科学，2002，6.

[263] 孙宏光．刘道玉：我国高等教育的三大危机［J］．同舟共进，2007，5.

[264] 檀传宝．“学术腐败”、“学术贿赂”与“学术打假”［J］．社会科学论坛，2002，4.

[265] 谭庭浩．大学有什么用：访陈平原［N］．南方周末，1998-04-17.

[266] 陶学文．试析我国高校教学及管理疾病的致病因素：我国传统教育对高校教学及管理的负面影响［J］．武汉科技大学学报（社会科学版），2002，3.

[267] 王冀生．现代大学的本质和主要特征［J］．电子科技大学学报（社会科学版），1999，2.

[268] 王晴．北京人事部门将逐个推荐京籍未就业学生［N］．京华时报，2007-12-28.

[269] 王石川．有感于“一个学生让你家徒四壁”［N］．工人日报，2006-02-16.

[270] 王守恒，姚守先．现代高等教育隐性职能探析［J］．高等教育研究，1995，3.

[271] 王树生．大学的功能与价值关怀的剥离：一种结构功能主义的视角［J］．哈尔滨工业大学学报（社会科学版），2004，2.

[272] 王晓华，任胜洪．知识社会：高等教育职能的超越与整合［J］．北京科技大学学报（社会科学版），1999，3.

[273] 王英杰．大学危机：不容忽视的难题［J］．探索与争鸣，2005，3.

[274] 温家宝．提高认识，统一思想，牢固树立和认真落实科学发

展观 [N]. 人民日报，2004-03-01.

[275] 文雯，李乐夫，谢维和. 中国高等教育大众化初期的层次结构变化 [J]. 中国高等教育，2007，9.

[276] 邬大光，赵婷婷. 也谈高等教育的功能和高等学校的职能：兼与徐辉、邓耀彩商榷 [J]. 高等教育研究，1995，3.

[277] 邬大光. 高等教育大众化理论的内涵与价值：与马丁·特罗教授的对话 [J]. 高等教育研究，2003，6.

[278] 吴康宁. 教育社会功能新论 [J]. 高等教育研究，1996，3.

[279] 吴康宁. 教育的社会功能形成问题再审思：兼答赵婷婷同志 [J]. 高等教育研究，1997，6.

[280] 吴康宁. 教育的社会功能诸论述评 [J]. 华中师范大学学报 (哲学社会科学版)，1996，3.

[281] 吴启迪. “全球化”时代的现代大学理念和制度创新 [J]. 教育发展研究，2001，7.

[282] 肖川. 大学的理想与使命 [J]. 高等教育研究，2000，4.

[283] 谢维和. 科学发展观与教育的改革 [J]. 清华大学教育研究，2004，2.

[284] 谢维和. 论高等教育对现代社会的适应 [J]. 北京师范大学学报 (社会科学版)，1998，4.

[285] 徐彬. 原始性创新不能被“一票否决” [N]. 科学时报，2002-03-11.

[286] 徐辉. 试析现代高等学校的六项基本职能 [J]. 高等教育研究，1993，4.

[287] 徐辉. 再谈现代高校的基本职能：答邓耀彩同志 [J]. 高等教育研究，1995，1.

[288] 薛天祥，谢安邦，唐玉光. 建立高等教育学理论体系的思考 [J]. 中国高教研究，1994，1.

[289] 颜丙峰. 知识社会高等教育功能的重新审视 [J]. 河北师范大学学报 (教育科学版)，2003，5.

[290] 杨德广. 面向 21 世纪中国高等教育五大发展目标 [J]. 上海

交通大学学报（社会科学版），1999，3.

[291] 杨广云，谢作栩．我国高等教育发展速度的探讨［J］．上海高教研究，1997，8.

[292] 杨平．论高等教育的功能效应与服务特性［J］．国家教育行政学院学报，2005，3.

[293] 杨一心．日本高等教育职能的演变［J］．教育发展研究，1996，6.

[294] 曾毅．教授治学的力量：东北师大教授委员会带来的启示［N］．光明日报，2003-12-11.

[295] 展立新．科学主义与人文主义的对立统一及其对高等教育理论与实践的影响［J］．北京大学教育评论，2004，4.

[296] 张斌贤．社会转型时期的教育定位［J］．教育科学，1995，1.

[297] 张传燧．大学之“道”与大学之“器”：传统大学精神解读［J］．高等教育研究，2005，12.

[298] 张洁平，呙中校．揭开学术腐败，防止动摇国本［J］．亚洲周刊，2006，35.

[299] 张克非．试论高等教育的观念与功能转变［J］．兰州大学学报（社会科学版），2001，3.

[300] 张名选．扩展高等教育规模的理念［J］．高等教育研究，1999，4.

[301] 张嫣．特殊人才特殊对待？透视刘翔“硕博连读”事件［N］．外滩画报，2004-11-06.

[302] 张翼星．谈谈大学之所以为大［J］．新华文摘，2006，11.

[303] 张应强．高等学校社会职能及相关问题研究评析［J］．汕头大学学报（人文科学版），1997，3.

[304] 张应强．现代化的忧思与高等教育的使命［J］．高等教育研究，1999，6.

[305] 张琢．中国改革开放以来的经济发展与社会变迁的量化分析［J］．社会学，2000，4.

[306] 章仁彪．走出“象牙塔”之后：大学的功能与责任 [J]．复旦教育论坛，2005，3.

[307] 赵婷婷．高等教育与普通教育社会功能形成之比较：兼与吴康宁教授商榷 [J]．高等教育研究，1997，1.

[308] 郑然．天津高校调整专业　就业不好专业减招停招 [N]．城市快报，2005-03-10.

[309] 钟启泉．教学与研究的关系：高等教育功能的教育学考察 [J]．上海高教研究，1999，6.

[310] 周川．高等学校建制的组织学诠释 [J]．教育研究，2002，6.

[311] 周济．扩大开放、规范管理、积极推进：教育部部长周济就贯彻实施《中外合作办学条例》答记者问 [N]．中国教育报，2003-04-05.

[312] 周济．现代大学要延伸功能 [J]．高等工程教育研究，2003，6.

[313] 周倩．孕育还是新生：大学职能发展的审视 [J]．宁波大学学报（教育科学版），2005，4.

[314] 朱国仁．高等学校发展知识职能的产生与演变 [J]．清华大学教育研究，1998，3.

[315] 朱国仁．论高等学校职能的限度 [J]．教育研究，1999，1.

[316] 朱国仁．知识经济时代高等学校的职能 [J]．机械工业高教研究，1999，2.

[317] 朱伟珏．一种揭示教育不平等的社会学分析框架：布迪厄的文化再生产理论 [J]．社会科学，2006，5.

[318] 朱小曼．新知识观与现代大学的功能转型 [J]．江苏高教，2001，2.

二、外文类

[1] ASHBY E. Technology and the academics [M]. New York: St. Martin's Press, 1984.

[2] MCCLELLAND C E. State, society and university in Germany, 1700-1914 [M]. London: Cambridge University Press, 1980.

[3] KERR C. The great transformation in higher education [M]. New York: State University of New York Press, 1991.

[4] KOLAK D. Lovers of wisdom: an introduction to philosophy with integrated readings [M]. Beijing: Peking University Press, 2002.

[5] GAMAGE D T. Evaluation of universities and changing patterns of governance and administration [M]. Colombo: Karunaratne and Sons Ltd., 1996.

[6] WARNER D, PALFREMAN D. Higher education management: the key elements [M]. Philadelphia: Open University Press, 1996.

[7] FOUCAULT M. Power & knowledge [M]. New York: Pan Then Books, 1980.

[8] MACHLUP F. The illusion of universal higher education [C] // TODOROVICH M, KURTZ P, SIDNEY H. The idea of a modern university. Buffalo: Prometheus Books, second printing, 1974.

[9] ROCHE G. The fall of the ivory tower [M]. Washington, D. C.: Regnery Publishing Inc., 1994.

[10] RASHDALL H. The universities of europe in the middle ages [M]. Oxford: Oxford University Press, 1977.

[11] JEWELL H M. Education in early modern England [M]. Houndmills: Macmillan Press, 1998.

[12] KEARNEY H. Scholar and gentleman, universities and society in pre-industrial Britain 1500-1700 [M]. New York: Cornell University Press, 1970.

[13] HUTCHINS R M. Education for freedom [M]. Baton Rouge: Louisiana State University Press, 1943.

[14] FRIEDMAN J. Cultural identity and global process [M]. London: Sage Publications, 1994.

[15] BEN-DAVU J. American higher education: direction old and new [M]. New York: McGraw-Hill Book Company, 1972.

[16] SAHA L J, ZUBRZYCKI J. International encyclopedia of sociology of education [M]. Oxford: Pergamou Press, 1997.

[17] ORLEANS L A. Professional manpower and education in

communist China [M]. Washington, D. C. : National Science Foundation, 1960.

[18] BURTON R C, NEAVE G. Macro sociology (of higher education) [M] //The Encyclopedia of Higher Education. Oxford: Pergamon Press Ltd. , 1992.

[19] ALLEN M. The goals of university [M]. Buckingham: Open University Press, 1992.

[20] KIVINEN O, RINNE R. Higher education, mobility and inequality: the finnish case [J]. European Journal of Education, Vol. 31, No. 3, 1996.

[21] BOURDIEU P. The state nobility: elite schools in the field of power [M]. Cambridge: Polity Press, 1996.

[22] SHORE P. The myth of the university: ideal and reality in higher education [M]. Lanham, Maryland: University Press of America, Inc. , 1992.

[23] SCOTT P. The crisis of the university [M]. Kent: Croom Helm Ltd. , 2001.

[24] ALTBACH P G. American higher education in the twenty-first century: social, political and economic challenges [M]. Baltimore: John Hopkins Press, 1999.

[25] ZINBERG P S. The changing university [M]. Chicago: University Chicago Press, 1990.

[26] RAMIREZ F O, RIDDLE P. The expansion of higher education [M] //ALTBACH P G. International higher education: an encyclopedia. New York: Garland Press, 1991.

[27] HAWKINS H. The emerging university and industrial America [M]. Lexington: D. C. Heath, 1970.

[28] WOLFF R P. The ideal of the university [M]. Somerset: Taylor & Francis Inc. , 1969.

[29] BARNET R. Improving higher education: total quality care

[M]. Bristol: Open University Press, 1992.

[30] FINNIE R. The school-to-work transition of Canadian post-secondary graduates: a dynamic analysis [J]. Journal of Higher Education Policy and Management, Vol. 26, No. 1, 2004.

[31] RUDNER M. International trade in higher education services in the Asia Pacific Region: the ASEAN experience and the role of APEC [J]. World Competition, Vol. 21, No. 1, 1998.

[32] SMART J C, TIERNEY W G. Higher education: handbook of theory and research [M]. New York: Agatom Press, 2000.

[33] RUDY W. The universities of Europe [M]. Madison, N J: Fairleigh Dickinson University Press, 1984.

后　记

本书是在我的博士学位论文基础上修改完善而成。从十余年前顺利通过博士学位论文答辩，到今天成书出版，凝聚着太多师友、亲朋、同事们的关心和支持。

难忘师恩如山。感谢我的恩师董泽芳教授。先生宽厚仁慈的长者之风、精益求精的治学态度、周全独到的处事原则、儒雅淡泊的坦荡胸怀，时时感染和激励着我。无论是在学习、生活还是工作上，无论是在华师求学期间还是回到河南工作以后，先生对我一直关爱有加，给予我太多的教导和帮助。难忘先生在我论文确定选题、编写提纲、撰写论文以及修改定稿、毕业答辩过程中倾注的大量心血，那些在先生家里、在田家炳教育书院、在恽代英广场为我启迪思路、提炼观点、修订标题、调整结构、补充资料的点点滴滴，至今想来仍历历在目。难忘先生在我毕业时竭力给我创造条件助我在更好的平台发展，甚至在我顾忌离开原单位需要支付大额违约金时提出“需要多少，你告诉我，我给你出，等以后你在武汉站稳脚跟，什么时候有了再还我就行了”。难忘在我决定回到河南向他告别时，先生送我到楼下，千交代万嘱咐，从教学到科研，从工作到生活，就这样在八月的武汉，酷热的午后，边走边聊足足又讲了二十分钟。难忘我阴差阳错走上另外一条道路时，尽管先生内心不愿看到我离开专业，但还是尊重我的选择，多次在电话里鼓励我“相信你，一定能做好”，同时叮嘱我“专业千万不能丢，要弹好钢琴”。太多的往事，太多的感动，还有太多的歉疚！在此，我衷心地说一声：谢谢您，董老师！您以慈父般的宽容和大度包容我、支持我，给我以勇气，和蔼地鼓励我不断前行。

感谢我的硕士导师北京师范大学的刘慧珍教授。先生为我的成长倾注了大量心血，不仅关心我的学业，在关键的时期给予我及时的帮助和善意的建议，而且每次在电话或邮件中都不忘提醒我注意身体，甚至不远千里将友人从西藏带给她的羊毛毯子寄给我，以助我度过武汉的寒冬。这个毯子我保存至今，每每想起、看见，心中都是融融的暖意。

感谢老前辈郭文安教授。先生已八十岁的高龄，仍孜孜不倦地读书、思考和写作，充分体现了老一辈学人的学术精神和学术追求。记得在读期间一次讨论课上，有同学说，世界上的书太多，让郭老师读吧，我们读郭老师就够了。的确，每一次与先生交谈，都有一种“浴乎沂，风乎舞雩，咏而归”的愉悦感。先生书上不同时期、不同颜色、不同形状的标注，更是我心绪浮躁时的一剂良药。先生对我的关爱、指导、鼓励，如细雨润物，如甘饴润心，自然和谐，真切持久，永难忘记。

感谢沈阳师范大学孙绵涛教授和厦门大学别敦荣教授。两位先生不仅是我妻子的授业恩师，更于不同时期给予我们许多学业和工作上的帮助，先生们的教诲让我们明白了“登山千条路，同览一月高”的真谛。

感谢华中科技大学的刘献君教授、陈廷柱教授，华中师范大学的涂艳国教授、王坤庆教授、杜时忠教授、郭元祥教授、范先佐教授、欧阳光华教授、程红艳教授，管理学院的邓虹书记，诸位先生博学多识，治学严谨，你们在日常学习、论文开题、答辩中对我的悉心指导和热忱帮助，我将永远铭记在心。

感谢河南科技大学党委书记严全治教授，安阳师范学院院长黑建敏教授，郑州师范学院副院长王北生教授，河南大学王振存博士，郑州轻工业学院张雪琴博士，河南师范大学副校长王桂兰教授、教育学院党委书记李帅军教授、院长宋晔教授，新联学院党委书记张永胜副教授、院长金绪泽教授，还有秦静良、康海军、白鑫刚、岳贤峰、康淑霞等诸多好友，你们对我学业、工作等方面的帮助，使我能够义无反顾、踏实前行。

感谢我现在的工作单位——河南省教育厅办公室，在这个和谐的集体中，我得到了太多的包容、理解、支持和帮助，使我在从教师到公务员转型过程中平稳顺畅，并不断前进。

难忘友情如春。难忘众多学友——赵成福、秦剑军、鞠明库、朱家安、金保华、邹强、汤广全、黎琼锋、周芬芬、黄祯玉、陈元欣、耿红卫、卢洁莹、周小李、郭清扬、曾新、左明章、岳伟、雷江华、陈萍、田友谊、罗祖兵、喻学林、申国昌、汪楚雄、贾勇宏等博士，从你们身上我学到了许多东西，能和你们一起学习和生活是我的幸运。难忘同门学友——陶能祥、王彦斌、杨海松、胡春光、陈秀玲、张永庆、熊德明、陈文娇、何青、王晓辉、张茂林、申晓辉等，结识你们是我研究生生活中的一大幸事，你们的无私帮助让我深深体会到被友情围绕的温暖和幸福。难忘我的朋友——华东师范大学的马爱民，北京理工大学的刘俊起，北京师范大学的孙富强、杜瑞军，贵州师范大学的任胜洪等，感谢你们在论文调查与写作中给予的帮助，我们携手走过的岁月将是我最美好的记忆，相信我们的友谊之树常青。

难忘亲情似海。感谢我的父母张天玉先生和程绍娥女士，二老年过七旬，身为独子的我因为工作等方面的原因，不仅难尽孝道，还常因工作和生活琐事给你们增添新的牵挂和负担，每当听到父母宽慰的话语，眼见父母如霜的白发，歉疚益深。我知道，对你们表示再多的感谢或歉疚都显得那么苍白无力，因为你们早已成为我生命中最重要的一部分。感谢我的妻子郑利霞博士，为了我，你甘愿牺牲，荒疏专业，默默担负起许多本属于我的责任，支持我的选择。还有我的女儿张开沅小朋友，姗姗来迟的你虽然不足半岁，但看着你咿呀学语、手舞足蹈的样子，使我对人生、对事业、对生活有了新的更深感悟。

最后，我要感谢华中师范大学出版社的厚爱，感谢冯会平主任、张红梅老师和石亚培老师，你们付出的辛勤劳动使得拙作得以顺利出版。同时，在论文撰写和书稿修改过程中，参考引用了许多专家学者的著作、论文，在此一并致以深深谢意。

正如米兰·昆德拉在《不能承受的生命之轻》中说：“我不能对过去所发生的一切视而不见，从而忽视我生命中的美丽。”走过的路、读过的书、遇见的人，都是个体成长的际遇和载体，但华师的那段岁月，尤为独特，已经深深铭刻在我的生命里，成为永远的风景和回忆，虽然我现在走上了一条非学术主业的“俗路”，但我不会忘记，作为一棵风中的树，我一直想努力摇醒自己，摇醒天空。已有四十多圈年轮的我，枝干并不强壮，无力做社会喧嚣之风的定针，我所能做的就是有所守、有所执着，不断学做真人，不懈探求真知，不断超越自我，把无奈抛还过去，把希望留给未来，带着对生活的感激，欣赏一路行去的风景。

张国强

2017 年 5 月